中華書局

獵夢香港

的士業的傳承

AUTHOR
熊永達 | 劉國偉 著
HK$ C(x10)

目錄

序一

二〇一七年從理工大學教職退下來以後，應香港的士業界翹楚的邀請，出任剛成立的香港的士業議會的主席。對於的士行業，在退休前做過兩項研究，似懂非懂。因為兩項研究都是有關的士服務的市場競爭力，只是片面認識這個行業的運作，對於的士行業的過去、現在和未來都沒法掌握。出任這個主席，確實有種責任，帶領這個行業向前行。

我執教運輸課程差不多三十年，對於香港的運輸行業有份感情，亦為香港有效率的運輸系統自豪。對於的士服務有點日暮蒼穹，偶爾聽到惡評，感到可惜。心裏有種召喚，為這個行業出一分力，發一分光；就這樣，承擔了這個主席的位置。

二〇一七年，我同時出任長春社文化古蹟資源中心主席，對於香港非物質文化的傳承，例如大坑舞火龍、長洲太平清醮、米業、鹹魚業等，中心做了許多研究、出版、講座及展覽等工作，廣受歡迎，中心在「面書」的擁躉，超過五萬，為梳理香港發展的經驗，做了一點貢獻。循着這個思路，我在二〇一七年底，孕育寫這本傳承的士行業的書的念頭。

雖然的士每天都在街上行走，觸目皆是，不過有關這個行業的資料，卻不容易找。在《舊時香港》一類的書籍中，會看到舊街道的景色，裏面有些舊的士；但一本關於香港的士的完整書刊，就未曾見過。

沒有一些死資料，還好有許多活資料。的士行業還有很多老行尊，他們就是活字典。業界翹楚的口述歷史為這本書的主軸提供有用的線索。有了這條主軸，就可尋找歷史片言隻

語，如砌圖一般還原的士發展的歷史。

我十分感謝我的拍檔劉國偉先生，他是長春社文化古蹟資源中心的總監，憑藉他熟悉香港歷史尋根究底的技巧，找了大量的中英文剪報，他為整本書校正，亦寫了一九八四年的士騷動有趣的一章。

這本書能面世得特別鳴謝忠誠車行創辦人鄭克和先生及益豐車行吳坤成先生。他們的慷慨支持，讓我們可順利展開資料搜集的工作。

脫稿之時，感到增長許多知識。的士行業是創造香港奇跡重要的一環，這個行業的發展，養活了數以萬計的家庭的同時，凝聚了許多辛勞持份者的智慧，讓後來者畢生受用。

熊永達　二〇二〇年二月

序二

香港的士，由一九二三年九月十七日首日服務至今，差不多經歷百年。這個行業由最初一間公司經營寥寥數架的士，發展到戰後五六十年代多間公司經營龐大車隊，到如今一萬八千多架的士在街上行走，從中可簡單地看出香港的經濟及人口蓬勃發展。

不過，綜觀整個行業的發展，殊不簡單，既有政府政策的左右、歷史洪流的衝擊外，就是每一個行業持份者鬥智鬥力、努力奮鬥的故事。為甚麼豐田汽車能在香港取得百分之九十九的市場佔有率？除了車輛耐用之外，就是維修便宜和快捷，在香港這個分秒必爭的彈丸之地，誰會願意花太多時間等待零件運港？說到電召台，既能做到傳遞最新交通消息及收「柯打」的初衷，原來也是家庭溝通的橋樑！如今面對手機智能程式（APPs）的挑戰，如何求變？諸如的士按揭、保險、車行、司機等均各有故事，成功，不只是「勤力」二字簡單能說過去。

如今，的士行業對市民大眾來說，往往就是拒載、態度差、面板上有好幾部電話，無心揸車等，某程度上，就是車主不想管理，司機不想負責，這些問題亟需解決。這本小書，既有歷史回顧，亦有進言，若業界及政府能多行一步，或許這個古老行業會變得更好。

多謝熊永達博士，在編寫這本書的期間，帶領本人認識不少業界翹楚及老前輩，讓我大開眼界之餘，亦解決了很多疑問。這個行業，確不只是純粹駕車，當中的一買一賣，蘊含了很多內容。此趟旅程，實在獲益良多。

是次工作需要訪問的士行業中的不同持份者，對以下受訪人士（排名不分先後），本人不勝感激：文國柱先生、伍焜先生、任太平先生、何柏泉先生、何發全先生、李啓祥先生、吳坤成先生、周梁淑怡女士、馬漢明先生、袁偉彪先生、陳阮德徽女士、黃保強先生、鄭克和先生、霍文先生、羅雪芬女士。

本人特別感謝鄭寶鴻先生、張順光先生、岑智明先生、羅錦權先生、劉克溪先生借出珍貴圖片及珍貴物品。此外，亦感謝周家建博士、朱詠筠小姐、鄭詠甄小姐、鍾睿維先生於百忙中幫忙提供意見、校對及搜集的士行業有關數據，本人心存感激。

若讀者發現書中資料有遺漏或出錯，望包涵及不吝指正。

劉國偉　二〇二〇年二月

第一部分

的士業的傳承

1962
1975
1962
2019
1962

第一章

的士行業的冒起

的士是全球大城市重要的載客交通工具，隨着機動汽車引入香港，香港的士業即應運而生。

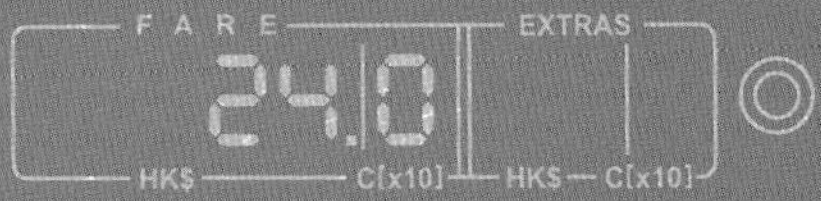

TAXIS ON THE STREETS.

Yesterday saw the commencement of a new venture in Hongkong when the recently formed Taxi-cab Company placed fifteen taxis on the streets of Hongkong. These taxis have been placed at convenient stands in the city and surrounding districts, and later on, perhaps by the beginning of next month, the management hope to place fifteen more on the streets, probably in Kowloon and on the Peak. The stands at present in use are:—1, Junction of Leighton Hill and Wong Nei Chong Roads; 2, No. 2 Police Station; 3, Chater Road (near the Hongkong Club); 4, Star Fe[illegible]; 5, The General Post Office; 6, Tram Station, Garden Road; 7, Glenealy; 8, outside the Central Police Station.

報章報道的士第一天營業情況，當時有八個的士站，分別在（1）黃泥涌道禮頓道交界；（2）二號差館（即今灣仔道莊士敦道交界）；（3）遮打道（在香港會旁）；（4）天星碼頭（今干諾道中、近怡和大廈一帶）；（5）郵政總局（今環球商場）；（6）花園道；（7）忌連拿利；（8）中區警署（今大館）對開。（Hong Kong Daily Press, 18 Sep, 1923）

機動汽車於英治期間引入香港。英國是歐洲工業革命的先驅，十八世紀的工業革命，令英國無論在機動汽車或火車的研發和生產方面，都處於全球領先地位。英國號稱「日不落帝國」，向全世界輸出工業產品，是建立全球霸業的必然舉動。香港在十九世紀中葉成為英國的殖民地，因而得以「受惠」。

香港第一部機動汽車大約於一九〇四年在城中出現，是歐美名車廠出產的汽車。對於這個新玩意，城中富豪趨之若鶩。有生意頭腦的商人，隨即推出租用汽車，接載尊貴的客人，與當時盛行的轎車和人力車爭奪載客市場。這些沒有規管的出租車，亦即是開埠以來最早的「白牌車」，打亂了當時合法載客的轎車和人力車的市場，並容易造成嚴重交通意外和傷亡，令政府不得不規管。一九一二年，政府推出汽車及道路交通條例規管公共車輛，包括所有載客取酬的機動車輛，對它們的結構、司機和乘客的行為及收費均有說明。[1]不過，正規的出租的士要到一九二三年才面世。

機動汽車究竟哪一年在香港出現？似乎查無實據能說清楚，但從各種文獻顯示，應該

1 Vehicle and Traffic Regulation 1912, Cap. 398, no. 40.

TAXI
4028

的士與人力車，約 1965 年。（鄭寶鴻先生提供）

是在一九〇〇年至一九一一年間。根據掌故專家魯言先生的著作[2]，香港第一輛汽車出現於一九〇八年，由居於半山的牙醫羅福諾擁有。這輛是甚麼款式的車呢？就無從稽考了。還好，魯言先生的書中有一張相片，相信是所指的第一部車輛舊照，看到一輛四輪機動車和一輛人力車在皇后大道東天后古廟前走着。它是一輛車頭大引擎、四輪高身有帳篷的四座位房車。而根據《南華早報》一九一〇年五月二十七日的頭條報道："Hong Kong Captured：Motor-Car Invasion by American Sailors"，姑且翻譯為：「香港獵物：美國水兵的機動汽車入侵」。看到報章上的車輛圖像和魯言先生的相近。報章評論水兵的白色制服整潔，但汽車經常發出的響號就令人不安。而馬冠堯先生則推敲汽車是在一九〇五年前已經出現，一九〇五年五月十六日，《南華早報》等三份報章同時報道一宗汽車傷人索償案。[3]前運輸署署長李舒（Peter Leeds）回顧香港開埠以來的公共交通，他翻查香港警務報告，顯示一九〇七年開始有機動車輛的分類，記錄了六輛汽車，一九一一年才有汽車司機領取駕駛執照的記錄。[4]

根據李舒書中附錄的資料，香港政府於一九一四年開始有出租車的記錄，開始時是三十輛，到一九三八年增至五百八十九輛，這些出租車數量應該包括的士在內。一九一二年立法局年報指出由一九一一年一月一日至一九一二年四月三十日有十四輛出租車，涉及二十八宗交通意外，四人死亡和四人嚴重受傷。可見有了汽車這新玩意，就有市民希望乘坐，有客源，做生意的人就會提供服務以謀利，出租車應運而生；而政府引入英國的經驗，對經營出租車活動加以規管，的士隨之登場，取代難於規管的「白牌車」。

香港第一輛的士是在第一次世界大戰結束後才在香港的道路上出現，由香港九龍的士有限公司（The Hongkong & Kowloon Taxi-Cab Co. Ltd）引入的。它是全港第一間的士公司，成立於一九二三年四月八日。創辦人Arthur Henry Rowe是汽車代理商，負責南中國的汽車及貨車銷售。相信是由於職業的便利，他看到香港的豪門富族對汽車這種新玩意的需

---

2 魯言：《香港掌故》第二集（香港：廣角鏡出版社，1984年第三版），頁81。

3 馬冠堯：《車水馬龍：香港戰前陸上交通》（香港：三聯書店，2016年），頁160。

4 Leeds, P.F., *Development of Public Transport in Hong Kong -An Historical Review 1841-1974*, Hong Kong: Hong Kong Government Printer, 1984, p.20.

求以及「白牌車」的冒起，便首先引入八十輛雪鐵龍（Citroen）房車作為的士。雪鐵龍是法國名車，車廠創立於一九一九年。車輛外觀高貴，是高身開篷房車，可載四人。《南華早報》一九二三年一月搶先預報這是全港第一輛機動車的士，引擎十一點四匹馬力，最高時速三十五英里[5]。

香港九龍的士有限公司於一九二三年六月正式開業，當時的士收費是四毫子一英里，以後每四分一英里收五仙，停車五分鐘收五仙。機動車的士打入當時以人力轎子和人力車為主的個人客運市場，收費是和高檔的四人轎子看齊的。當時的四人大轎每十分鐘收三毫，每十五分鐘四毫，每半小時六毫和每小時八毫，一小時以上每小時收兩毫半。若以走一英里計算，四人轎要走超過半小時，即最少要支付六毫。的士收四毫，的確有競爭力。這收費水平與一人拖動的兩輪手車每半小時兩毫比較就貴了一倍。

第一間的士公司和第一部的士車輛在香港出現後，香港正式進入受規範的機動車載客年代，的士的出現比一九一一年開通的九廣鐵路火車晚十二年，比其他機動車公共交通工具早約十年進入公交市場。

最早的的士廣告，當時仍未稱的士，只叫自由車。的士第一天行走日期為 1923 年 9 月 17 日。（《華字日報》，1923 年 9 月 11 日）

當時的士的顏色為綠色附有紅邊，又稱紅邊車。（《華字日報》，1926 年 1 月 5 日）

5 *South China Morning Post*, 8 Jan. 1923.

第二章

由歐美名車到日本豐田

選擇的士車種和車款是一門做生意的藝術，一要滿足乘客的期望，二要滿足營運者最少經營成本的要求。平衡顧客的享受期望和營運者的賺錢慾望，讓兩者各得其所，確是一門藝術。的士車輛營運牌照和車輛由牌主購買，當然是在商言商，收入要能抵銷支出，金鵝能下金蛋，主人能發大財。明乎此，牌主揀選的士車輛，首先考慮是否能滿足乘客的喜好：只有多多光顧，收入才可滾滾而來；而燃料費、保險費和維修費等要低，才能賺大錢。

香港開埠以來，最早期的交通工具是用人抬的轎子，繼而人力車、馬車，再而機動汽車，亦標誌着香港與發達城市接軌。香港第一輛汽車約在一九〇〇年代初出現，出租車或者「白牌車」繼而出現，而正規的士車輛則在一九二三年才出現。為滿足不斷變化的乘客期望和需求，的士車種由為貴族享用的高級歐美名車轉變至今天為平民大眾服務的實用為主、舒適為次的車款。

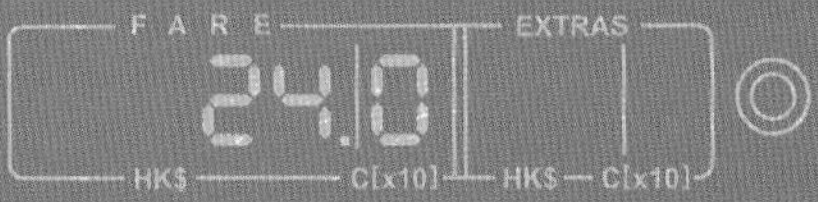

戰前豪華的士車輛接待貴客

自一九二三年起有的士服務至二戰前後，的士並不容許在街上兜客，而要停泊在特定車房，等待客人親身上門或電話預約。香港九龍的士公司在香港島和九龍半島，都有特定車房，為乘客提供服務。有趣的是，當年公司招聘司機，人工是每月三十元，卻有約二百位年青人應徵，願意受訓當的士司機，可說相當踴躍。不難推斷，當年的士司機算得上是薪金吸引的職業。而能付款乘坐的士的人客，非富則貴。平民百姓只好走路，或坐人力車。早年的士車輛，無論來自歐美，都要滿足貴客的要求，必然是能顯示身份、高貴舒適的名車。

香港首間的士公司是香港九龍的士公司，成立於一九二三年，開業時引入歐美名車用作的士車輛，第一種車款是雪鐵龍（Citroen）[1]；一九二四年，公司又引入美國通用汽車（General Motors）旗下的標域（Buick）房車。這款車由公司老闆代理銷售，提供一條龍服務，亦為老闆產生雙重利益。這間標域車廠成立於一八九九年，比美國通用汽車廠還要早

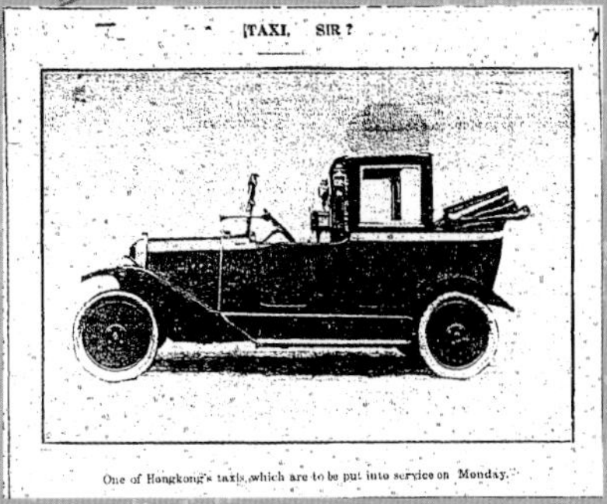

香港最早的的士，車款為雪鐵龍，由香港九龍的士公司引入。（Hong Kong Telegraph, 15 Sep. 1923）

1 *South China Morning Post*, 9 Apr. 1923.

九年，一九〇八年併入美國通用汽車。標域出產傳統高級房車，車身豪華、寬敞、十分高雅。可見早期香港的士，是貴族的玩物，必須符合這些貴族乘客的享樂口味。

一九二六年的士行業出現競爭，商人林喬生創立維多利亞的士公司（Victoria Taxicabs Ltd）。成立之時，林先生明言會引入最少一百二十輛英國名車 William Beardmore 作為的士。[2]這款車華麗，比當時的雪鐵龍和標域不遑多讓，是英國最受歡迎的的士車種。可惜，這間的士公司只引入了不到十輛車，生意並不順利。到一九三四年就轉手到當時後起之秀的胡忠先生名下。

一九二七年，香港九龍的士公司結業。一九二八年五月，新的士有限公司（The New Taxi Co. Ltd.）成立[3]，引入英國製 Clyno 汽車[4]，此汽車擁有十二點二八匹馬力，附設咪錶，而其特製波箱，可載五位乘客上山頂。有趣的是，當年香港九龍的士和新的士的車輛已安裝有咪錶，按錶收費。[5]

一九二八年，白手興家的曾榕先生創立金邊的士有限公司。根據《南華早報》一九二八

THE HONGKONG TELEGRAPH, TUESDAY, MAY 1, 1928.

HONGKONG'S NEW TAXICAB SERVICE.

Above is one of the British-made Clyno cabs soon to be put on the road in Hongkong by the New Taxicab Company. These taxis have been supplied by Messrs. Lane, Crawford's motoring department. Some details of the proposed service, with rates to be charged, will be found below.

香港九龍的士公司結業約一年後，1928 年新的士公司成立，當時引入英國 Clyno 款式的士。（Hong Kong Telegraph, 1 May. 1928）

2 *Hong Kong Telegraph*, 11 Jan. 1926.

3 *Hong Kong Telegraph*, 1 May. 1928.

4 見 http://www.historywebsite.co.uk/Museum/Transport/Cars/clyno.htm。

5 *South China Morning Post*, 6 Jun. 1928; *Hong Kong Daily Press*, 8 Sep. 1928.

年十一月二日的報道，金邊的士引入一款相當古典優雅的汽車，由十一月十日開始，停靠尖沙咀碼頭，在九龍服務。[6] 這款希路文（Hillman）汽車，是英國希路文車廠一九二五至一九三一年出產的大型房車。希路文這間車廠創立於一九〇七年[7]，希路文是當時設計汽車的著名工程師，汽車品牌就用他的名字。運抵香港的這款車可坐五人，車身高，仿似轎車，外觀華麗。收費是四毫子一英里，且司機需要穿着制服，一開始就給人十分專業的印象。一九三三年四月十日，金邊的士公司又引入一款希路文小型汽車，只可載三人，首英里收三毫，後每四分一英里收五仙，等候五分鐘收五仙。[8]

從金邊的士加入戰場開始，的士市場出現了價格競爭，減價戰引致減成本，減成本就用小車，小車當然不那麼豪華，乘客由非富則貴擴闊至中產以上。事實上，新來的競爭者必須要尋找新市場，尋找新客源，大家才有生意做。一九二八年十二月十一日，市面又多了一種細的士車輛，是英國柯士甸（Austin）生產的車輛，只接載兩位乘客，收費每英里二毫。於是，的士收費首英里有收四毫、三毫和二毫，任君選擇。[9]

第一次世界大戰後，香港的人口漸漸增加，市面亦慢慢恢復，尤其是港島，英國人開始在快活谷（即跑馬地）發展賽馬活動，要乘坐的士的貴賓多了。一九二八年九月佘達昌創辦香港上海的士有限公司（Hong Kong and Shanghai Taxicab Co. Ltd.），進駐跑馬地，設有車房。它採用十部英國生產的摩利士（Morris）高級房車，加入的士行業競爭。[10] 摩利士和希路文是同一級別的大型房車，座位和轎車一樣舒適。當時港島的的士收費是劃一的，不同於九龍可有不同的收費水平。港島的士收費首一英里收五毫，一英里外的每四分一英里收一毫，停車每五分鐘收一毫。一九三〇年，該公司買入兩輛美國雪佛蘭（Chevrolet）的士投入車隊。[11] 往後幾年又引進英國 Vauxhall Cadet Saloon 加入車隊，主要賣點是舒適及豪華。[12]

6 *South China Morning Post*, 2 Nov. 1928.

7 見 https://www.gracesguide.co.uk/Hillman。

8 *South China Morning Post*, 10 Apr. 1933.

9 《工商日報》，1928 年 12 月 11 日。

10 *Hong Kong Daily Press*, 8 Sep. 1928.

11 *South China Morning Post*, 3 Apr. 1930.

12 *South China Morning Post*, 28 Nov. 1933.

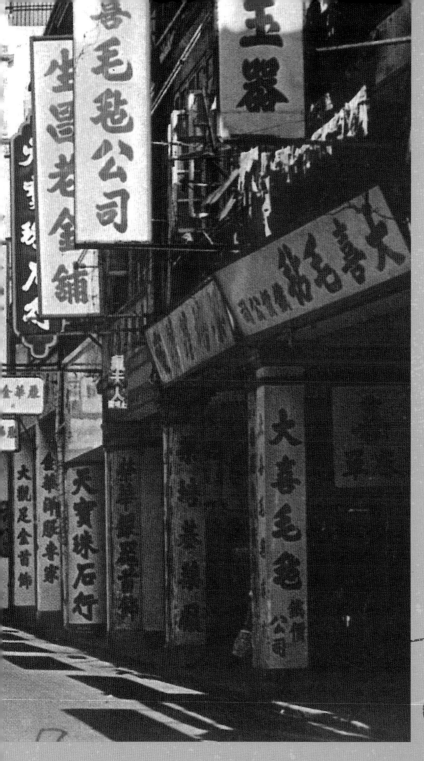

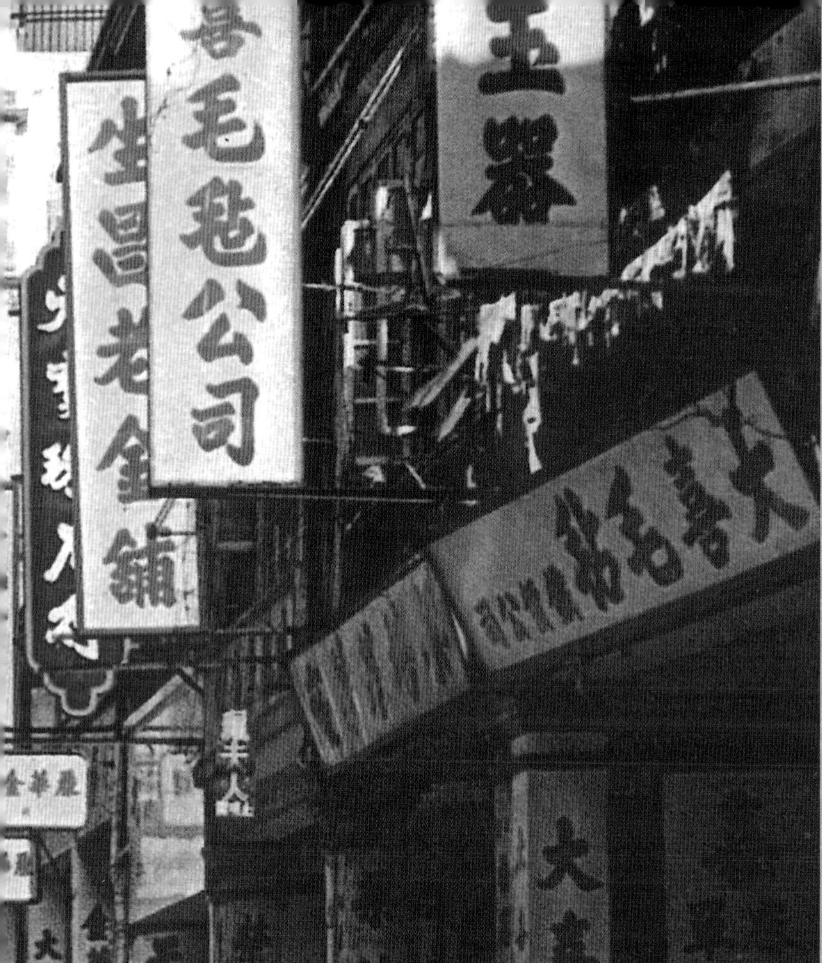

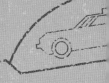

平治車款的士，1960 年代。（鄭寶鴻先生提供）

廣興洋服
KWONG HING TAILOR
大吉毛毯
公司
新華洋服
WAN CHOON TAILOR

踏入三十年代，明星的士（Star Taxi Co.）及黃的士（Yellow Taxi Co.）分別於一九三〇年及一九三二年開業。明星的士引入雪佛蘭新型六汽缸的士，賣點是能夠舒適駛上花園道，在八十多年前，上這麼陡斜的道路，對一般汽車來說是十分吃力的。[13] 一九三三年，明星的士引入六架的士。[14] 黃的士當時所用的汽車是Rockne 65's，此汽車是美國公司士丁必架（Studebaker）的出品。[15]

由私家車的另類選擇到公共交通的一種

的士車輛以英美豪華房車為主的格局在第二次世界大戰前都未有改變，這段期間，香港人口由一九二三年大約五十萬增至第二次大戰前（一九四一年）約一百六十萬，的士車輛數目到一九四一年估計約六百部，由不同的公司經營，個人經營是不存在的。第二次大戰結束時，人口跌至約五十多萬。至一九四九年，中國內地大批移民來港，香港的士車輛也隨之出現了根本的改變，由接載非富則貴的乘客，轉而接載普羅大眾，成為公共交通的一個組成部分。不過，從一九四七至一九五九，的士及出租車的數量只由六百一十五輛增至八百五十一輛[16]，遠遠不能滿足急增人口的需求，政府於一九六〇年決定另發新界的士牌照。[17] 為平息發牌分配不公的投訴，一九六四年政府停止分配免費的士牌照給公司，轉以公開競投方式發出的士牌照。[18] 此舉令整個行業產生根本變化，亦令車輛的類型由歐美高價名車轉為低價實用的日本車。

曾榕先生的金邊的士車隊在二次大戰期間全被徵召，全部車都成為砲灰。在戰後一九四六年，曾先生東山再起，購買八輛英國希路文（Hillman）房車提供服務。[19]

---

13 *South China Morning Post*, 31 May. 1930.

14 *South China Morning Post*, 9 Nov. 1933.

15 *South China Morning Post*, 13 Aug. 1932.

16 Leeds, P.F., *Development of Public Transport in Hong Kong -An Historical Review 1841-1974*, Hong Kong: Hong Kong Government Printer, 1984, p. 62.

17 《大公報》，1960年3月26日。

18 《工商晚報》，1964年11月27日。

19 *The China Mail*, 15 Aug. 1946.

一九五九年，金邊成為第一間車行採用無線電通訊設備，讓司機可以在駕駛途中與公司通訊。[20]一九四六年，黃的士從英國利物浦購入六部柯士甸十二匹馬力汽車作復業之用。[21]

另一巨大轉變，則為的士車輛從戰前停在特定公司車房等客，轉而在路旁特定的士站和沿路接客。這一轉變，車輛的設備都要隨之而改變，乘客要知道按錶收費的價目，在車上安裝咪錶就免不了，而的士公司的管理人又有需要與司機直接聯絡，一來讓司機知道應往何處接載預訂車的乘客，二來可以讓司機有事時與公司聯絡。

胡忠先生的中央的士，戰後亦從頭再起。由於汽油價格飛升，胡先生率先在四十年代尾把車隊改為柴油車，大大節省燃油成本。一九六二年二月，他亦是第一人採用車頂燈箱，清楚顯示的士是否載客：燈箱亮起，即為空車，可接載乘客；燈箱熄滅，則車上已載有乘客。[22]自此，所有的士車輛就都配備車頂燈、車內咪錶和通訊設備，至今除了科技發展令這些設備準確度更高或更耐用外，設備的種類沒有改變。

一九五三年，的士業界開始採用西德平治（Benz）180D柴油車，這款車有平治的高雅舒適，係四個汽缸和1767cc油缸溶量。它馬力大而沒有一般柴油引擎的嘈雜，當時仍然屬於貴價車。不過，用作的士，首次登記稅相較私家車低，尚屬經濟。平治車車內空間寬敞，性能可靠，維修保養不算昂貴。五十至六十年代，除了平治，還有在英國盛行的柯士甸（Austin）和摩利士（Morris）及沃克斯豪爾（Vauxhall）、意大利菲亞特（Fiat1200）、法國的標致（Peugeot）的士車種[23]，可算百花齊放。

隨着新界人口日增，九龍的士不願意行走新界的情況開始浮現，原因是新界的需求不集中，的士要走相當長的空載路程，才可以接到乘客。一九六〇年，政府決定發出新界的士牌照；一九六〇年十月二十七日，首批新界的士開始行走。這批車只有六輛，車輛是柯士甸一五二型九座位旅行車，外表似今天的輕型貨車，或早期的十四座位小型巴士，外邊有黑白

20 《工商晚報》，1959 年 10 月 25 日。
21 《工商晚報》，1946 年 3 月 22 日；《工商晚報》，1946 年 5 月 12 日。
22 《工商日報》，1962 年 2 月 1 日。
23 見本書文國柱先生的訪問稿。

平治車款的士正駛過皇后大道中，約 1963 年。（鄭寶鴻先生提供）

平治車款的士正駛過上環摩利臣街，約 1965 年。（鄭寶鴻先生提供）

方格標誌，俗稱「格仔車」。[24] 除了這九人車，新界的士逐漸亦有搭乘四人的小型房車。可載五人的的士則在一九六二年四月十七日開始審批。[25]

的士車種由豪華車種轉型到大眾化交通工具，由着重舒適享受轉到以經濟實用為主。從六十年代開始，政府亦對的士的收費調整加強管控，令營運商對的士車種的選擇更趨價廉物美，豪華不及戰前，不過還是比巴士舒適，例如在的士安裝冷氣可算是一大創舉。香港入夏後天氣酷熱，乘坐公共交通工具往往要忍受如焗爐般高溫的煎熬。第一部冷氣的士於一九六三年九月九日在九龍出現。車牌編號 AD4245，屬於九龍的士公司所有。[26]

有老司機憶述六十年代的士是一元起錶，那時的士全都是平治 180D 或 190D 款式，坐的士的人都是「闊佬」，因當時的一元已足夠窮人一個星期的開支。至於最後一代的平治的士型號，是平治 300D 型號，大概是一九七六年的事。

為應付市民對的士服務的需求，公共交通顧問委員會（即今天的交通諮詢委員會）於一九六四年認為大量發牌是有效方法，並建議把當時免費向公司分配牌照的方法改為公開投標的制度。[27] 政府全盤接受建議，並在同年實施。的士牌主從此由公司法人轉向個人，的士服務由大公司經營轉為由個別車主個體經營，由僱主僱員的制度轉到自僱租車制。個體經營對車種的選擇產生根本的變化，車輛必須要便宜、耐用、省油、維修費低、維修時間短和較

24 《華僑日報》，1960 年 10 月 27 日。見本書吳坤成先生的訪問稿。

25 《工商晚報》，1962 情 4 月 18 日。

26 《工商日報》，1963 年 9 月 10 日。

27 《大公報》，1964 年 8 月 1 日。

的士在佐敦道行駛，約 1975 年。中線為日產「大白鯊」，快線為豐田「潛水艇」。（張順光先生提供）

巴士舒適。

隨着日本汽車工業在七十年代全面崛起，日產汽車在上述各方面都有優勢，逐步侵蝕歐美汽車在的士市場的份額，以至全部取代。[28]日產的士可坐五人，尾箱大，可載起碼三件行李，價錢比歐美車都要便宜，經銷商特意訓練技工，讓一般車房都可維修，令維修所需時間短和價格低廉。七十年代，日產的士最受歡迎，行內稱為「大泵把」「大籠友」「火水罐」。後期日產的士型號又被稱為「大白鯊」。

日產的士王國

人稱「煙斗馬」的馬漢明先生是建立日產的士王國的靈魂人物。馬先生現已退休，對自己創立的事業，還是感到無比自豪。根據馬先生的憶述[29]，他一九七〇年入行，加入合誠車行，一九七一年成為日產車輛的總代理，就開始攻打的士市場。他採取的攻勢是四面出擊，推銷員走到每個的士站和的士公司叩門找客，公司採取不斷提高佣金的政策，即每銷售多一部車，就以倍計提高佣金，如：銷售一輛一百五十元，銷售五輛加五百元，即七百五十

28 見本書馬漢明先生和李啓祥先生的訪問稿。

29 見本書馬漢明先生訪問稿。

日產的士，1976 年。(《香港九龍的士貨車商會有限公司成立周年紀念特刊》，1975-1976)

羅錦權先生（左）和友人炳哥向泰和車行買下的士營業，車款為日產「火柴盒」，羅先生認為此款的士鐵皮「好薄」。時約1978至1979年。

元加五百元佣金。這政策很成功，令推銷員積極賣車，把平治（Benz）、五十鈴（Isuzu）和標致（Peugeot）403原有的市場搶過來。的士作為營業車，不能容忍花長時間維修，馬先生的推銷團隊明白這道理，他安排技術員到日本學習維修，回港後再培訓維修日產的士的人員，達到小修半天，大修一天的服務承諾，其他品牌根本不可能比得上這服務水平，要維修就要等候起碼兩至三天時間，的士行業根本受不了。結果，日產的出現，導致其他品牌很快投降，撤出市場。

當年日產新的士的賣價比最流行的平治（Benz）柴油的士稍低，平治的士賣價超過一萬元，日產新的士九千多元，但仍比其他的士品牌貴。雖然貴，的士車行和車主都排隊訂購，理由是日產車耐用，很少出問題，而維修服務好，廣受歡迎。合誠車行從一九七〇年開始攻打的士市場，一九七一年底平治就撤走。其他歐美品牌亦陸續撤離。七十年代中期，日產的士雄霸市場，車主車行需要購買日產的士，往往要輪候最少幾個月。

成功非僥倖，日產的士的成功花了許多心力，不單要有好產品，為顧客提供優質的服務，還要了解市場的變化，即當年香港的士行情由公司大戶轉變成個體戶。日產王國經歷了十五年的興盛，於一九八一年走向衰落，最後被日本豐田所取締。

豐田金豐的士。

豐田取代日產

日產的士走下坡，原因是固步自封，不願意因應顧客的要求作任何改動。例如司機座位，三個月就凹陷下去，有司機長時間坐不安穩，甚至胃痛，需要自己買一個座墊，帶着開工。又例如司機座位空間不夠高，個子高的司機容易「頂頭」。此外，八十年代初出現石油危機，油價上漲，車主尋找省油車種，那時曾短暫出現不少的士車種，包括大發仔（Daihatsu Charade）、三菱（Mitsubishi Lancer）、豐田（Toyota Corona）、五十鈴（Isuzu）、陽光（Sunny）及藍鳥（Bluebird）等，可謂百花齊放。[30] 不過，由於四座位的士與五座位的士收費一樣，而舒適度不及五座，行李空間小，再加上車輛的質素差，兩、三年就有許多毛病，導致維修成本高，司機紛紛回頭租用毛病少的車及五座位車，即日產和豐田車——尤其是豐田車。豐田最終在的士市場一統天下。

豐田的士有兩大成功要素，令其能在八十年代攻佔香港的士市場。第一，他們和代理商「英

30　成報傳媒集團有限公司（2002）特輯部：《香港的士的蛻變》（香港：香港的士小巴商總會，2006 年），頁 24。

福特珍寶的士。

之傑」組聯營公司，即「皇冠車行」，共同承擔推銷的士車輛的責任。他們派駐兩位代表在香港，遇有問題，馬上改進。第二，他們不斷接觸的士業界，願意改良，例如車廂冷氣，日產和豐田都曾經採用同一品牌冷氣機，開始時大家都是出廠後加上去，後來豐田卻更改設計，乾脆把冷氣在出廠前就安裝好。日產依然不改，到了香港，把冷氣機掛上車，還用「掛機」。因此，司機和乘客都感到豐田的冷氣特別好。豐田在十年間，搶奪了日產市場佔有率的百分之九十四點七。

豐田的士當然吸收了日產成功之道，即車輛性能好、耐用、維修成本低等元素。根據豐田的士獨家代理經銷商皇冠車行的李啓祥先生透露[31]，豐田車廠十分重視香港市場，經常檢討車輛的設計，對香港客戶的要求，作積極回應，才是成功的關鍵。李先生記起有一次路上的減速帶踫到車底，日本工程師專程來港，仔細量度凸出部分，把車輛負重最大的情況，再演一次，又在車底塗上一些泥質的物料，研究車底碰撞的狀態，得出改良的方法，最後修改車輛設計，把車底升高五厘米。

31　見本書李啓祥先生的訪問稿。

第三章

公司營運的年代

由一九二三年四月八日香港第一間的士公司，即香港九龍的士有限公司成立開始，到一九六四年十一月四日政府採用公開招標方式容許公司或個人可以領有的士牌照為止，在這約四十多年的歲月裏，全部的士司機都是打工仔，並不擁有的士牌。

的士公司此起彼落

早年的士公司自行培訓司機，薪高糧準。與橋車伕和人力車伕比較，開機動的士是一份優差。香港九龍的士公司開業，招聘司機，人工每月三十元，有約二百名年青人應徵，競爭約十個職位，可謂盛況空前。[1]

一九二六年一月維多利亞的士公司成立，資本投資六十萬元，聲稱會引入最少一百二十部五座位的英國名車 William Beardmore 的士，於同年七月一日投入服務。[2]

雖然香港九龍的士有限公司開業後生意並不順利，遇上油價上漲、省港大罷工和風災破壞車房，導致嚴重虧損而結業，[3] 但想打入這市場的商人仍陸續有來。一九二八年，新的士有限公司開業，初期有四部四人房車行走。[4] 同年，香港上海的士有限公司及聯興的士有限公司同告開業，上海的士採用載客四人的摩利士房車，又叫紅邊的士，車輛裝有咪錶，司機穿着整齊制服。聯興則採用希路文（Hillman）車輛。[5] 一九三〇年明星的士成立，採用十五部雪佛蘭（Chevrolet）車輛，可載五位乘客，公司聲稱司機有五年以上駕駛經驗，全

1927 年 8 月 20 日，颱風吹襲香港，造成巨大破壞。香港九龍的士有限公司位於尖沙咀的車房被毀，位於車房的汽車嚴重受損。（岑智明先生提供）

1 *South China Morning Post*, 8 Jun. 1923.
2 *The Hong Kong Telegraph*, 11 Jan. 1926.
3 香港九龍的士有限公司於 1927 年結業。
4 *South China Morning Post*, 6 Jun. 1928.
5 *Hong Kong Daily Press*, 8 Sep. 1928.

1927 年 8 月 20 日，颱風吹襲香港，造成巨大破壞。香港九龍的士有限公司位於尖沙咀的車房被毀，背後可見尖沙咀火車總站。（岑智明先生提供）

部穿制服。[6]

一九三一年，的士公司計有金邊、黃邊、明星、香港上海的士有限公司，當時市面只有數十部的士。[7] 一九三一年，有林姓商人申請成立大來的士汽車公司。[8] 一九三二年，又有商人向政府申請成立飛星的士汽車公司，在九龍營運。但政府以金邊的士已經營數年，成績卓著及正訂購新車為由，不予批准新公司成立。[9] 港島方面，則有黃的士公司於一九三二年四月開始營運。[10] 一九三五年，港島有明星、上海、黃邊及藍邊等公司，四公司合共有七十多輛的士。九龍方面只有金邊一家，有五十餘輛的士。[11]

香港開埠初期，車輛管理由警務處交通部負責，的士營運牌照是免費發給公司的，尤其是有規模和有經驗的公司。的士發牌工作到一九六八年才由剛成立的運輸署（當時名稱是交通事務處）逐步接管。從一九二三年到一九六四年，警務處交通部根據乘客需求，不定期增發的士牌，免費分配給的士營運商，規限服務地區和收費水平。這期間，最為人知的公司有四間；即金邊的士、中央的士、新的士及明星的士，又稱為四大的士王國。

曾榕先生一九二八年創辦金邊的士，十一月十日開業，以潔淨車廂和穿着制服

6 *South China Morning Post*, 31 May. 1930.
7 《工商日報》，1931 年 8 月 24 日。
8 《工商晚報》，1931 年 9 月 11 日。
9 《工商晚報》，1932 年 5 月 24 日。
10 《香港工商日報》，1933 年 12 月 18 日。
11 《天光報》，1935 年 1 月 24 日。

位於何文田的曾榕大廈，亦可見金邊二字。

的司機招徠。[12]開始時只有六部的士[13]，而全盛時期則有超過一百六十九部的士，在九龍運作，自己設有車房。金邊的士在一九五九年率先引入無線電機，開啟電召的士服務。[14]今天，位於窩打老道七十號的曾榕大廈仍看到「金邊」這個金漆招牌的字樣在大廈外牆。曾先生一九七〇年離世，後人不願繼續經營，公司於一九七七年結業。

中央的士由胡忠先生創辦，在港島經營。胡先生大約於一九二六年開始投資的士[15]，直至一九三四年十二月三日從當時的維多利亞的士公司收購了十二部的士才正式建立自己的王國。[16]到二戰前，他擁有約四十部的士。胡先生具備生意頭腦，引入柴油車輛作的士，減低營運成本，又研創的士的車頂燈，清楚顯示的士有否載客。一九六二年，上海、中央、飛行的士公司安裝車頂燈，受乘客歡迎。[17]除了中央的士，胡先生還投資新的士、香港上海的士和大中的士等。到一九六七年，他擁有接近五百部的士。一九六七年暴動，的士員工罷工，管理層和工會談判破裂，令公司大部分車輛無法營運，胡氏家族決定結業，把全部的士賣給司機。

12 *South China Morning Post*, 2 Nov. 1928.
13 *South China Morning Post* 31 May 1930;《天光報》，1933 年 12 月 18 日。
14 《工商晚報》，1959 年 10 月 25 日。
15 鄭宏泰、黃紹倫：《商城記——香港家族企業縱橫談》（香港：中華書局，2014 年），頁 74。
16 *The Hong Kong Government Gazette*, 2 Nov. 1934.
17 《華僑日報》，1962 年 2 月 1 日。

新的士成立於一九二八年，一九四七年由胡忠先生、陳南昌先生和鄭中鈞先生收購重組，在九龍經營。至一九六五年十二月二十三日，陳南昌和鄭中鈞兩位退出新的士，胡忠先生擁有的大中的士有限公司接管了一半新的士車輛[18]，另一半則由陳南昌、鄭中鈞和陳啟康成立的新的士（壹玖六五）有限公司接管。

明星的士由成杏芳先生及蔡寶綿先生於一九三〇年創立[19]，在香港島營運，開始時有車三部。[20]一九四一年，購入跑馬地黃泥涌道三十三號作車房。[21]二戰後，一九四六年復業時只有四架的士。[22]

根據鄭寶鴻先生記述，一九四〇年港島有中央、明星、上海及黃的士四間的士公司，九龍則有金邊。[23]一九五〇年，港島仍有中央、明星、上海及黃的士，而九龍則有金邊、新的士、大來及九龍四間公司。[24]山頂又有山頂的士公司（明星的士的附屬公司）。當年所有的士總數約為三百四十四輛。

其實，一九四七年共有三間新的士公司成立。大來的士（Peninsular Taxi），在九龍營運，大行的士（Dollar Motors）在港島經營。兩間公司都是由余道生家

位於何文田的曾榕大廈。

18 《華僑日報》，1965 年 12 月 25 日。

19 *South China Morning Post*, 6 Nov. 1967;《華僑日報》，1955 年 9 月 15 日。

20 *South China Morning Post*, 31 Mar. 1930;《天光報》，1933 年 12 月 18 日。

21 *South China Morning Post*, 31 Jul. 1941.

22 *South China Morning Post*, 31 Aug. 1946.

23 鄭寶鴻：《香江騁懷——香港的早期交通》（香港：香港大學美術博物館，2009 年），頁 168。

24 九龍的士創辦於 1946 年，於 1992 年結業。

明星的士在纜車站，1960 年代。（鄭寶鴻先生提供）

登山電車
PEAK TRAM
U STORE.

族創立。大行的士至一九八九年結業，而大來的士則到二〇〇三年結業。第三間是風行的士（Express Motors），由恒生銀行的何添先生創立[25]，開始時在港島營運，車房設於跑馬地和告士打道。到一九六七年，風行的士有七十四部的士在港島營運和五十部的士在九龍營運[26]，公司到二〇〇五年結業。

新界的士始於一九六〇年六月一日起實施的《一九六〇年道路交通（的士及租用車）規則》。經過招標程序，第一批六輛新界的士到一九六〇年十月二十七日才開始行走。[27]這批車為金龍的士公司所經營。車輛為柯士甸一五二型九座位旅行車，外邊有黑白方格標誌。收費首一英里一元，以後每四分一英里二角五分。

管理司機是一大難題

的士公司要能賺錢盈利，除了車種能吸引客人乘坐，就要有足夠司機把全部的士車輛開出去。公司一方面要確保車輛的安全舒適，另一方面要確保司機服務態度良好，才可能吸引和留住乘客。不過，公司讓司機把車輛開到街上的一刻，就只能完全信任司機會遵守法則，為乘客提供服務，收工時把收得的車費全數交還公司，公司才可盈利。而每部的士的生意額當然取決於市面的境況，但很大程度上依賴司機的積極性。為了發揮司機的積極性，的士公司培訓自己的司機及推行各式的分帳制度，例如扣除燃油成本，每更車收益以六四分帳，公司六成、司機四成等。每間公司有不同的措施獎勵司機多勞多得，亦為公司增加盈利。

的士司機為多做一些生意，往往有違法載客的情況，例如六十年代在港島的渡輪碼頭，的士司機會「釣泥鯭」，向上岸乘客叫：「石塘咀、西環、每位一元」；「灣仔、北角、每位

25 *South China Morning Post*, 31 Jan. 1973.

26 《華僑日報》，1967年1月27日。

27 《華僑日報》，1960年10月27日。

一元」，夠客就開車。有司機逾額收費而被判罰三十元。[28]有機場的士司機索取額外收費[29]；有司機甚至載客不落旗，要求顧客付車費，侵吞的士公司應收的款項[30]；及有司機不按錶收費被檢控被罰。[31]亦有司機在巴士站五十呎內接客，超載和濫收車費等。[32]新界的士可載客九人，司機每每多載幾人，曾有司機因載十二人，而且屢犯，被法庭判處監禁七日。[33]亦有中途兜客被拘控定罪。[34]

司機不按錶收費，把部分或全部車資侵吞，導致的士公司虧損。一九六四年十六間的士公司聯手打擊這些失德行為，呼籲乘客向商會投訴，有關公司將整肅涉事司機。這十六間公司包括港島的中央、明星、上海、黃的士、大行、風行、六福、香港、五環、世紀等十家；以及九龍的金邊、新的士、大來、世界、紅的士等六家。[35]

物價不斷上升，的士司機和工會要求加薪

一九四一年，摩托車研究總工會向勞工司提出增加的士司機工資，減少工作時間，改善待遇。當年，香港有五間的士公司（金邊、明星、中央、上海、黃的士），車輛約二百輛，司機約三百餘人。[36]據金邊透露，該公司每人每日工作十一小時，其中兩小時吃飯飲茶休息，工作時間實為九小時。人工每月由三十五元至四十元，加上額外收入，每月有七八十元收入。由於司機代公司向乘客收費，然後交回公司，公司向司機收按金七十一元，分期繳交。因此公司認為其司機待遇優良。[37]勞工處處長召集勞資雙方談判多次，到時年八月三十日也無法達成協議。[38]九月，交仲裁委員會處理勞方提出的六項要求：（一）加工資由每月三十元至三十五元，及四十元至四十五

28 《工商日報》，1962年2月10日。
29 《工商日報》，1962年9月18日。
30 《工商日報》，1963年11月1日。
31 《華僑日報》，1963年11月24日。
32 《華僑日報》，1962年3月6日。
33 《華僑日報》，1963年7月16日。
34 《工商日報》，1962年1月8日。
35 《大公報》，1964年8月16日。
36 《大公報》，1941年6月3日。
37 《工商日報》，1941年7月11日。
38 《大公報》，1941年8月30日。

元；（二）罰款由資方償付；（三）縮短工作時間至每日九小時；（四）爛帳由資方負責；（五）年終發給紅利及（六）保險額增至一千元。委員會開會六次，聽取雙方證供，於十月十四日作出裁判：（一）工時以十小時為標準，包括一小時進膳及休息；超時應計算額外工作，額外時薪一毫五仙，每星期不超過十小時；（二）工資外，司機每月應有生活津貼四元八毫；（三）損壞如因司機導致，公司可由該司機工金內扣回，若有糾紛，由勞工處處理上訴；（四）若乘客不付款，司機應報警處理，司機不得接納欠據；（五）解僱司機或司機辭職，應給予十五日通知，或補給十五日的工金以代通知。[39] 歷時四個月的勞資糾紛終告一段落。但事情卻還是一波三折，明星的士在十一月六日把摩托車研究總工會主席林新辭退，導致全體司機罷工。原因是公司訂立工人工作直落九小時開工，林先生不接受，並將公司要求工人同意的簽名紙撕毀。[40] 及至十一月十日，政府限令的士司機兩日內復工，警告罷工屬違法可被控告。[41]

一九六〇年五月十二日九龍的士公司司機要求資方增加薪金，當年司機薪酬每日六元七毫半，十二年未有調整，故要求一律加薪一元二毫五仙。明星的士公司、金邊的士、新的士、上海的士及中央的士司機先後也提出同樣要求。[42] 摩托車業職工總會（後文亦作摩總）於五月二十五日表態全力支持。[43] 的士公司最終決定每天加五毫，工會（自由汽車工會、營業汽車司機工會和港九汽車司機工會九龍支會）決定本着勞資合作精神，先行接受加幅，繼續談判。[44] 經過多輪談判，雙方最終達成協議，每日加薪七毫五分。[45] 但工會對散工工友沒有同等待遇仍感不滿，它們認為有些工友做了六年還未能轉作長工[46]，要求資方履行勞資協約。

一九六三年，明星的士司機再要求加薪[47]，工會馬上表態支持，並要求勞工處介入和去信向資方提出要求。勞方要求每日加薪一元五毫，又成立「港區四的士工友要

---

39 《大公報》，1941 年 10 月 14 日；《工商日報》，1941 年 10 月 14 日。
40 《大公報》，1941 年 11 月 9 日。
41 《工商日報》，1941 年 11 月 11 日。
42 《大公報》，1960 年 5 月 12 日；《大公報》，1960 年 5 月 17 日；《大公報》，1960 年 5 月 21 日；《大公報》，1960 年 5 月 25 日；《華僑日報》，1960 年 5 月 19 日。
43 《大公報》，1960 年 5 月 27 日。
44 《華僑日報》，1960 年 6 月 18 日。
45 《工商日報》，1960 年 7 月 8 日。
46 《華僑日報》，1960 年 8 月 19 日。
47 《工商日報》，1963 年 5 月 4 日。

求加薪委員會」及「九龍區的士工友聯合要求加薪委員會」與資方談判。中央、上海、明星、黃的士等公司初步答允每日加薪五毫。[48]工會不滿，資方最終答允加薪每天六毫。有主要工會妥協，也有工會不接受，但最終在有工友願意，也有工友反對下，不情不願的接受了資方加薪。

港九八家的士公司——明星、金邊、黃的士、新的士、上海、九龍、中央、大來的士公司——於一九六三年六月二十日聯署通告工會：「敬啟者：關於的士司機請求增加工資事宜，現經本八公司再予考慮，議決將司機標準工資，增至每天八元一角（八小時工作計），自六月二十四日起生效。查的士收費率訂自戰後復員初期，迄今未有增加，而車價燃料零件及所有保養管理費用，俱已加價上漲，經營殊感不易。現本八公司再度增加工資，雖已竭盡棉力，照顧職工生活，所望各所屬司機，勤勉服務，使業務能稍獲進展，彌補萬一，尤希貴會本勞資合作精神，通告貴會會員司機，協同鼎力，共度時艱。」[49]

打工司機有喜亦有悲

早期的士司機是優差，駐在公司車房，有乘客叫車才出車，無乘客就休息，薪高糧準。就是到六十年代，替的士公司當司機除了有固定工資，每年亦享有十八天有薪假期。當的士司機還會收到乘客的「貼士」；本來司機正常薪金每月不超過三百元，有時每月的「貼士」甚至可以和人工相約，等於雙糧。而的士公司為了鼓勵司機多做生意，會發獎金。例如司機若果每天營業額超過五十元，有二元五角獎金，超過六十元有三元獎金。因此，的士司機的總體收入平均每月也有四百多元，有些可超過每月六百元，算是一份不差的職業。[50]

48 《華僑日報》，1963 年 5 月 30 日。
49 《華僑日報》，1963 年 6 月 20 日。
50 《華僑日報》，1963 年 7 月 20 日。

相中主角羅錦權先生當時為金邊的士司機，每天底薪為 18 元（工作時間早上 6 時至下午 4 時 30 分）。相片攝於 1976 年。（羅錦權先生提供）

不過，當年除了正規的士司機，還有另類的士司機，他們所得的待遇就沒正規司機的優厚。當年除了正規的士公司（綠色車牌）外[51]，市面還有紅牌車公司或野雞車公司，同樣接載乘客，和正規的士爭生意。這些另類的士（紅色車牌）的司機投訴每天工作十小時，每當大雨或打風工作更忙，沒有一刻休息，又沒有補水，而獎金只有收入達到相當高水平才可得。更慘的是，這些司機沒有假期，薪金按日計算，手停口停。[52]

司機感到每天都要為公司多做一點生意的壓力，來自於起碼不能少於其他司機的生意額，如果其他司機每天可以做四十元生意，而自己少於此數，則有可能職位不保。的士司機要熟悉哪裏有生意，如戲院、舞廳、夜總會、酒店、酒家、遊樂場及碼頭等設施。的士司機會特別留意戲院有沒有好戲上演，趕去接客。[53]不過，司機在雨中工作，有苦有樂，因為當時車輛無空調[54]，不能關窗，關窗會令車內充滿蒸氣，前面擋風玻璃會模糊不堪。他們開窗，就令半身濕

51 《華僑日報》，1960 年 1 月 14 日。1960 年 1 月起，新的士車牌一律由綠底白字改為黑底白字。

52 《華僑日報》，1960 年 9 月 26 日。

53 《華僑日報》，1960 年 10 月 23 日。

54 《大公報》，1963 年 9 月 10 日；《華僑日報》，1963 年 9 月 10 日。1963 年 9 月 9 日九龍的士公司在的士車廂內安裝一匹半馬力的冷氣機，車牌 AD4245。

九龍出現第一輛冷氣的士

隸屬九龍的士公司

收費與普通的士相同

【本報訊】香港第一部冷氣的士，昨在九龍正式營業，車廂內有開熱設備，並設有一副一四半馬力的冷氣機。編號AD四三四六號的九龍的士，正式營業後，價格仍照首咪收費一元，以後每咪收費八毫，與普通的士價格相同。

按九龍的士經理透露：尚有多輛的士仍待試驗，故正式行走九龍半島的冷氣的士，僅此一部而已。

1963年9月9日，香港第一部冷氣的士正式營業。（《工商日報》，1963年9月10日）

透。可幸的是，雨中工作，在炎夏時就不用整天流汗，同時，貼士也多，收入大為增加。

六十年代新界的士並沒有香港和九龍的士司機同樣待遇，司機必須拼搏才可多賺點錢，才可能從租車司機晉級成為車主。許多司機甚至「釣泥艋」，即同一行程，接載彼此互不相識的乘客，每個乘客都要付費，司機獲取更高車資。「釣泥艋」是非法的，當警方嚴格執法時，司機就大力反抗。一九六一年九月十三日分屬二十七家公司的新界一百九十輛的士全部停駛，抗議警方嚴厲執法，司機載客要開咪錶，按錶收費，而且乘客必須互相認識。[55] 許多新界的士都採取「釣泥艋」形式營運，由九龍入元朗，每位一元，坐滿即開。若以咪錶計算，車費要二十四元左右，九人分攤，每位二元六角。不准「釣泥艋」，收費增加百分之七十，客量大減。的士老闆認為按錶收費就等同逼他們結業。警方執法可吊銷司機駕駛執照，令司機失業，導致司機全部罷駛抗議。新界的士商會派代表謁見交通部警司，商討解決方案。最終警方答允放寬執法，乘客不用互相認識，可自行集資乘車，但必須同一時間地點上車。

一九六三年全部新界的士再罷駛四天，同樣是抗議警方執法。警方不是進行票控，而是拘捕司機，令司機損失很多營運時間。拘控的原因是新界的士在九龍作普通的士

55 《工商晚報》，1961年9月13日。

用途，違反交通條例，據警方透露，在執法約一個月間共拘控八十八次。司機團體、新界的士商會經過幾天和警方的商討也無法達成協議，最終由公共交通諮詢委員會（當時主席是簡悅強，秘書是黎敦義；即如今的交通諮詢委員會）出面調停，才達成折衷措施，平息罷工。警方同意以三個月為期，要求新界的士避免在九龍市區營業，如表現滿意，則會將拘控措施改為票控。商會接受建議並同意復工。其他問題（例如要求增加九龍市區的新界的士接客站）於復工後逐步謀求解決。[56]

的士司機若不保持車輛清潔，也可被控。一九六一年一名金邊的士司機在尖沙咀碼頭停車場，未能保持車輛內外及車身清潔。法官裁定罪名成立。但由於事非嚴重，輕判警誡了事。

司機為增加收入而努力拼搏，除了犯官司外，還要冒被打劫的風險。乘客攔途截劫的士司機時有發生，一九三三年就發生過五賊攔途截劫金邊的士，該的士有三位乘客，五賊用槍指嚇，搜劫，掠去現款五元。[57]一九三五年又有的士司機被劫。四男乘客在大道東上車，去香島道，在淺水灣附近停車，把司機打暈，劫去十一元現款。[58]一九三六年，同樣打暈而劫的士司機案件又再在荔枝角發生，司機同樣損失十一元現金。[59]一九三七年又有乘客深夜誘劫的士司機，損失十二元九毫。[60]司機遇劫幾乎沒有停止過。

的士公司結業

一九六七年暴動後，除了中央的士和明星的士，還有其他的士公司結業。榮英（Wing Ying）的士公司於一九六八年三月五日結業[61]，把全數九十部的士以分期付款方法賣給的

56 《華僑日報》，1963年1月10日；《工商日報》，1963年1月10日；《大公報》，1963年1月10日。

57 《工商晚報》，1933年7月13日。

58 《天光報》，1935年7月3日。

59 《工商晚報》，1936年7月6日。

60 《華字晚報》，1937年7月5日。

61 *South China Morning Post*, 5 Mar. 1968.

士司機。的士公司結業的主要原因是司機不足和工資上漲，公司的收入由暴動前每天二萬元降至每天五千元。工會每每組織罷工，左派機構向為數約一千名司機每月派發五百元的罷工補貼，讓司機可輕易罷工，導致司機短缺。

為應付這困境，新界的士商會曾經討論聯營，目的是集中資金、人力、物力促進營業。聯營可以統一經營和管理，降低開支。而統一調配，也可方便市民。[62]當時新界共有五百多輛的士，建議可分五組聯營。五組可以組合為一家大的有限公司，以每輛車為單位，分佔股權。商會決定由理事長黃永添先生成立五人小組推行計劃。[63]經過商討，初步有十五家的士公司參與，共約一百部九人車輛的士。商會曾向政府申請組織聯營公司[64]，但政府並無正面回應，隨着的士商會的人事變更，聯營計劃最終不了了之。

小結

香港正規的士自一九二三年面世，由有管理規模的公司營運，至二〇〇五年最後一間營運的士的公司結業，歷時八十二年，乘客則由貴族普及至平民，收費由市場需求決定，容許不同車輛，不同收費，變為由政府嚴格規管，統一收費。營運牌照由政府分配改為公開競投，價高者得。司機由有規模的公司各自培訓至政府包辦公開考試，營運環境出現翻天覆地的變化。的士公司操控人力資源、成本開支和收費水平的能力不斷被削弱，最終只能從強迫利誘司機多做生意和減低車輛成本兩項動腦筋，面對燃油價格大幅波動、工會要求加薪、其他合法或非法載客車輛搶生意以及政府嚴厲執法和規管收費的多重夾擊下，的士營運公司再沒有生存空間，最終只能無奈地退出歷史舞台，由成本低無可低的個人車主司機取代。

62 《工商晚報》，1963 年 4 月 1 日。
63 《華僑日報》，1963 年 4 月 8 日。
64 《工商晚報》，1963 年 5 月 3 日。

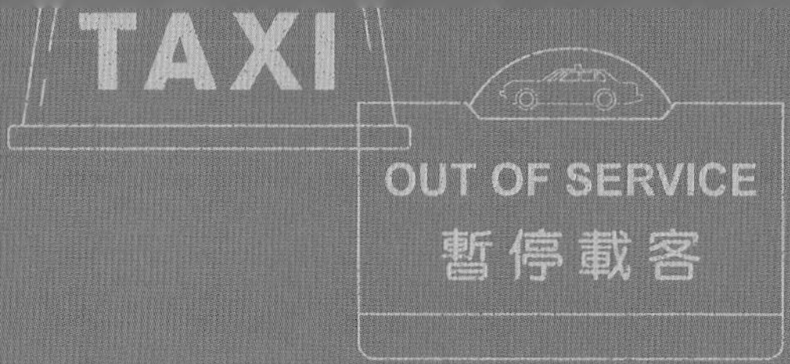

第四章

公開投標發牌顛覆行業

一九二三年正規的士在香港面世，投入服務接載乘客，警務處交通部管理負責發出牌照給的士公司營運，而如何分配給的士公司，相關的士政策由交通部決定，並沒有明文規章。從一九二三年至大約一九四九年，願意投資經營的士的人不多，公司只有幾家，大部分是名門望族，有一定資本，只有胡忠先生的中央的士和曾榕先生的金邊的士是白手與家。本港人口從英佔時幾千人增加至二戰前的一百六十多萬人；二戰後人口跌至約五十多萬，至一九四九年後又迅速增至超過二百萬人，以後每十年增長約一百萬人。[1] 正規的士至二戰前增至大約六百輛，二戰後到一九四九年恢復至三百四十四輛，愈來愈不能應付需求。一九四九年後，更多人投資開辦公司，經營正規和另類的士載客服務，如何安排分配的士牌照成為難題。

明星的士在天星碼頭，約1962年。（鄭寶鴻先生提供）

六十年代始
小的士公司不滿政策偏幫大公司

直至六十年代，交通部偏向依賴大的士公司提供的士服務，例如發一定數量的的士牌照，大公司都會獲分配多一些[2]；亦曾經不批准小公司開業和大公司競爭；也有在最多人流的地點設立的士站，只容許大的士公司使用。一九六〇年，交通部在港島天星碼頭、干諾道中於仁行前、畢打街於仁行側、遮打道歷山大廈附近、林士街和禧利街等處設立「指定計程車停車處」，由交通部指定的士公司使用；的士必須要獲發另一種牌照，才可在這些地點上落客，每個牌照每年一百元。於仁行側停車處由上海的士公司專用；林士街及禧利街停車處則由中央的士公司及黃的士分別專用。天星碼頭是最旺的的士站，由明星、中央、上海、黃的士四大公司專用，其他的士公司或營業車不得分享。[3]

交通部偏重大的士車行的政策可能是源於方便管理，因為大公司都有規則和資源去符合警方的安排，但就引起許多較小的公司不滿。小規模

1 Leeds, P.F., *Development of Public Transport in Hong Kong -An Historical Review 1841-1974*, Hong Kong：Hong Kong Government Printer, 1984, p. 60.

2 《工商晚報》，1962年4月16日。記錄營業車商會反對交通部增發全部240個的士牌給12家大規模的士公司。

3 《大公報》，1960年6月5日。

在尖沙咀火車站外停泊的的士，約 1948 年。（鄭寶鴻先生提供）

的士公司在投訴不得其門下，便透過營業車商會向高等法院合議庭提出訴訟[4]，爭取在天星碼頭做生意，控訴警務處做法不合理，應該更改其方法。合議庭最終裁定營業車商會勝訴得堂費，警方要按照法例再作安排。[5]

營業車商會提訴訟令發牌政策改變

的士的發牌制度在一九六四年起了一個很大的變化，當時由兩局議員簡悅強先生領導的公共交通顧問委員會（即現時的交通諮詢委員會）建議大幅增發五百五十個的士牌照（九龍三百五十個，港島二百個）。九龍的士數目增加百分之五十，即三百五十部。港島將增加百分之二十五，即二百部。委員會同時建議，改變發牌的模式，由原本分配給有經營的士經驗的的士公司，改為採用公開投標制度，價高者得；持牌人將永久擁有牌照[6]，按法例規定營辦的士。委員會認為大幅增加的士數目，是應付市民對的士服務不足的有效方法。由於是公開招標投牌，委員會亦同時決定取消為的士公司設立停車站（車房）的做法。

立法局於一九六四年十一月四日通過一九六四年道路交通（修訂）（第二號）條例草案，

4 《工商日報》，日報 1961 年 3 月 15 日。

5 《大公報》，1961 年 4 月 5 日。

6 《大公報》，1964 年 8 月 1 日。

不同公司的的士在干諾道中行駛，攝於 1966 年瑪嘉烈公主訪港期間。（張順光先生提供）

即新增的士牌照以投標方式產生。[7] 隨着公開競投的士牌照正式立法，引發不少市民及公司參與投標。

《工商晚報》一九六五年二月十九日報道：

> 新增五百五十輛的士牌費，每架高達四萬元。

一九六六年九月十七日《華僑日報》登出中標的名單，港島有四十一名中標者，其中七位是個人名稱。九龍有二十九名中標者，全部由公司投得，但公司名稱有士多、貿易、咖啡或衛生公司等。中標者最高落價是四萬二千元。[8]

政府改變發牌的做法令的士公司的經營愈來愈困難，最終導致的士公司陸續倒閉，由公司僱傭制經營的士的模式，完全瓦解，逐漸演變成個別司機成為車主的自僱制度。雖然公共交通顧問委員會曾指出個人經營看來雖好，但經驗指出，此等經營方法效果不良，甚至對大眾服務亦產生危險[9]，但似乎政府沒有足夠的重視，並沒有制定措施，防範不良效果的出現。

根據九龍的士車主聯會首任主席馮家仁先生於一九七八年三月十五日發言指出政府自一九六四年開始公開投牌，開始時以十部車為投標單位，首批發出五百五十部的士；一九六七年，再投三百五十部；一九六八至一九七三年，再先後三次開投一千五百九十五部；一九七六年又投三百部。由一九六七年始，改為以一部作單位開投，由此產生個人車主。及後政府讓一千三百多輛紅牌車以每部七萬五千元轉為的士，讓政府增加相當多的收入，導致的士商業化（即炒賣的士牌），而經營者各自為政，無法建立長遠服務的信心。[10]

7　《工商日報》，1964 年 11 月 5 日。
8　《華僑日報》，1966 年 9 月 17 日。
9　《華僑日報》，1964 年 8 月 1 日。
10　馮家仁：〈的士與交通〉，《的士同業聯保會八周年紀念特輯：九龍的士車主聯會有限公司創會一周年紀念》（香港，的士同業聯保會 ： 九龍的士車主聯會有限公司，1978 年），頁 46。

經營買賣的士牌的車行湧現

一九六四年政府採用公開投標發出的士牌後，個人車主湧現，銀行客戶由數家的士公司變成數十、數百至數千個人客戶。一九六七年暴動及持續的工潮，的士公司結業，把的士車輛連牌照讓司機認購，的士牌的買賣暴增。司機向銀行借貸，銀行生意水漲船高，為加快處理這些借貸申請，往往要找相熟客戶轉介，於是出現「車行」中介人。根據香港小巴商總會的資料，最早出現的是周記車行，繼有昌興、運通泰、泰和、益新、錦衡、友生、嘉威、榮泰、恒安、金龍、新聯、友聯、美勤、忠誠車行等。[11]到二〇一八年，車行數目已增加至超過三百間。[12]

車行作為中介人，他們的客戶是小車主賣家，初時全部都是的士司機，這些車主司機自己開一更車，然後租另一更給租車司機。金融危機以後，由於買賣的士車牌如同投資其他物業一樣，可以帶來穩定的回報，而且手續簡單，愈來愈多非司機的投資者進行的士車牌的買賣。[13]車行為客戶辦理所有車牌轉名手續、銀行借貸按揭、相關保險、以至買賣車輛、車輛出租和維修保養等，可謂是一條龍服務。只要客戶交首期按金，就可成為的士車主，得到穩定的投資回報。車行作為中介者，就得和貸款機構建立良好關係，獲得優厚的借貸條件。初期只有萬國、太平洋、恒生、道亨等較進取的財務公司願意承擔這些借貸業務，原因是的士牌只是一張文件，不同樓宇物業有實質物品作為抵押，銀行擔心承受相當大風險，初期都有所顧慮。

一九八九年金融市場動盪，銀行重新整理投資策略，對的士牌照市場轉為較進取，道亨銀行是成功的表表者。何發全先生從一九八九年到二〇〇八年十一月三十日[14]，領導財務貸款部，貸款額由五億至六億，提升至超過一百億，佔的士買賣的借

---

11 成報傳媒集團有限公司（2002）特輯部：《香港的士的蛻變》（香港：香港的士小巴商總會，2006 年），頁 13。

12 見《明報》，2018 年 12 月 24 日，〈十大車行擁 2600 的士牌 值百億 佔「公司牌」36% 稱沒炒賣 議員促增交易透明度〉條。

13 見本書忠誠車行創辦人鄭克和先生、車主車行協會主席吳坤成先生訪問稿。

14 見本書何發全先生訪問稿。

平治款式的士在花園道上行走，右邊可見綠色明星的士，約為 1960 年代。（張順光先生提供）

貸市場最大份額，即銀監處規限的百分之二十五。如今雖然銀行也承接這些借貸服務，包括滙豐、中銀、大新銀行等，但始終數量不多。

車行外判租車給打理人

一般的士車行除了買賣的士牌照外，都會負責打理自己和客人的車輛。的士行業投資的回報主要靠收取車租，一般是租給日更和夜更兩位司機，或者全日的特更司機。車行會與租車的士司機訂租車合約，司機交按金和定期交租金以後，車行就不管司機如何接載客人，司機就是自己的小老闆，八仙過海，各施各法，接載乘客愈多，回報愈高。有些車行會付費為車輛上傳呼台，為司機找生意和享用傳呼台提供的其他服務。這樣做當然增加車輛租出去的機會。

管理租車並不輕鬆，除了租金水平外，當車輛需要維修或發生交通意外，租車司機和車行往往對涉及的金額由誰支付產生爭議。管理租車不單需要法律知識，還要有管理人事和財務的技巧。車行打理人普遍沒有接受正規培訓，是邊做邊學，憑經驗自成一套。而車行老闆為減低成本，大都親力親為，管幾十部車只聘用兩、三位員工。二〇〇〇年以後，許多車行老闆因年事已高，都體力不支，只好把車輛租給打理人，而打理人再把車輛租給司機，負責管理司機和車輛。打理人就如二房東，以低價從車行租用的士車輛，以市價租給司機，從中

獲利。有能力的打理人不止向一間車行租車，而是不斷尋找願意接受更低租金的不同的車行去租車，壓縮車行的盈利。

打理人的冒起動搖了車主和車行對業界的影響力[15]，他們隔絕了車行和的士司機的關係，車行或車主根本不知道自己的車輛租給了哪位司機，完全無法影響司機提供的服務。

小結

一九六四年政府決定改變的士發牌制度，由配給的士公司轉變為公開競投，政府固然從中得益，為庫房增加收入，但卻沒料到的士車牌變成一種投資產品。正如馮家仁先生於一九七八年在西區扶輪社午餐例會上指出，投牌讓政府增加相當多的收入，但導致的士商業化（即炒賣的士牌），而經營者各自為政，無法建立長遠服務的信心。[16]

投牌把有規模的的士服務營運公司趕離場，繼之而起的是個人車主司機直接營運的士服務，「駕者有其車」當然令司機有了奮力工作的目標和置業的機會[17]，但個別司機根本沒有資本和承擔能力改善服務。正如許多業界翹楚指出車主司機或租車司機是一盆散沙，每人都是做一盆小生意，各自有不同的盤算，集中意志做一件事幾近無可能。打理人的冒起更加令提升的士服務加了一層關卡。

15 見本書的士車主車行協會主席吳坤成先生訪問稿。

16 同註 10。

17 見本書泰和車行創辦人伍焜先生訪問稿。

4 座位的士在銅鑼灣行走，約 1960 年代。（張順光先生提供）

不同的士在尖沙咀半島酒店附近行走，約 1960 年代。（張順光先生提供）

由於政府可增加可觀的庫房收入，令業界懷疑政府有相當大動機不斷發牌，原本發牌是為了提供更多的士車輛，亦可要求新持牌人提供更好的服務，但摻雜了財政的考慮，令政策的目標含糊。的士牌照數量由一九六四年的約二千個最終增至二〇一九年的一萬八千一百六十三個。

發出的士牌的原本目的是要經營商提供讓乘客滿意的的士服務，有了財務的考慮，政府忽略把服務條件加註於牌照中，政府不能直接利用發牌條款監管的士提供的服務。政府不得不承認這是提升的士服務的一大掣肘，在二〇一六年建議推行優質的士計劃時，運輸及房屋局局長張炳良教授有如下的解說：

> （一）目前的的士牌照屬永久「買斷」，亦不設與服務質素直接有關連的附帶條款，服務的監督只能一般地透過《道路交通條例》執法進行。但因撿控搜證的門檻高，執法效力始終有局限；及
>
> （二）牌照擁有權分散，全港一萬八千多輛的士由多達九千名牌主持有，而車主與司機之間一般並無僱主僱員關係，缺乏維持服務質素的激勵機制，有時會質素參差，以致拒載、揀客、兜路、濫收車資的情況時有發生。[18]

政府不得不承認前朝政府政策出錯，導致監管的士服務的掣肘，終於自吃苦果。

18 香港特別行政區政府運輸及房屋局，《運輸及房屋局局長在立法會交通事務委員會會議有關優質的士及增加公共小巴座位開場發言》，https://www.thb.gov.hk/tc/psp/pressreleases/transport/land/2016/20160622.htm，瀏覽日期：2020 年 2 月 27 日。

第五章

司機由打工到做老闆

一九六七年暴動，加上其後不斷發生的工潮，導致司機短缺；加上政府採取公開競投形式發牌，令不少的士公司營運困難，遂相繼結業，把的士的營運牌，以分期付款形式賣給司機，讓司機「駕者有其車」。從七十年代到八十年代，香港經濟急速發展，人口暴增，乘客量隨之飆升，的士司機的收入水漲船高；省下錢來，又可「駕者有其車」，自己做車主，可說是的士司機的黃金歲月。

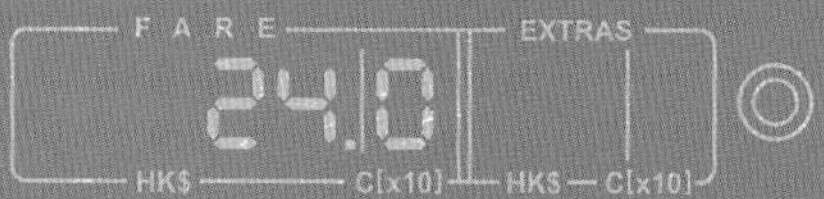

何謂駕者有其車？

駕者有其車和居者有其屋的概念一樣，的士司機努力工作，賺錢積蓄，儲夠了錢就向車行支付首期付款買的士牌，車行可安排向銀行或財務公司借貸，司機每月供款，直到供款完畢，的士牌就屬於司機。

泰和車行的創辦人伍熀先生是第一批投牌成功的老行尊，他亦是首先推動駕者有其車的車行負責人。[1]他六十年代入行時，的士行業是採用僱主／僱員的模式營運，即擁有的士牌的的士公司以每月固定月薪聘用司機。他耳聞目睹不少司機並不積極工作，也有惡搞咪錶，私吞收費等。因此，他的車行是首批推行租車制的車行之一，讓司機租車，司機接載乘客賺錢，不用交回車行，亦即司機成為小老闆，做小生意，多勞多得。後來伍熀先生更想到進一步發揮司機的積極性，把耕者有其田的概念借來，即駕者有其車。他的車行不單租車，買賣車牌，更為希望做車主的司機安排借貸。當時政府對借貸的規管很寬鬆，伍熀先生的車行同時參與財務借貸業務，可以為司機提高借貸的份額，令司機支付低一點的首期，就可以供車會，成為車主。《工商日報》一九七〇年二月十九日報道，司機可合股投資買的士，三數年成為小康之家，買樓定居。駕者有其車的概念迅速席捲全行，無數司機成為車主。

從一九六六年政府第一次公開投牌容許個人成為車主開始，駕者有其車成為主流，近年（約二〇一五年始）滲入不少個人投資者，讓只擁有一部車的個人車主成為主流。根據政府的數字，截至二〇一七年三月，全港一萬八千一百六十三個的士牌照，約六成由個人擁有，其餘則由公司擁有。[2]涉及的個人及公司持牌人共有約九千名人士。當中約七成半的持牌人只擁有一個的士牌照；約百分之五的持牌人擁有五個或以上的的士牌照；少於百分之二的持牌人擁有十個或以上的的士牌照。

1　見本書泰和車行創辦人伍熀先生訪問稿。

2　《立法會交通事務委員會：公共交通策略研究》，CB(4)1176/16-17(03)（2017年6月16日）。

不同車款的士正在彌敦道上行駛，約 1969 年。（鄭寶鴻先生提供）

願打拼就能成為車主

一九七〇年，的士司機的收入可觀，在勞工界，可說是天之驕子。[3]雖則是體力勞動，但總是比較舒服，就是天氣酷熱，也可在車廂內裝小型風扇取涼。以受僱司機來說，每更工資十餘元，到了一定營業額，四十元至五十元不等，作四六或三七分帳。另外，還有乘客的「貼士」，每月收入合共可達一千二百元至一千五百元，比一個行政官收入不遑多讓。若果是車主司機，收入更高。的士的牌價在三年間由二萬元漲至八到九萬元。由於物價飛漲，乘坐的士變得便宜，特別是四、五人，乘坐的士比小巴更便宜。故此，生意滔滔，一更收入八九十元都有，甚至超過一百元。當時港九的士約三千多輛，常感不足。在繁忙地區，等十分鐘也上不到的士，的士司機有揀客的行為，不願去沒有回頭客的地區。

現時（二〇二〇年）幾乎所有的士老行尊都是白手興家，是受惠於這投牌制度產生的駕者有其車。現年（二〇一八年）七十三歲人稱「一哥」的任太平先生是打拼成功的表表者。[4]「一哥」年少時（六七十年代），所有車牌都考，私家車、的士、小巴、貨車、巴士、重型貨車全部駕駛執照都有。他曾開過小巴，後來在巴士公司任職，其間，為了養家活兒，要兼職開的士，做足三年零八個月，才由巴士公司轉行，全身投入的士行業。當時「一哥」一星期開五更的士，每晚開工至凌晨一時。入行時，的士的經營還是分帳制，後來改為出租制。的士公司如大來、大行（是九巴家族開的）都是分帳制的。司機底薪十八元，司機要做

---

3 《華僑日報》，1970 年 6 月 17 日；《工商日報》，1970 年 11 月 13 日。

4 見本書九龍的士車主聯會主席任太平先生訪問稿。

尖沙咀碼頭的士站，約 1970 年。（鄭寶鴻先生提供）

超過六十元生意，才可分帳。當時的士起錶一元，做六十元生意相當困難。「一哥」每更車開車不足十個小時，也不可能做到六十元生意。

不過當時的士司機是天之驕子，每月收入過千。在巴士公司工作收入只不過四百多元。所以他是希望做好這份兼職的。就這樣，「一哥」捱了三年零八個月。巴士公司實施公積金那一天，「一哥」就辭職不幹，領了公積金離開巴士公司，全身投入當的士司機。他計算若果他不是凌晨一時才停工，而是開足工，到早上七時，他可以賺取的收入，一定超過離職巴士公司導致的薪金損失。一九七九年，他把辛苦賺來的錢，一口氣買了兩部的士，自己做的士車主。「一哥」當了九龍的士車主聯會（九龍會）主席多年，全力義務為行業服務。

黃保強先生是香港的士商會的主席，他一九六八年入行當的士司機。開始時在先達車行打工，六年後，儲蓄到首期，一九七三年就買了第一部的士，時值十一萬。黃先生憶述當時當的士司機，真的風光，一轉車起錶一元五角，可買到三碗雲吞麵（每碗五角）。一更車可有七十多元收入，相當不錯，不愁沒有女孩子願意嫁。[5]

打工的日子，司機和車行分帳，黃保強先生的底薪十二元五角，生意額到五十元，就可多分二元五角。超出五十元，就可分到超出生意額的三成。當生意額接近五十元，許多司機都會「借旗」或自己填數，令生意額到五十元，拿到額外的二元五角。做到七十元生意的司機，叫「馬王」，很威風的。

5　見本書香港的士商會主席黃保強先生訪問稿。

HAPPY
快樂
洋服
電子有限公司
彩色電視中心
余玉芬
蕭惠芬婦科

約 1972 年的彌敦道，中間可見平治款式的士。

打工的日子，黃先生目睹許多有趣現象，司機有「楝旗」欺騙公司，即用黑布袋蓋過旗，以免從車外看到旗的光線，短途客不用跳錶，就不落旗；或者落旗，未有跳錶，乘客落車馬上有客，那就疊旗，司機收錢不交還公司。

有一次黃保強先生踫到一個警察，他乘車後表明身分，說是伙記，簽名就想離開。黃保強先生堅持收車費，他就認着黃先生的車牌。改天踫上，警察乘電單車，整天跟着，不停騷擾。黃保強先生只好把車開回的士公司，找中間人跟他「講數」。原來，他帶女人去酒吧消費，要「威」，但黃不給面子，要收錢！中間人給了警察一百元賠罪，事情才平息了。那時社會貪污盛行，不時有這種上不了枱面的事。

當老闆的辛酸

人稱坤哥的吳坤成先生是現任香港的士車行車主協會主席，他一九八三年入行，為忠誠車行打工，共十三年半。坤哥也曾當過的士司機，做過大半年正更，兩年多夜更。[6] 他全靠辛勤工作，由司機成為車主，繼而成為車行老闆。他清楚憶述入行時要二十多年才可以平息，投資者要許多年才能買一個的士牌。一九九八年，銀行趨於保守，利息比最優惠利率還

6　見本書香港的士車行車主協會主席吳坤成先生訪問稿。

尖沙咀火車站及天星碼頭的士站，約 1975 年。（張順光先生提供）

尖沙咀彌敦道上的的士，約 1975 年。

高，生意難做。現在利率低，但回佣低，經營的士買賣也利潤微，賣一個牌只得幾千元利潤。

金融危機後，銀行只能向車行借貸的士牌價的八成半，業界要靠其他方法，讓新投資者容易「上車」。有部分車行自己經營財務，亦有其他財務公司，提供加按，令投資者只需繳款大概牌價的一成，保持車牌的交易暢旺。車行也樂意為投資者提供有上限的貸款擔保，而不像金融危機以前，提供全數擔保——以免到時「爆煲」，車行無法還債，只好倒閉。當時，坤哥就靠分期償還銀行貸款，渡過難關。

的士行業財務架構改革後，現時行業的最大危機不在車行、車主、電召台或者商會，而是在打理人。打理人操控的士司機，品流複雜：八折台不用說，他們不向司機收按金，有意外還協助司機申請「不論過失」的意外保險賠償，攏絡司機。出了事，這些打理人就「走數」，即不交租。坤哥都曾被「走數」幾十萬元，新近又有行家被「走數」。

坤哥慨歎現時車行真的難做，他找人投資，買的士牌，成為他的客戶，他跟客戶簽約，幫客戶管理的士，每月保證車租回報。但車多了，車行若不能找到司機租車，就要依靠打理人，收取低廉的車租；而打理人則不論品格，把的士租給不知背景的司機，從中獲利。打理人不但壓租，還不願簽約，有事就把車退回，令坤哥這些車行老闆很頭痛，有些車行無法應付，不斷萎縮。

要算行內的傳奇人物必定是人稱和哥的鄭克和先生。他是忠誠車行的創辦人。和哥自言是孤兒，七十年代在紅磡必嘉街賣粥麵，一個騎樓底開擋，後來開了個小舖位，賣粥麵和生果。當時很多的士司機到小舖「宵

夜」。傾談間和哥了解的士生意不錯，的士可以收租盈利。和哥記起：「我經營小生意，勉強賺到首期五萬元，那時的士車輛連同牌照值二十萬元，我向芝加哥銀行借貸十五萬元，買了第一部的士，請司機開。我自己不識字，沒有考上的士牌。那時很多人想當司機，而且都肯拼搏，爭做『馬王』（即比拼表現最好，賺錢最多）才可以租得到的士，日日開工。他們的收入每月可以有八百元，我們的雲吞師傅每月只得三百元。」[7]

和哥一九七三年入行，一九七九年正式創立忠誠車行。一九八三年經濟動盪，息口上升至二十多厘，投資市場大跌，的士行業陷入危機，的士牌價由二十七萬元跌至十三萬元。和哥當時剛剛大手買入約一百個的士牌，把全部物業都按揭了。這次大跌市，和哥的資產可說全部輸掉，車沒人開，物業沒有了，車被沒收了，拍賣了，還欠銀行幾百萬元債。和哥自言：「全副身家都無晒！」

和哥可說有打不死的意志，由天堂跌落地獄，再振作，爬起來，靠的不單是勞苦，還要有獨到的眼光。和哥在一九八三年時事業跌至谷底，如同發了一場夢。他重新振作，從頭再起。和哥說：「我找行家放車在我處買賣，我把車整好，執靚，費用由我出，一個星期賣不出，還車給行家。同時，我引入新車種四座位『大發仔』，吸引司機買的士。我只能做『艇仔』，介紹客到大車行交易，收介紹費。當時九成九的士司機買車成為車主，我在報紙登廣告，效果不錯。四至五萬元首期，司機還可應付。」

有危必有機，生意人都有看到機會的本能，二〇〇三年沙士後期，和哥看到機會。當時，雖然的士牌價由三百多萬跌至二百多萬元，銀行卻不敢退，仍然做百分之八十五按揭，銀行低息，約四至五厘。和哥決定大量入貨，買了四五十個牌。因自一九九七年後，根據銀監處規定，的士牌買賣代理只能擔保二十萬，風險低了。二〇〇八年金融海嘯，銀行逼倉，很多人應付不來。銀監處要求銀行做債務重組，不要逼死債仔和苦主。和哥約銀行開會，要

7　見本書忠誠車行創辦人鄭克和先生訪問稿。

求銀行不要逼倉，不要逼減持，和哥認為會有骨牌效應，大家都會支撐不了，銀行也收不到錢。銀行接受了意見，和哥當時看準時機，大量入貨。忠誠車行自此成為行內「大哥大」之一。

小結

公開投牌和工潮此起彼落導致的士公司結業，的士公司把車牌分配給旗下司機，啟動了駕者有其車。投牌令牌照成為一種投資產品，車行如雨後春筍，紛紛成立辦理的士牌照買賣，它們組織財務機構為司機提供貸款，讓數以千計的租車司機實現駕者有其車的夢想，成為車主。有了這個前景，租車司機有奮力工作的目標，與以往為公司打工相比，大大提升了積極性，推動行業進入黃金時代。

租車司機上進成為車主司機，由擁有一個牌至兩、三、四或更多個牌，繼而成立車行做老闆，形成一條職業的晉升階梯。不過，做老闆也有煩惱，生意愈大，風險愈大。若依靠大量借貸做生意，當金融市場動盪時會出現資不抵債，全軍覆沒的情況。

尖沙咀北京道望彌敦道，約 1976 年。

NATION
ROOMS WITH B
太子夜總會
Club Tasog
クラブです
Club
奇妙夜總會
4th. Floor
MARY
首都酒樓夜總會
CAPIT
RESTAURANT
首都酒樓夜總會
CAPITAL RESTAURANT & NIGHT CLUB

第六章

電召台與咪錶

無論是的士公司年代或至現時車主車行的年代，電召通訊設備和咪錶都是的士車廂內必不可少的。兩個寶貝幫助的不單是司機，還有乘客。電召台協助配對乘客和的士司機，乘客要車，電召台馬上直接通知的士司機，讓司機能在最短時間接載客人，乘客開心，司機也開心。電召台的台姐更為乘客和司機當翻譯，協助他們跟外語人士溝通，亦協助司機找最快捷的道路到達目的地等。而的士咪錶顯示行程收費，讓乘客安心，乘客和司機不用為收費而爭執。法例規定的士要按錶收費，而收費是以行程距離、時間和裝載行李或動物的數量來計算，即是每一行程不是固定收費，如何確保咪錶是按既定的計算方程式顯示收費？是一個有趣的話題。

引入通訊科技提高效率

一九五九年金邊的士率先參考日本的士的運作，引入無線電機，開啟電召的士服務。[1]金邊的士為第一批十輛的士安裝設備，預期無線電機可使的士在最短時間到達應召地點，可節省空車返回公司的候命時間，省卻百分之二十五的汽油費及汽車機件損耗，亦可減低的士司機被劫的機會。若試驗成功，金邊會為旗下九十九輛的士安裝設備，投資二十萬元，覆蓋整個九龍區。

提升的士效率和保障司機人身安全當然好，但鉅額投資是一項重要考慮。香港的士商會及香港營業汽車商會等待金邊的士的試驗成功，直至一九七〇年才推動全行使用。的士商會主席陳伯強在一九七〇年二月稱電召的士服務會在三月推出，港九各有五十部裝有無線電話的的士行走。[2]位於港島的的士電召中心隨即安裝無線電通話器，亦在的士車頂安裝通話天線。[3]

電召台的成本不輕，除了通訊設備外，還要租用場地及聘請台姐和行政人員。無線電計程車總部設於灣仔軒尼詩道的香港公共車車主聯會，營業時間每日二十四小時，由兩名督察主管，有十一名女性接電話。[4]電召服務如何能收回成本，甚至賺錢，令財務可行？確是要花心思制訂收費。香港營業汽車商會在推出這項服務初期曾提出的士會在出發地點「落旗」，他們提出三大理由：(甲）由出發點到達上客點要耗油和時間；(乙）乘客可迅速得到服務；(丙）的士不會中途接客，乘客方便快捷。[5]商會同時承諾會電召最近的士前往接載乘客。

雖然業界對的士電召服務推動不遺餘力，但政府卻未有及時批出可用的無線波長，導致服務要延期兩個月推出。[6]電召台服務終於在一九七〇年五月二日正式推出，大受乘客歡

1 《工商晚報》，1959 年 10 月 25 日；《華僑日報》，1961 年 1 月 28 日。
2 《華僑日報》，1970 年 2 月 8 日。
3 《華僑日報》，1970 年 3 月 13 日。
4 《工商日報》，1970 年 4 月 16 日。
5 《工商日報》，1970 年 3 月 14 日。
6 《華僑日報》，1970 年 3 月 29 日。

台姐工作實況。（於九龍的士台攝）

迎，不過，原建議會在出發點計費的方法卻沒有實施，收費仍於乘客上車時起計。[7] 電召台台姐同時協助不熟悉外語的司機和乘客溝通。

在一九七〇年五月六日港九的士電召中心的正式成立儀式上，交通事務處處長薛璞先生也有出席，表示支持。中心發言人透露原本中心有考慮由出發點計費，但技術上有困難，因此取消這安排。中心希望當局能考慮修改法例，容許電召的士可向乘客收取一定費用，應付這項新增電召服務的開支。[8]

電召台雖受歡迎，但卻遇到難於避免的困難。開台三個月，有五分一電召叫車的乘客並沒有等待的士，在電召的士到之前已經離開，令的士白走。[9]

雖然面對這些困難，業界仍願意勇往直前，繼續投資。一九七六年九月七日九龍的士車主聯會成立，一九七七年二月二十四日聯會決定籌辦電召中心，並隨即組團到日本考察當地電召通訊器材和電召服務的經驗。一九七七年十月十八日的士電召中心開幕，由運輸署署長麥法誠先生主持。[10] 政府樂見其成，最終容許的士向乘客收電召叫車費，讓投資者收回部分成本。

雖然營運電召台冒蝕本的風險，業界還是積極

7 《工商日報》，1970 年 5 月 3 日；《大公報》，1970 年 5 月 3 日。

8 《大公報》，1970 年 5 月 7 日；《華僑日報》，1970 年 5 月 7 日。

9 《工商晚報》，1970 年 8 月 21 日；《華僑日報》，1970 年 6 月 11 日。

10 的士同業聯保會：《的士同業聯保會八周年紀念特輯：九龍的士車主聯會有限公司創會一周年紀念》（香港：九龍的士車主聯會有限公司，1978 年），頁 45。

營運電召台。原來業界團體考慮電召台服務是一項重要的會員福利，可以維繫會員，壯大會員的數目，同時壯大自己的影響力。港九三個的士業的主要團體就分別有自己的電召台。[11]九龍的士車主聯會主席任太平說他們的電召台就做到急司機所急。[12]哪裏有影快相，就要通知司機。台姐要幫司機當秘書，的士司機最怕遇劫，司機通過電召台用特定暗號告知台姐，台姐會監察這部車，問司機位置，又不停通過電召台的對講機與司機對話，叫司機行慢些，其他的士正在跟過來云云。車上若果有壞人，想打劫司機，會打退堂鼓。若果等了兩分鐘電召台聯絡不上司機，台姐會報警，交警方處理。

營運電召台的技巧

羅雪芬小姐是港九電召的士台（簡稱港九台）老闆，她的電召台並不隸屬於任何業界團體，是獨立經營。她的電召台服務超過二千部的士，行走港、九、新界，每天二十四小時，台姐是三更制提供服務，全年無休。她是全行的大姐大。[13]

羅小姐透露的士電召台最重要的成本是租用頻譜，租用發射和接收信息的地點和傳輸費。發射和傳送信息的地點要充足，覆蓋範圍廣，服務才可有保證。現在港九台可覆蓋有約八成的市區面積。

有一次，羅小姐向通訊事務管理局申請了多一個頻譜使用，發生了一件趣事。她記憶中有兩次通訊事務管理局打電話給她，要求她暫時關閉她的其中一部發射機，因為它干擾飛機的通訊。後來她理解可能是自己的機件出錯，令發出的頻譜移位，做成干擾。營運電召台也得掌握通訊設置的科技知識。

11 即香港的士商會、九龍的士車主聯會、聯友的士同業聯會。

12 見本書九龍的士車主聯會主席任太平先生訪問稿。

13 見本書的士電召台的大姐大羅雪芬小姐訪問稿。

台姐工作枱面。

早年的士車上安裝了對講機，司機要用手拿着對講機和台姐對話，現在法例不容許司機手拿對講機，車上改用免提裝置，但車上的對講機是很有用的，外地乘客可能需要台姐做翻譯，乘客要用對講機和台姐對話，台姐不單熟悉兩文三語，還要熟悉人客的口音。

萬能的台姐

台姐真的不可不讚，有時司機和乘客溝通有問題，都由台姐解決。司機除了要「柯打」（Order），就是問路。司機有甚麼問題都會問台姐，台姐的知識要豐富，才可幫到司機。

台姐對道路知識要豐富，又要知道酒店、旅遊點、大廈名稱和地點等。台姐也要懂一點法律知識，例如司機和乘客有糾紛報警，咪錶是否繼續？台姐要清楚提醒司機可繼續收費。有些搗蛋的司機會向台姐提供假資訊，考台姐。因此，台姐真的要做到像一本活字典。羅小姐對新入行的台姐要花最少半年時間培訓，才可讓她們有信心單獨工作。

台姐會否對司機有偏好？讓一些相熟司機有好柯打。羅小姐解釋道，原來台姐不一定有偏好，她們能否在瞬間確認某司機，取決於平日是否聽多了某司機報讀車牌；聽得愈耳熟，自然愈容易確認，最快給柯打。因此，司機多與台姐交談，會有更多機會被確認，搶到好柯打。

電召台的趣事

香港的士商會的的士中心電召台就發生過以下的趣事。以前無手提電話，電召台就充當司機的秘書，幫司機處理約會、交更和其他私人事務，又幫忙司機解決客務疑難。電召台的黃小姐衝口而出：「經常幫人搵老公。」

香港的士商會的陳文先生描述另一件趣事，涉及一名夜更司機，這名司機經常往返內地，有時背着太太，尋花問柳。有一次，他去了內地，他的太太午夜打電話要求電召台叫三七一（司機編號）。那時司機剛從內地回港，正坐在一部的士上，聽到電召台的叫喚，馬上要求用那部的士的對講機回覆，「三七一覆台，甚麼事？」電召台小姐答：「你太太找你，你在哪裏？」他覆：「在九龍塘，正要收工，返家。」這是真人真事，是拍戲的好材料。

時代的衝擊

電召台的設備隨着時代進步也有改變。二〇〇〇年以前，司機問交通，台姐就要報交通，那時台姐跟複讀機一樣，不斷重複讀稿。二〇〇〇年後，有數碼錄音，按一個鍵就可重播，方便多了。以往的廣播儀器很臃腫，佔很多空間，每用一個頻道都要一個儀器。現在器材體積小多了，一個儀器就適用多個頻譜，省回許多空間。

現時市面有智能手機叫車程式（APPs），表面上與電召台爭生意。這些 APPs 的最大的影響是有折扣，搶奪了部分客源，尤其是晚間的柯打。不過，電召台有台姐直接對話，APPs 不能取代。司機要求幫忙，APPs 也幫不到忙。故而 APPs 與電召台兩者都有生存空間。

早更司機都會開電召台聽交通消息，晚間則不一定。電召台會收集各路司機報告的交通、路面資訊和其他信息，然後發放給其他司機，資訊共享，這也是 APPs 不能取代的。

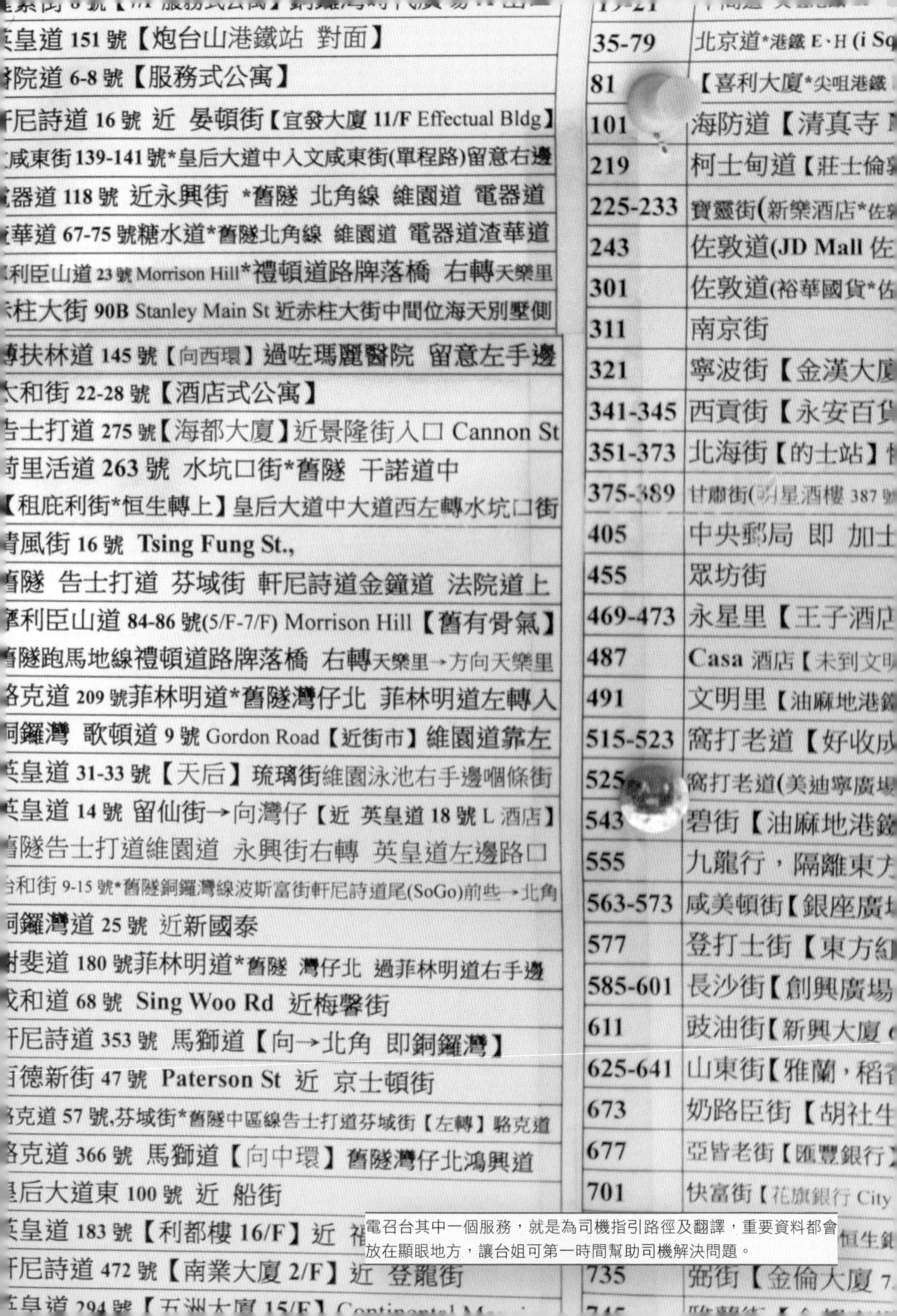
皇道 151 號【炮台山港鐵站 對面】
院道 6-8 號【服務式公寓】
尼詩道 16 號 近 晏頓街【宜發大廈 11/F Effectual Bldg】
咸東街 139-141 號*皇后大道中入文咸東街(單程路)留意右邊
器道 118 號 近永興街 *舊隧 北角線 維園道 電器道
華道 67-75 號糖水道*舊隧北角線 維園道 電器道渣華道
利臣山道 23 號 Morrison Hill*禮頓道路牌落橋 右轉天樂里
柱大街 90B Stanley Main St 近赤柱大街中間位海天別墅側
扶林道 145 號【向西環】過佐瑪麗醫院 留意左手邊
和街 22-28 號【酒店式公寓】
士打道 275 號【海都大廈】近景隆街入口 Cannon St
里活道 263 號 水坑口街*舊隧 干諾道中
【租庇利街*恒生轉上】皇后大道中大道西左轉水坑口街
風街 16 號 Tsing Fung St.,
隧 告士打道 芬域街 軒尼詩道金鐘道 法院道上
利臣山道 84-86 號(5/F-7/F) Morrison Hill【舊有骨氣】
隧跑馬地線禮頓道路牌落橋 右轉天樂里→方向天樂里
克道 209 號菲林明道*舊隧灣仔北 菲林明道左轉入
鑼灣 歌頓道 9 號 Gordon Road【近街市】維園道靠左
皇道 31-33 號【天后】琉璃街維園泳池右手邊嗰條街
皇道 14 號 留仙街→向灣仔【近 英皇道 18 號 L 酒店】
隧告士打道維園道 永興街右轉 英皇道左邊路口
和街 9-15 號*舊隧銅鑼灣線波斯富街軒尼詩道尾(SoGo)前些→北角
鑼灣道 25 號 近新國泰
斐道 180 號菲林明道*舊隧 灣仔北 過菲林明道右手邊
和道 68 號 Sing Woo Rd 近梅馨街
尼詩道 353 號 馬獅道【向→北角 即銅鑼灣】
德新街 47 號 Paterson St 近 京士頓街
克道 57 號,芬域街*舊隧中區線告士打道芬域街【左轉】駱克道
克道 366 號 馬獅道【向中環】舊隧灣仔北鴻興道
后大道東 100 號 近 船街
皇道 183 號【利都樓 16/F】近
尼詩道 472 號【南業大廈 2/F】近 登龍街
35-79 北京道*港鐵 E · H (i Sq
81 【喜利大廈*尖咀港鐵
101 海防道【清真寺
219 柯士甸道【莊士倫
225-233 寶靈街(新樂酒店*佐
243 佐敦道(JD Mall 佐
301 佐敦道(裕華國貨*佐
311 南京街
321 寧波街【金漢大廈
341-345 西貢街【永安百貨
351-373 北海街【的士站】
375-389 廿肅街(
405 中央郵局 即 加士
455 眾坊街
469-473 永星里【王子酒店
487 Casa 酒店【未到文明
491 文明里【油麻地港鐵
515-523 窩打老道【好收成
525 窩打老道(美迪寧廣場
543 碧街【油麻地港鐵
555 九龍行，隔離東方
563-573 咸美頓街【銀座廣場
577 登打士街【東方紅
585-601 長沙街【創興廣場
611 豉油街【新興大廈
625-641 山東街【雅蘭，稻香
673 奶路臣街【胡社生
677 亞皆老街【匯豐銀行】
701 快富街【花旗銀行 City
735 弼街【金倫大廈

電召台其中一個服務，就是為司機指引路徑及翻譯，重要資料都會放在顯眼地方，讓台姐可第一時間幫助司機解決問題。

轉芬域街 左轉莊士敦道
口入文咸東街(單程路)3963-6288
街【胡忠大廈 斜對面】
西營盤線東邊街皇后大道西轉正街
轉 皇后大道西 轉正街
詩道金鐘道法院道上到頂
塘咀線嘉安街屈地街上大道西
線 西邊街 皇后大道西
街*舊隧跑馬地線 禮頓道

急庇利街同禧利街 中間位
到克街*即茂羅街 Mallory St 對面
軒尼詩道金鐘道法院道上
廈門街【修頓 斜對面】
中區線 芬域街左轉 軒尼詩道
隧灣仔北駱克道杜佬志道轉

央廣場對面】
敬街 前些右手邊
尾右轉鴨巴甸街未到威靈頓街
道 般咸道 堅道轉鴨巴甸街
畢道第一個燈位右轉亞畢諾道
鴨巴甸街落荷李活道大館轉
近 威靈頓街
榮街中間
頓街右轉 敬誠街去街尾
吉道口
中心 4/F】過皇后街右手邊
薄扶林道沙宣道沙灣徑有數碼港牌
天橋摩頓台 轉中央圖書館路口入
地線 禮頓道 轉左

向→灣仔】
右轉 英皇道左邊路口

銅	**Shama** Causeway Bay Serviced Apt.	莎瑪 銅鑼灣 (銅鑼
	Shama Fortress Hill	莎瑪 炮臺山 (炮台
	Shama Midlevels	莎瑪 (半
	Shenzhen 近晏頓街	(灣仔
	Sohotel 過上環街市	尚豪酒店 (上
	Somerset Victoria Park HK	香港盛捷維園公寓酒
	South China 2503-1168	香港粵華 (北
	South Pacific 舊隧跑馬地線	南洋 (灣
	Stanley Oriental Hotel 2899-1688	赤柱東方酒店 (赤
T	**T**【30 間房】職業訓練局大廈 6/F 3717-7388	**T** 酒店 (薄扶
	Tai Wo Court Apartment	泰和閣 (灣
銅	**Causeway Bay Tianjin Hotel**	天津連鎖賓館(銅鑼
	Travelodge Central Hollywood Rd 前：中環麗柏 / 香逸好萊塢	中環荷里活道彩鴻酒 (上環)
	TUVE Hong Kong 4 星級	TUVE 酒店 (天
U	**UpperHouse** 第 1 個路口*萬豪樓上	奕居 (太古廣
V	**The VELA HK** Causeway Bay	太平洋 帆船 酒店
	HYATT CENTRIC VICTORIA HARBOUR 香港維港凱悦尚萃 北角碼頭 以前海逸	(銅鑼灣
	11-1889	(灣仔
		(銅鑼灣
	Victoria Hotel 維多利亞	(天后*有 2 間 近天后港鐵站對面
銅	**V Causeway Bay** 糖街街口近迴旋處	V 銅鑼灣 (銅鑼
銅	**V Causeway Bay** ² 法國醫院對面	V 銅鑼灣 2 (銅鑼
	V Wanchai Serviced Apartments	V 灣仔 (灣
	V Happy Valley	(跑馬地
W	**Walden Hotel**	華 登 (灣
銅	**Wang Fat Hostel**	宏發賓館 (銅鑼
	Wharney Guangdong 向銅鑼灣	華美粵海*GDH(灣
	Wifi Boutique	星網商務精品 (灣
Y	**Y** Serviced Apartment 前：沙洛姆酒店	Y 服務式公寓酒店(灣
	Yes Inn Hostel 炮台山地鐵站對面	亦是 北角城 對面
銅	**Yesinn @ Causeway Bay**	悅思客棧@銅鑼灣
	Yesinn @ Fortress Hill 北角	悅思客棧@炮台山

咪錶的典故

正規的士從一九二三年開始營運就裝有咪錶，最早期的是機械錶，都是要上鍊才可轉動。齒輪的轉動會發出噠噠的聲音，令乘客和司機都感到煩擾。一九二八年香港上海的士公司引進摩利士的士，它的咪錶比較寧靜，傳媒廣為報道。[14]

根據香港的士商會黃保強先生憶述他入行時（一九六八年）的士咪錶仍然是機械錶，必須在開工前上鍊，才會計算車輪的轉動，換算路程，計收費。[15]司機會聽到咪錶「噠、噠、噠」的聲響，才安心。有時，司機會拍打咪錶，確定它有聲響。司機若果生意滔滔不絕，「上鍊也上到手軟」。[16]

大約八十年代，機械錶改進為電子錶，停車的時間全都計算，司機收入多了。那時的士業已轉為租車制，車主不願花錢安裝電子錶。最終，還得司機願意每一更多付五元車租，車主才願意安裝。

七十年代的士咪錶
（鄭克和先生提供）

負責安裝的士咪錶的只有兩家公司，其中以大吉利咪錶的品牌更為強勢。大吉利的士咪錶老總何柏泉先生說，早期電子咪錶容易被改動，不良司機利用鐵線，都可以增加跳速，令咪錶「行快些」，多收乘客車費，這已是二十多年前的事了。[17]之後，

---

14 *Hong Kong Daily Press*, 8 Sep. 1928.

15 見本書香港的士商會黃保強先生訪問稿。

16 見本書的士保險業的翹楚袁偉彪先生的訪問稿。

17 見本書大吉利的士咪錶老總何柏泉先山訪問稿。

未有乘客上車，無需轉動紅色旗。此款舊式咪錶需要人手上鍊，圓形紅旗稱為波板旗，方形則稱為方旗。（劉克溪先生提供）

七十年代的士咪錶
（吳坤成先生提供）

應運輸署要求加以改良，又加強了防作弊功能，即「加密」，防止干擾和改動咪錶。

咪錶數據是的士加價的依據

咪錶除了計價收費外，還會儲藏收費（落旗）和不收費（不落旗）的行車里程和時間記錄。只有運輸署授權，才可以「開鎖」，抽取這些記錄資料。事實上，運輸署會定期找承辦商，取出咪錶內的數據卡進行分析，計算每部的士車輛有落旗和沒有落旗所行走的路程，從而推算司機的平均收入。這些數據將會是署方考慮是否容許的士加價的依據。

如何保證咪錶準確？

法例要求的士按錶收費，運輸署對咪錶準確度的要求十分嚴格。為了保證的士車輛安全和咪錶準確，運輸署要求全部一萬八千一百六十三部的士車輛每半年作一次簡單檢驗（小驗），每年作一次詳細檢驗（大驗）。小驗和大驗都包括檢驗的士咪錶。

乘客上車，就要將旗向右轉，即落旗，的士咪錶便開始計算行車距離和收費，可留意咪錶左顯示HIRED。（劉克溪先生提供）

的士到達目的地，必須扭至此位置，留意咪錶顯示為STOPPED。（劉克溪先生提供）

八十年代的士咪錶（吳坤成先生提供）

八十年代的士咪錶（吳坤成先生提供）

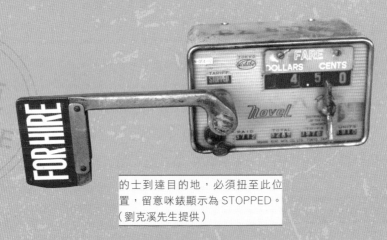

由機械錶改進為電子錶後，車主及車行便可自行安裝。咪錶並沒有車牌標記，故可安裝在任何一部的士。車行為了加快賣車和新車落地，會儘速為新車安裝咪錶，而不會按正常程序待車輛取得車輛登記證和行車證才安裝已配了車牌的咪錶。車行首先取得報廢舊車的「劏車紙」，便會向運輸署申請排期為新車安裝新咪錶。幾家大車行的老闆收集了「劏車紙」，每每一次過要求為幾十部車安裝咪錶。等新車文件齊備，即可交車給運輸署驗錶房，讓他們驗錶，流程快很多。運輸署官員要由每部車拆下咪錶入驗錶房過脈衝機，然後裝回車上，再經他們的跑步機，確實二百米跳錶。驗妥錶，套上車牌，車才可以開走。

小結

的士是生財工具，但要有相當細微的支援才可生財，電召台和準確的咪錶為司機和乘客提供了必要的支援，讓司機安心工作和給予乘客貼心的服務。做好這兩項細微的支援工作包含許多學問，全能台姐們的辛勞值得讚賞，而咪錶供應商的智慧也不可少。但這些工作都面對時代衝擊，例如招聘新台姐愈來愈難。隨着智能手機的普及和不斷改良，市面已經出現一些叫車程式 APPs，取代台姐部分的服務。而國際城市如紐約開始以手機程式取代咪錶，最終台姐和咪錶都可能成為歷史。

第七章 的士罷駛及騷動

的士司機罷駛事件時有發生，起因往往由於不滿一些管制措施影響生計，是業界為生計而採取的抗爭手段。在的士公司年代（即一九六四年公開投牌前），司機都是打工，罷駛就是罷工，起因經常與待遇相關。在後的士公司年代，許多司機本身便是車主，抗爭的對象不再是僱主，而是負責管理的士的政府部門，主要是警務處和運輸署。司機罷駛是有代價的，一般而言，司機手停口停，若有其他不影響生計的方法，都不會採用這種抗爭手段。

在的士公司年代，比較大規模的罷駛或怠工，分別是一九四一年、一九四八至一九四九年及一九六七年。

在後的士公司年代則先後經歷過四次罷駛，分別是一九七三年、一九七八年、一九八三年和一九八四年；一九八四年那次更演變成騷動。

一九四八至一九四九年的士罷工

一九四七年六月，港九的士司機向資方（港島：中央、明星、上海、大行；九龍：九龍、金邊、新的士、大來）提出改善待遇之需求，主要有四點如下：

（一）工作時間改為日夜每更八小時，逾時則「補水」。
（二）調整薪酬至二百元（包括津貼及薪水）。
（三）取消若因意外而損壞車輛，要司機賠償之規定。
（四）合理的假期及工傷處理。[1]

八月初，勞資雙方開始談判，雖然雙方就薪酬及假期等問題達成共識，但在恩恤及保險金方面仍有分歧，勞方遂考慮罷工。[2] 八月二十七日，談判圓滿解決，雙方訂了協約，內容簡要如下：

（一）每日工資六元，過時工資每一小時作一小時半計算。
（二）服務滿一年者，在農曆年末獲雙糧。
（三）每年有十八天例假，由公司編訂。
（四）司機患病時，可到公司指定醫生處治理，醫藥費由資方負責。病假期內司機亦可獲得工資。
（五）司機在公司服務期間因病導致殘廢或死亡，該司機或家屬可得撫恤金二百元。
（六）司機在職期間因工受傷，資方會承擔其醫藥費至痊癒為止，期間司機亦可獲得工資。若受傷導致傷殘或死亡，資方會根據法例發予恩恤金或從資方替司機買下的意外保險中取得保險金。
（七）就勞資雙方解僱事宜，雙方需預先十四天前通知。[3]

---

1 《華僑日報》，1947 年 6 月 27 日。
2 《華僑日報》，1947 年 8 月 25 日。
3 《華僑日報》，1947 年 8 月 28 日。

在尖沙咀天星碼頭外的的士，約 1950 年。（鄭寶鴻先生提供）

此約於一九四七年九月一日生效，為期一年。[4]

差不多一年過後，即一九四八年七月下旬，摩托車業職工總會（後稱摩總）代表司機，向的士資方另訂新約，改善薪酬及假期的待遇。[5]惟至一九四八年九月中旬，雙方經歷多次談判，沒有實質結果。[6]勞方首先由明星的士司機於一九四八年九月二十日下午三時開始發動罷工[7]，而其他七家（黃的士、上海、中央、金邊、大來、九龍、新的士）的士公司的司機則怠工。[8]資方則於九月二十二日下午二時以減少虧損為由，暫停營業，[9]原先所訂之約宣告無效及解僱所有司機。[10]罷工期間，司機受摩總及工聯會支持，每天均獲發救濟金、食物及米，以渡難關。[11]

至十月，工潮已歷時一個月，期間雙方均態度強硬，沒有作過正式談判。[12]十月底，的士公司乾脆登報招請新的士司機，為復業作準備。[13]十一月

4 《工商日報》，1947 年 9 月 4 日。
5 《工商日報》，1948 年 7 月 26 日。
6 《華僑日報》，1948 年 9 月 16 日。
7 《華僑日報》，1948 年 9 月 21 日。
8 《華僑日報》，1948 年 9 月 22 日。
9 《華僑日報》，1948 年 9 月 23 日。
10 《工商晚報》，1948 年 9 月 30 日。
11 《華僑日報》，1948 年 9 月 27 日。
12 《工商日報》，1948 年 10 月 6 日。
13 《工商日報》，1948 年 10 月 29 日。

十二日，八間的士公司派出五十輛的士恢復營業，勞方則派出糾察，向新聘司機勸喻停止其工作。當天下午，九龍已無的士行駛。[14]一個月後，九龍地區的士逐步復業，香港島方面增至六十四輛的士行走。縱使勞工處勞力斡旋，勞資雙方仍未就工潮談判。[15]

十二月底，工潮似見有緩和跡象，雖然勞方代表摩托車業職工總會態度強硬，仍有部分舊員工復工。[16]此期間糾察隊亦不時出動到停車場勸的士司機停工，有時警察更要戴上鋼盔，持盾牌驅散糾察，所幸沒有發生衝突。[17]一九四九年一月，時任勞工處處長鶴堅士分別與勞方及資方會晤，傳遞信息及安排雙方談判。資方允許勞方復工，但由於已聘用新司機關係，故無法全數聘回罷工司機。[18]此外，就勞方所要求之薪金調整亦未達成共識。經歷多番談判，終在一九四九年一月十三日取得突破，資方願意聘回最多三百三十人及將底薪由每天六元加至六元七毫半。一月二十二日，司機開始逐步復工，香港史上最長的的士業罷工，遂告結束。[19]但是次罷工卻導致一批工人無法在此行復業，確是損失慘重。

一九六八年怠工

一九六七年，香港受內地文革思潮影響，不少左派工會發起工潮抗爭，的士行業亦不例外，雖然工潮沒有釀成騷動，卻令幾間的士公司結業。

一九六七年四月初，香港中央、上海的士公司左派工人指責資方無理解僱司機及推行新政策剝削員工福利，工友遂向資方提出抗議及要求，其中一個要求是解僱車務部主管梁啟彬，因他是跟左派敵對的員工，不時無理壓迫司機。[20]勞資雙方會面後，未能達

14 《華僑日報》，1948 年 11 月 13 日。
15 《華僑日報》，1948 年 12 月 11 日。
16 《華僑日報》，1948 年 12 月 26 日。
17 《華僑日報》，1948 年 12 月 31 日。
18 《工商日報》，1949 年 1 月 5 日。
19 《華僑日報》，1949 年 1 月 23 日。
20 《大公報》，1967 年 4 月 5 日。

在皇后大道中行駛的平治的士，約 1962 年。（張順光先生提供）

VICEROY
MADE IN U.S.A.
總督濾咀香烟
在美國製

在皇后大道中行駛的的士，時約 1962 年。（張順光先生提供）

成共識，勞方便發動低營業額行動抗爭，即每天只做二十元生意（原本每天營業額為五六十元），後來更減至十元，此舉被資方視為怠工。[21]

四月八日，勞資雙方再度會面，雙方達成協議，似乎糾紛已經解決。[22]不料四月十日起，有些司機仍然用低營業額行動抗爭（矛頭仍然是解僱梁啟彬），不想加入怠工的司機則受恐嚇[23]，此舉令司機及的士公司收入大減，中央、上海的士董事胡應湘於四月十三日發出緊急通告，聲明若司機繼續怠工，必予以開除；而資方則願意繼續談判。[24]

四月十四日，經過兩輪談判後，胡應湘指出由於談判沒有結果，故決定於四月十五日停止兩間的士公司營業及遣散員工，將虧損減至最低。同時他亦將公司一百五十多部的士賣予司機，好讓司機能繼續工作。[25]同一天，部分九龍中央的士司機亦加入怠工行列。[26]九龍中央的士公司的老闆是胡應湘的父親胡忠。

四月二十一日，中央、上海的士勞資雙方就遣散費及薪金等問題達成協議，中央、上海的士公司結業。胡應湘表示今次十多天的工潮，令其損失一百萬元。[27]九龍中央的士公司之後亦步其後塵，結束營業以止蝕及將其名下約七十七部的士賣給司機，工潮亦因此結束。[28]

此次工潮可算是由的士公司僱用司機，轉為司機自僱的轉捩點。

21 《大公報》，1967 年 4 月 7 日。
22 《華僑日報》，1967 年 4 月 9 日。
23 《工商日報》，1967 年 4 月 13 日。
24 《華僑日報》，1967 年 4 月 14 日。
25 《華僑日報》，1967 年 4 月 15 日。
26 《華僑日報》，1967 年 4 月 16 日。
27 《華僑日報》，1967 年 4 月 22 日。
28 《工商晚報》，1967 年 5 月 5 日。

在干諾道中上行駛的的士，1967 年。（張順光先生提供）

一九七三年罷駛

起因是一九七三年十月二十二日警方在九龍（觀塘、尖沙咀碼頭、紅磡、窩打老道等）採取大規模執法行動[29]，共截查八十一部的士。警方懷疑有人曾在咪錶「做手腳」，當場拆下部分的士咪錶接合線（即司機不能做生意），着令日內驗車。小部分更連人連車被帶返警署檢驗。警方後來證實，有若干部的士咪錶遭改動，正常咪錶每四分一里跳錶一次收兩毫，改動後為每六分一里跳錶一次，即收費增加約三分一。

警方除截停的士檢查外，還喬裝乘客，發現收費過高則着令司機駛回警署進一步檢驗，司機則交五百元保釋外出。

警方採取大規模執法行動是回應多項投訴，指有人更改咪錶，令乘客多付車資。警方執法後，當天下午有約百分之六十的九龍的士停駛。

以馮家仁為首的的士同業聯會即日向兩局議員辦事處投訴，又和警方商討，警方答允容許拆了咪錶接合線的車輛繼續營業。司機得知消息後，晚上恢復行駛。[30]

翌日，交通處一名總行政主任透露處方檢查了七十二部的士，其中六十八部有問題。這名官員更說若被拆去印鑑之的士繼續營業，有被檢控可能，最高罰款一千元，監禁六個月。這為數近一千一百部的士於是繼續罷駛。[31]

---

29 《工商日報》，1973 年 10 月 23 日。

30 《華僑日報》，1973 年 10 月 23 日。

31 《華僑日報》，1973 年 10 月 24 日。

的士在加連威老道行駛，約 1972 年。（張順光先生提供）

空車
FOR HIRE
OUT OF SERVICE

的士同業聯會再與警方商討，要求交通事務處處長惠柳新加速驗錶，同時要求港九的士劃一收費，即提高九龍的士收費由首公里一元至一元半。聯會認為警方執法有不妥善之處，未有證實咪錶受干擾就剪錶，令司機無法營業，此舉是不負責任。警方決定暫停檢舉咪錶，九龍的士才停止罷駛。[32]

一九七八年罷駛

起因是的士行業不景氣，加上業界無法管束一些行為差劣的司機，令「有車無人揸」情況雪上加霜。部分司機冚旗揀客，乘客投訴，警方嚴厲執法，令司機搵食艱難。而業界認為的士司機收入每月平均大概一千五百元，較其他職業司機的薪酬為低，故部分司機轉業，導致人手短缺。

一九七八年八月十六日傍晚港島七十多輛的士在灣仔、中灣、上環空車巡遊，形成一條車龍，抗議交通當局和警方對的士司機採取嚴厲執法，連人帶車押回警署查詢，令他們

32 《華僑日報》，1973 年 10 月 27 日。

生意難做。警方為乘客設立的投訴電話更令司機隨時受罰。他們提出五項要求：（一）放寬禁區上落客時間；（二）疏導港島東區交通；（三）重新審核的士加價申請；（四）取消警方的士投訴熱線電話；（五）維護的士司機尊嚴。運輸署回應指現時政府的的士政策不會因小部分司機進行罷駛而改變，政府會繼續完成的士行業調查，寫成報告呈交行政局省覽。報告會制定措施對付的士拒載，制裁失德之的士司機，建議初犯罰款一千元，車輛則被扣留三個月。該發言人認為司機罷駛會令市民不滿，更會延遲政府對加價申請的審批。[33]

翌日，又有數十名司機駕駛空車到港島灣仔碼頭集合罷駛，抗議警方的投訴電話，司機認為不公平。同時，重申要求批准加價，減少揀客；放寬禁區，方便乘客。[34] 警員到場了解事件，結果這天司機並沒有進行罷駛，而是決定向兩局非官守議員辦事處投訴，要求協助。

另一方面，四間司機工會也於八月十七日開會並發聲明表示不參與罷駛，會以合理方法爭取解決問題。這四間工會分別是港九汽車司機總工會、香港營業汽車司機工會、香港的士業司機技工自由工會、九龍的士司機自由工會。聲明同時指出拒載只是一小部分司機行為，與工會無關，亦呼籲會員自律守法。四間工會希望市民諒解司機交更、吃飯和上洗手間都會短暫拒載。九龍的士車主聯會主席馮家仁也呼籲政府放寬禁區，方便的士謀生，並期望司機繼續營業。

八月十九日摩托車業職工總會也發表聲明，指出：（一）一九六四年開始投牌令的士營運成本上漲，車主要用各種手段賺取合理回報；（二）道路堵塞，的士不能流通接載乘客；（三）禁區比比皆是，令司機和乘客易於爭執；（四）工資偏低，以花紅為主的工資制度令司機靠高生意額賺取花紅，疲於奔命；（五）租車制逼司機搏殺謀生，破壞了公共服務的性質；（六）部分司機習慣不按錶收費的惡習未改；（七）交更時暫停載客令市民誤會，當局鼓勵投訴，司機遭受沉重精神壓力。該會提六點建議：（一）訂明交更時間、地點及方法，由

33 《華僑日報》，1978 年 8 月 18 日。

34 同註 33。

運輸署發證明，掛在車內；（二）當局應停止無理檢控司機；（三）取締租車制；（四）取消禁區；（五）改善工資制度，容許適當調整車費，減少經營困難；（六）適量增發的士牌，防止炒高牌價。[35]

從各工會及商會的反應，有理由相信今次發起罷駛的是原本駕駛紅牌車而轉為的士司機的人士，他們不習慣按錶收費，而且往往岀旗揀客，希望增加收入。這就導致乘客投訴，以及警方嚴厲執法。今次罷駛未得到市民和主流工會商會支持。及後，警方更進一步研究用遊蕩罪檢控巡遊的司機。[36]

一九八三年罷駛

為爭取豁免燃油稅（或收燃油附加費）和取消禁區，一九八三年四月二十六日四大的士商會發起二小時罷駛行動，時間由上午十時至十二時止，有八千輛的士參加。商會代表馮家仁表示多年前由於地鐵動工，設立禁區，的士業並無怨言，但禁區並未在地鐵通車後撤銷，而且有增無減，嚴重影響業界經營，亦令乘客不便。而的士申請加價又未有審批。[37]四個商會將於四月二十六日早上向港督請願及在四月二十八日到行政立法兩局議員辦事處與議員會面，反映業界苦況。[38]

運輸署認為二十六日的罷駛對交通影響甚微，顯示的士已供過於求，政府會暫緩增發的士牌，以適應實際情況。至於業界提出的兩項主要訴求，最終不了了之。

35 《華僑日報》，1978 年 8 月 20 日。
36 《華僑日報》，1978 年 8 月 21 日。
37 《工商晚報》，1983 年 4 月 25 日。
38 《工商日報》，1983 年 4 月 26 日。

一九八四年的士騷動

一九八四年一月十一日零時，政府宣佈大幅提高的士首次登記稅及牌費，不論是的士商會代表、車主及司機均感到震驚，因為這些稅項令營運成本大增。

從表格中可見，加幅相當驚人，首次登記稅的加幅為三點七倍，牌費則為一點九倍至七點四倍。摩托車業職工總會發言人指出，新的士車牌大約為五萬八千元，車主便要承受五倍首次登記稅的加幅。而當時的士汽缸一般為一千五百 cc 至二千五百 cc，新牌費是六千八百元。此外，新例又規定使用柴油的士需要額外支付二千元，合共八千八百元。如此一來，開支比往年大增七千二百元，雖然政府同時批准加價百分之十七，但首次登記稅及牌費的提高對司機來說確是一個重擔。

當時港府運輸司施恪（Alan James Scott）解釋，是次加價是根據一九八三

表 1 的士新舊首次登記稅對比

的士車價、保險費及運費價	舊首次登記稅	新首次登記稅
不超過二萬元	15%	70%
二萬至三萬元	15%	80%
超過三萬元	15%	90%

表 2 的士新舊牌費對比 [39]

的士引擎汽缸容量	每年舊牌費	每年新牌費
不超過 1500cc	$1,600	$4,600
1500 至 2500cc	$1,600	$6,800
2500 至 3500cc	$1,600	$9,000
3500 至 4500cc	$1,600	$11,200
超過 4500cc	$1,600	$13,400

39 Hong Kong Public Records Office, HKRS70-8-4464, "TAXI SERVICES - FARE & LICENCE FEE INCREASES, JAN 1984 (INCL. RIOT OF JAN 13, 1984) - D"；《工商日報》，1984 年 1 月 11 日。

年的士政策檢討而作出的決定。施氏指出，政府在一九八三年就的士政策作深入研究，得出結果是的士不是公共交通工具，故不該享有優惠稅項。的士政策檢討報告提出的主要理據見表三至五。

表 3 市民乘搭的士的理由

市民乘搭的士理由	百分比
社交康樂用途	60%
上班及公事	22%
急事	7%
目的地無交通工具到達	0.9%

表 4 交通工具乘客量比較（1976 年及 1983 年）

	1976 年 4 月	1983 年 9 月	增幅（百分比）
市民使用巴士、電車、地鐵及火車／每日人次	2,941,000（當時沒有地鐵）	5,222,000	＋ 78%
市民使用的士人次	396,000	1,030,000	＋ 160%

表 5 的士及私家車行駛十個主要通路比例（1982 及 1983 年）

	十個主要通路比例（1982 年）	十個主要通道路比例（1983 年）
的士	31%	40%
私家車	44%	32%

報告亦指出的士主要在交通擠塞的路段出現，其中四成沒有載客。[40]

政府推出這項政策，對的士業界可算是相當震撼，不論是的士司機或車主，均認為稅項加幅太大，會「殺死」整個行業。消息一出後，港九四個的士商會立刻召開會議商討對策，發言人鄺漢華指政府此舉令的士經營成本大增，希望政府可收回成命。當天晚上，已有數百輛新界的士在屯門、元朗、上水及大埔等地區慢駛「巡遊」抗議。[41]

翌日（一月十二日），更多的士參加罷駛行列，以示抗議。港九新界不同地方，均可見長達幾公里的的士車龍，多處交通極度擠塞，不少巴士線被迫改道或停駛。當日中午，運輸司施恪於記者會表示，當局增加的士牌照及首次登記稅，是經過充分考慮，而增加的的士費正好彌補經營成本增加。此外，他不相信的士會進行大規模罷駛，即使罷駛，也不會維持很久，因為司機需要維生。此話一出，令更多司機加入罷駛行列。

當日下午四時，十六個的士商會代表到行政立法非官守議員辦事處，與三位非官守議員（胡法光、陳鑑泉及周梁淑怡）會面，希望政府凍結是次稅項調整。會議進行了三小時，會後，三位議員承諾會向當局反映業界意見，爭取撤回這項的士加稅政策，及在一月二十五日立法局會議上，提出討論這項政策。[42]

晚上，的士罷駛仍然繼續。

一月十三日，是今次的士罷駛的重要日子，各方均努力把握時間奔走及做游說工作，希望可解決危機。

的士商會代表早上十時到訪新華社，獲副社長祁烽接見。會後祁烽表示理解的士同業，及希望各方能循有效途徑，解決問題。商會代表接着在中午到政務總署與政

40 Hong Kong Public Records Office, HKRS70-8-4464, "TAXI SERVICES - FARE & LICENCE FEE INCREASES, JAN 1984 (INCL. RIOT OF JAN 13, 1984) - D"；《工商日報》，1984 年 1 月 12 日。

41 《工商日報》，1984 年 1 月 12 日。

42 《華僑日報》，1984 年 1 月 13 日。

務司鍾逸傑會面，會議進行至下午二時休會，鍾逸傑立即到港島與署理港督夏鼎基會面，商討解決問題的方法。下午五時，鍾逸傑再折返尖沙咀，跟商會代表繼續會議至七時結束。下午六時卅分，署理港督夏鼎基發聲明，欣悉的士同業在香港這個自由社會，透過兩局非官守議員，就政策發表意見，政府相當關注此事。他同時亦宣佈將立法會會議提前一星期舉行討論，即由一月二十五日提前至一月十八日舉行。

另一方面，政府高層在早上召開緊急會議。隨後施恪及運輸署署長李舒亦與非官守議員商談，但雙方看法不同，議員支持的士業界一方。散會後，議員分開兩組，一組會見署理港督夏鼎基，另一組則會見摩總代表。

下午七時十五分，兩局非官守議員代表方心讓聯同其他議員召開記者招待會，宣佈會於一月十八日會議上對法案作大幅度修訂。晚上八時，兩局非官守議員跟的士商會代表開會；晚上十一時半，議員宣佈保證在一月十八日會議中，對政府加稅建議投反對票。的士司機聽到談判結果之後，均舉手歡呼，商會亦立即結束罷駛行動，歷時三十二小時之罷駛，遂告結束。[43]

正當的士商會代表晚上跟兩局非官守議員開會期間，市面卻風雲色變。約晚上六時，千多名市民聚集在油麻地一帶，三名軍裝警察到場驅散人群不果，反被包圍，警方隨後增援，拘捕了一名青年。有人群先跟隨到油麻地警署聚集、叫囂一會再折返彌敦道，在八時許開始生事。一群青年截停一輛雙層巴士，並向巴士站擲石，趕走司機及乘客，隨後上車駕駛巴士橫衝直撞，直至撞上行人路為止。接着，有約一萬人聚集在彌敦道，有人焚燒垃圾桶，以石頭破壞商店櫥窗及搶掠，警方防暴隊出動驅散生事人群，人群則沿彌敦道向旺角方向行走，沿途破壞叫囂及放火燒車，信和中心商場及一些彌敦道的電器舖、金舖均遭破壞。警方防暴隊增援，向人群施放催淚彈，整個油

43 Hong Kong Public Records Office, HKRS70-8-4464, "TAXI SERVICES - FARE & LICENCE FEE INCREASES, JAN 1984 (INCL. RIOT OF JAN 13, 1984) - D"；《工商日報》，1984 年 1 月 14 日，《華僑日報》，1984 年 1 月 14 日。

尖旺區陷入混亂，深水埗亦受波及。當晚凌晨二時三十分，情況受到控制。在這次不法分子利用的士罷駛，發起騷亂的事件中，共有三十二人受傷，包括三名警務人員及二十九名市民，最後共有一百七十二名市民被捕，損失財物達三百七十萬元。[44]

一月十八日，立法局會議討論一九八四年汽車（首次登記稅）（修訂）法案及一九八四年道路交通（車輛登記及領牌）規例（修訂）法案，在全體立法局非官守議員投反對票下，上述兩項法案不獲通過。會後，署理港督夏鼎基爵士發出聲明：

本人認為立法局非官守議員今日之表現相當出色。在今午他們發表之演詞中，非常有效地表達出的士行業給一般市民深切之憂慮。明顯地，我們整套建議方案未能獲得接受，已確認甚至為人所誤解。

但是假若說非官守議員在今日之表現出色，本人認為政府制度之表現更為出色，甚至可說是政制勝利的一天。政府正在面對非官守議員反對時，而作出適當的反應。

在小心聆聽各議員的意見後，政府方面讓有關法案在二讀階段中被投票否決，而整套建議亦因而要重新擬定，這正表示在政府的建議不能為立法當局接納時，本港諮詢民主制度所應當發揮的效用。

最後，兩局非官守議員獲香港九龍四個的士商會委員會致送刻有「持正博議、廣澤功宏」鏡匾，以感謝各非官守議員為的士業界發聲，否決是次法案所作出的努力。[45]

45 Hong Kong Public Records Office, HKRS70-8-4464, "TAXI SERVICES - FARE & LICENCE FEE INCREASES, JAN 1984 (INCL. RIOT OF JAN 13, 1984) — D".

44 《華僑日報》，1984年1月14日；《工商日報》，1984年1月15日。

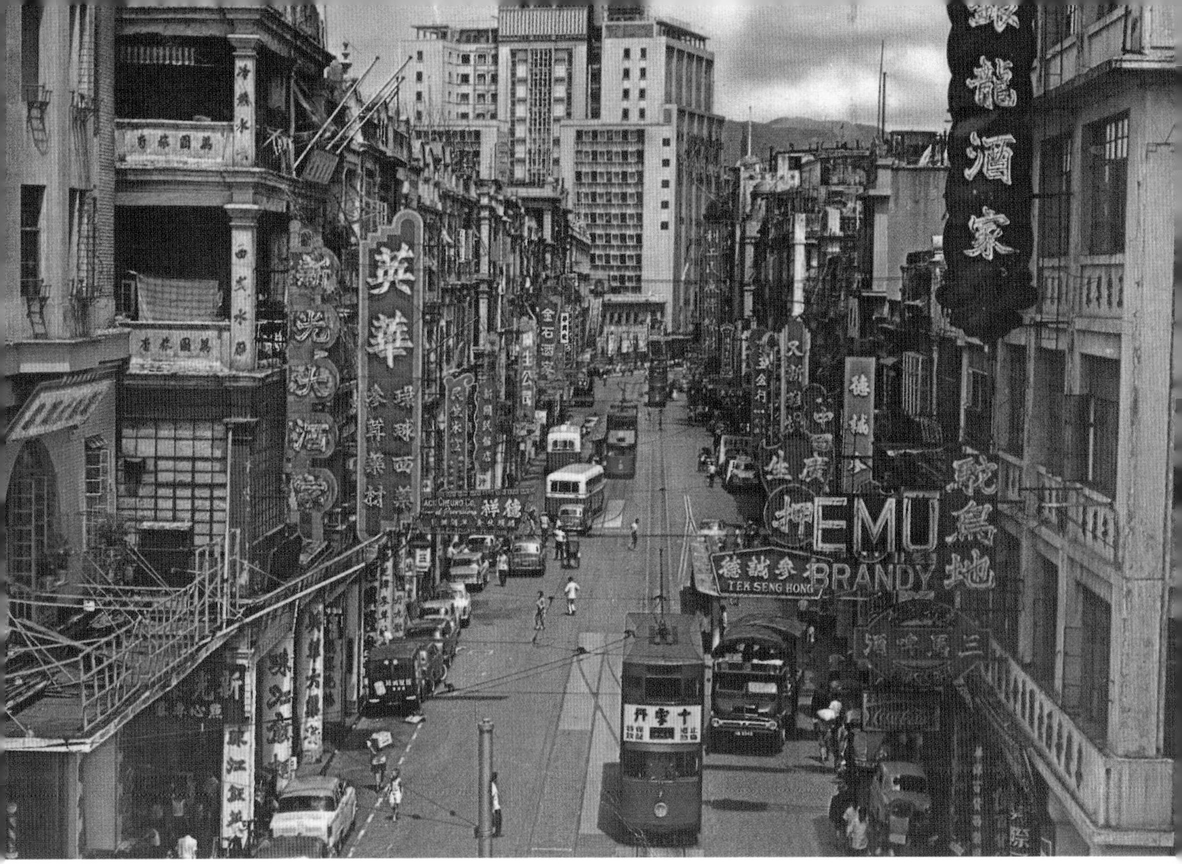

的士在德輔道上行走，約 1960 年代。

小結

在後的士公司年代，的士罷駛抗議事件不斷，主要原因是經營環境轉差，令司機搵食艱難，迫不得以採取抗爭行動。要平息這些抗爭行動，相信政府要全面檢視的士政策，讓的士業有一個良好的經營環境，確保所有持份者都可以生存，使乘客滿意的士服務。

一九八四年的士罷駛抗爭成功游說立法局議員否決政府提交的議案，以及署理港督夏鼎基爵士回應議案被否決的發言，是的士行業抗爭和政府如何體面應對的里程碑，過程充滿智慧。

第八章

佳寧的士王國

八十年代是二戰後的士業最輝煌的時期，香港經濟迅速起飛，人謀事，事求人，可說是遍地機會。自從一九六四年政府採用公開競投方式，以價高者得的方法發出的士營業牌照，更容許個人或公司投牌後，許多司機努力奮鬥，成為駕者有其車，車主司機的數目如雨後春筍，由幾人，至幾百，到幾千。一時間的士服務的效率大大提高。不過，由穿着整齊制服示人的的士公司司機變成自僱單頭車，司機良莠不齊，毫無紀律：冚旗拒載、濫收車資、更改咪錶、多收乘客車費，不一而足。乘客投訴，表達對服務的不滿的同時，顯示市面對良好的士服務的期盼。有投資觸角的商人，馬上看準時機，提供需求殷切的優質的士服務。佳寧集團主席陳松青在一九八一年進軍的士業，建立有規模的的士王國，一時傳為佳話。可惜，佳寧集團過度膨脹，當一九八三年香港前途問題引發金融危機，佳寧集團迅即倒閉。

大舉投資

一九八一年九月十八日，佳寧集團主席陳松青先生聯同旅遊服務主管宣佈從一個名叫盈力（Gainforce Ltd.）的的士公司購入七成股份，控制該公司旗下的三百部的士，作價九千萬港元，即每部的士（車牌連車）平均價三十萬，震撼市場。[1]這交易價比市面的士牌照價平均約十七萬高很多，而這間的士公司每年生意額約為二百六十萬。佳寧這項投資大大加強它的旅遊酒店服務，有力推動一條龍的營業策略。佳寧更透露公司目標是要增購的士車隊至三千部，約為當時的士車輛總數的三分之一，預算動用八億港元。陳松青認為的士是搞好香港旅遊的重要一環，可改變外國人對香港的印象，吸引更多外國投資，帶動香港工商業及地產業繁榮。

佳寧這項投資對正在低沉的的士投資市場打下強心針，當時政府主張不斷增發的士牌，令的士牌價下跌。據報，佳寧集團在作出投資前，得悉政府內部消息，的士發牌數量以一萬個為止。[2]商人認為如果發牌有上限，那物以罕為貴，值得大舉投資。不過，政府及後又發放信息會多發四千六百一十二個牌照，令投資氣氛看淡。事實上，佳寧野心勃勃，政府絕不想看到有寡頭壟斷的情況出現。政府的舉動，令佳寧的投資產生不明朗因素，有的士公司向佳寧示意可以每部平均價約二十萬元出售八百部的士，佳寧未有接納。

政府不斷發牌，必須有足夠的的士司機投身行業，才可營運。無論單頭車主或公司，在聘請司機時都感到人數不足，而想考的士司機牌的人卻眾多。一九八一年底，累積有約二萬人報考，但運輸署每月只能應付約一千五百名考生，令業界不滿。[3]

政府繼續發牌，佳寧在一九八一年十二月二十八日的競投中，以平均價十七萬元的價錢再購入約二百二十個的士牌。[4]一九八二年，佳寧大幅整頓的士管理，包括司機儀容禮貌、

1 《華僑日報》，1981 年 9 月 18 日 ;*South China Morning Post*, 18 Sep. 1981.

2 *South China Morning Post*, 20 Sep. 1981.

3 *South China Morning Post*, 23 Dec. 1981.

4 *South China Morning Post*, 29 Dec. 1981.

車廂整潔、安全駕駛等。佳寧計劃由三月開始，全線五百四十四部的士的司機，都打公司領呔，打領呔的司機每月將獲一百五十元獎金。公司又會定期檢查車輛整潔度，車輛必須清洗乾淨，潔淨車輛的司機會獲得每季四百五十元。公司又為司機購買保險。佳寧的管理策略是有賞有罰，若司機不洗車會扣一百元，若拒載也扣一百元，若每季有兩單不禮貌的投訴，會扣一百元。若果司機一年內未被投訴，佳寧會讓司機和配偶免費享用到泰國或菲律賓七天遊。為加強司機對優質服務的認識，佳寧組織了二十四個的士司機到東亞國家包括日本和新加坡受訓，並了解當地營運情況。[5] 這二十四名受訓司機於一月二十二日開始穿着整齊制服為乘客提供服務。[6]

建立的士王國

佳寧集團主席陳松青認為有規模的車隊才可有實力獲得銀行和供應商的優惠，降低成本。例如他的車隊獲得比其他車行更低的銀行信貸利息，以及由於佳寧購車數量大，供應商提供的士車輛的價格亦低於一般市價。公司目標是收購三千個的士牌，亦已在尖沙咀東部向政府租用一幅佔地五萬六千呎的空地作為的士私家停車場。[7] 陳松青明白管理這樣龐大的車隊難度極高，他的想法是管理好現時幾百部車，建立好一個品牌，然後用特許經營權的方法

5　*South China Morning Post*, 8 Jan. 1982;《華僑日報》，1982 年 1 月 8 日。

6　《工商日報》，1982 年 1 月 22 日 ;*South China Morning Post*, 22 Jan. 1982

7　《工商日報》，1982 年 1 月 22 日。

1980 年代中的的士。（張順光先生提供）

在中環行駛中的的士，約 1980 年。（張順光先生提供）

讓有能力的的士司機管理其餘車輛。他現時只管理約二百多部車，三百五十名合約司機，公司還有二百多部車租借給其他司機駕駛。管理司機，不單有賞有罰，還有晉升階梯。他把司機分為三級。剛受訓回來的二十四名司機是「金章」司機，新受聘的是「白章」司機，經培訓後轉為「銀章」司機，然後按表現提升為「金章」司機；「金章」司機參與管理「銀章」及「白章」司機，將來還可以承接管理特許經營車隊。陳先生強調司機是佳寧車隊的最前線員工，必須訓練有素，讓乘客有好印象。[8]

佳寧聘請司機的廣告是這樣寫的：「請銀章司機，要有兩年駕駛的士經驗，中英文流暢，底薪每月九百元，設抹車費（每月一百元）、安全駕駛獎（每月一百五十元），另加利潤分帳。公司有專業培訓（七十小時）及附加員工福利（有薪假期、年終雙薪、醫療保險、退休金計劃、個人意外保險、勞工保險、出色員工旅遊獎等）」。[9]佳寧引入香港的士業界從未有過的管理範式。

陳松青於一九七七年創立佳寧集團，的士王國只是集團的一個部分。集團業務包括地產、旅遊、船運、空運、餐飲、酒店、旅遊車和出租車等，投資遍及菲律賓、泰國、日本、新加坡、紐西蘭、美國等，一九八二年的總投資額達七十二億元。[10]當集團以三億九千萬元出售赤柱、薄扶林和九龍等物業時，就傳出集團撤出香港的消息，陳松青隨即否認撤資。[11]

---

8 *South China Morning Post*, 3 May. 1982

9 *South China Morning Post*, 31 Aug. 1982;《華僑日報》，1982 年 9 月 3 日。

10 *South China Morning Post*, 14 Oct. 1982.

11 *South China Morning Post*, 31 Aug. 1982.

1983 年，香港太空館剛落成，當時市區的士車身統一為紅色差不多十年。

王國倒閉

一九七九年三月二十九日，港督麥理浩會見鄧小平，展開了中英兩國關於香港一九九七年前途問題的接觸。到一九八一年底，中方明確宣佈不會考慮以主權換治權，中國會如期於一九九七年七月一日收回香港。金融股市隨即下跌，銀行收緊借貸。靠財技起家的佳寧，陷入財務危機。一九八二年十一月，市場傳聞佳寧無力償還債項[12]，而佳寧推出以股票換現金股息，導致股價大跌，亦引爆集團的財務騙案。[13]

一九八三年十月二日陳松青因詐騙案被廉署拘捕，一九八六年控罪成立，入獄三年。

而佳寧的士王國並未有落實當初聲言建立三千部車輛的鴻圖大計，一九八二年十一月，即大舉投資的士約一年，司機管理便出現問題，要解僱八位「金章」司機，原因是公司發現這批司機經常「穿櫃桶底」，交回公司的車費收入與咪錶記錄差距相當大。公司承認初期給二十四名「金章」司機每月發給固定四千元薪金是一大漏洞，現在已更改聘用條款，把基本薪酬定為月薪一千三百八十元，扣除八十元後，公司與司機平均對分車資收入。被解僱的司機認為公司未有事前警告及容許解釋，屬無理解僱。他們控訴公司由於財困把他們解僱，避免他們做滿一年，需要發給雙糧。佳寧隨即否認事件和公司財

12 《工商晚報》，1982 年 11 月 19 日。

13 《大公報》，1982 年 11 月 22 日。

政狀況有任何關係。[14]

一九八三年，佳寧的財務困擾浮面。三月，佳寧車隊由加德士入油突然轉到埃索油站，業內估計可能佳寧的財務優惠（credit facilities）出現困難。[15]四月，油價高企，政府拒絕業界增加燃油附加費的要求，令的士經營成本大增，佳寧宣佈結束的士業務，出售全部四百五十四部市區的士，旗下司機優先獲配售，價錢固定十八萬五千元（連牌連車），比當時牌價十七萬元（不連車）便宜。司機可交首期一萬五千元，然後每月供款三千二百元，供滿七年，成為車主。最終有一百三十二名司機願意認購。[16]不過，由於佳寧旗下的車輛都在銀行按揭，銀行對轉換車主的借貸條件有不同意見，導致不能把車牌過戶到小買家（包括認購和繳交按金的司機）。事件由當時市政局議員鍾世傑先生出面調停。經過幾個月的折騰，最終由滙豐銀行旗下的滙豐授信財務接收全數四百五十四部的士的貸款合約，並承擔原有對小買家的借貸條款。[17]

佳寧宣佈結業的同時，辭退所有司機，勞資雙方就遣散費各執一詞。[18]最終由勞工處調停，入職少於三個月的司機獲發一百三十三元，三至六個月的司機發三百元，六至九個月的司機發四百五十元，九至十二個月的司機發六百元，十二個月以上的司機發九百元。[19]

陳松青的佳寧集團無法渡過由香港前途問題而產生的財困，被迫把全部個人和公司的固定資產賣掉，無論私人住宅，以至名車，都一一賣掉，償還債務。[20]

14 *South China Morning Post*, 20 Nov. 1982

15 *South China Morning Post*, 18 Mar. 1983.

16 *South China Morning Post*, 14 Apr. 1983; *South China Morning Post*, 25 Jun. 1983.

17 *South China Morning Post*, 28 Sep. 1983;《工商晚報》，1983年9月28日。

18 《華僑日報》，1983年4月27日。

19 *South China Morning Post*, 6 May. 1983;《華僑日報》，1983年5月6日。

20 *South China Morning Post*, 27 May. 1983.

寶貴經驗

陳松青的佳寧的士王國提供了十分珍貴的管理的士車隊經驗，尤其在優質服務方面，佳寧設立投訴／讚賞熱線，收到的讚賞遠多於投訴。不過，佳寧未能制止個別司機「穿櫃桶底」，令業務受損。

佳寧的士王國雖敗猶榮，他帶給香港許多珍貴經驗，起碼有如下幾點：

（一）他的理念是以人為本，口號是"we care"，落實這理念是成功必由之路，任何提供服務的行業應以此為依歸。

（二）他要求員工禮貌待人，穿着整齊制服及保持車輛整潔，接載乘客。乘客多有讚許，很少投訴。

（三）他採用胡蘿蔔和大棍的策略，即有賞有罰，管理員工，讓員工遵循正確的服務守則。

（四）他採取用底薪加分帳的方法，鼓勵司機爭取高生意額。

（五）他把司機分為金章司機及銀章司機，讓司機有晉升階梯，為職業規劃前景。

（六）他為司機提供各種職業保障，包括有薪假期、退休金及各類保險，讓司機安心工作。

（七）他計劃做好的士服務品牌後，以專營方式批出佳寧品牌的車隊，為推廣優質的士服務，提供可行的方法。

（八）但他仍未能有效解決有少部分司機「穿櫃桶底」的難題，可能後來者還要思考以優厚待遇養廉的方法。

第九章

柴油到石油氣的士

營運的士必須控制成本，而營運成本完全取決於的士車輛的質素。購買的士車輛及以後的維修費用固然是車主車行的成本，而司機從車行車主或打理人租用的士，接載乘客做小生意，燃油支出則由的士司機負責，是日常營運的成本。所以車輛耗油效能，直接影響司機的營運成本。因此選擇車種對車主車行和司機，都有實質影響。如果新的車種能降低維修和燃料成本，無論車主車行或司機，都皆大歡喜。二〇〇〇年，香港面對金融危機，政府資助業界把柴油車轉做石油氣車，是挽救了整個行業的一項德政，業界都銘記於心。

外在因素的巧合

由柴油轉石油氣的士不是業界主動提出的，而是由政府提出。九十年代初，當時香港的空氣污染達到不能接受的水平，污染主要由營業車輛排放的氮氧化物和粒子造成，超標的情況十分嚴重。從交通工具排出的可吸入懸浮粒子數量，約有百分之三十是來自的士的。環保署建議的士更改燃料，把肉眼可見、會排放大量黑煙的柴油車，轉為使用較潔淨燃料的車輛。環保署首先建議轉為汽油車輛，得不到業界的支持。雖然汽油車在車款及車種上都有較多選擇，但業界擔心汽油車輛的經營成本比柴油車輛更高，因汽油車一般不及柴油車耐用，再者汽油稅比柴油稅高，故無論維修成本與燃油成本都比柴油車高。一九九七年，金融危機爆發，的士牌價與其他投資產品一樣，急劇下跌，導致許多車行車主變成負資產，這個時候要求車行車主更換車輛，不切實際。

汽油車輛的建議被否決後，可幸環保署的官員仍然鍥而不捨，未有放棄。一九九六年九月政府成立一個跨部門工作小組負責研究以氣體車輛代替柴油車輛的可行性。[1] 一九九七年，政府推出更加審慎的建議。他們建議採用石油氣車輛，而且首先聯同業界推行一項為期一年的試驗計劃，讓業界了解石油氣車輛的營運是否滿足業界的要求。業界對於更換車輛有所顧慮，主要是不清楚對經營成本的影響，而且，有一種印象，認為氣體燃料是較為容易爆炸的。根據業界翹楚鄭克和先生的憶述，當時行家都不敢嘗試，他以一個商家的敏感觸覺，認為是一個商機。[2] 他聯同業界友好組團到日本考察，觀摩當地石油氣的士的營運狀況，之後他認為值得一試。

政府十分小心規劃這次試驗，組織了一個所有持份者參與的監察委員會，成員除了業界、政府不同部門（環保署、運輸署、機電工程署）官員外，還有石油氣供應商、車輛供

---

1 《臨時立法會環境事務委員會及交通事務委員會：的士以外的石油氣車輛的供應》，1998 年 3 月 26 日。

2 見本書忠誠車行創辦人鄭克和先生的訪問稿。

應商及學者。政府希望保證所有持份者從開始就參與，並即時提出他們的關注。一九九七年十一月二十九日試驗計劃正式展開[3]，這個計劃總共有三十部車參與，分別是十五部日產車，十五部豐田車。其中二十輛是新車，十輛是舊車。兩間車廠的香港代理免費提供車輛作試驗，車主車行則提供牌照，讓車輛套上牌可以正常提供接客服務。環保署把三十部車輛分為五隊，每隊由一名經驗豐富的的士營辦商出任車隊經理。車隊經理負責以管理一般商業的士的方法管理石油氣的士，以及收集運作數據。此外，他們必須在車隊中提供一輛柴油的士，與石油氣的士的性能作比較。燃料供應商則提供四個方便的入氣站，讓車輛入氣，車廠代理則負責所有車輛的維修保養。

石油氣的士試驗計劃監察委員會就石油氣和柴油的士作了五方面比較：一、石油氣的士的性能；二、可靠性；三、燃料消耗量；四、維修和耐用程度；五、廢氣排放。

試驗結果顯示：一、石油氣的士性能良好，司機滿意，乘客則認為比柴油的士更寧靜舒適和低污染。二、石油氣的士每天約行走三百六十公里，與柴油的士同樣可靠。三、石油氣的士比柴油的士多消耗約百分之三十的燃料，但石油氣比柴油平，在未免稅的情況下，石油氣的士每天可節省約二十五元。四、石油氣的士在試驗期間未需要任何大型維修，根據車輛供應商的資料，石油氣的士和柴油的士的壽命、投資成本和維修成本是差不多的。五、石油氣的士所排放的一氧化碳、碳氫化合物和氮氧化合物最少比柴油的士排放的低百分之三十、

3 《臨時立法會環境事務委員會：液化石油氣的士試驗計劃》，1997 年 9 月。

的士在軒尼詩道行駛，地點在今天崇光附近，約 1964 年。（張順光先生提供）

百分之五十和百分之九十五。

隨着試驗計劃的成功，行政長官在一九九九年《施政報告》宣佈政府會提供資助，協助的士從柴油轉換為石油氣。為了釋除業界對投資和營運成本，以及相關充氣站及維修設備的疑慮，政府採取了一系列措施，包括：

（一）政府不會向車用石油氣徵税；

（二）若的士車主以石油氣的士取代柴油的士，政府會發放四萬元資助；

（三）政府提供五幅用地，供石油氣加氣站使用；

（四）給予現有油站優惠，鼓勵它們提供石油氣加氣設施；

（五）為滿足約一萬八千部的士的需要，政府會在二〇〇一年年底，提供至少三十七個石油氣供氣站服務；

（六）政府會撥出四幅工業用地，設立石油氣車輛維修工場；

（七）職業訓練局每年訓練一百八十名機械技工，維修石油氣車輛，以應付業界需求。[4]

同時，政府從二〇〇一年起規定所有新登記的士必須為石油氣車輛；二〇〇六年，撤銷所有柴油的士的登記。[5]

業界隨即蜂擁換車，據忠誠車行創辦人鄭克和先生、日產石油氣的士銷售負責人馬漢明先生和豐田石油氣的士銷售負責人李啓祥先生的憶述，當時車輛供不應求，要設法讓業界有秩序排隊。最終業界自訂有序換車的方法，讓當年運輸署署長感恩。[6]

石油氣車令業界的經營成本大減，尤其是維修零件費和燃料費。低零件費的原因是日本同類的石油氣的士有二十多萬部，車輛五年就退役，退役車輛會被拆解，將可用的零件運送到香港，其銷售價比新零件便宜許多。而政府提供免税石油氣和低地價的專用

4 《立法會環境事務委員會及交通事務委員會：有關柴油車輛廢氣排放的全面管制措施》，1999 年 11 月 5 日。

5 《立法會環境事務委員會及交通事務委員會：石油氣的士計劃》，2000 年 5 月 12 日。

6 見本書 1998 年至 2005 年運輸署署長霍文先生的訪問稿。

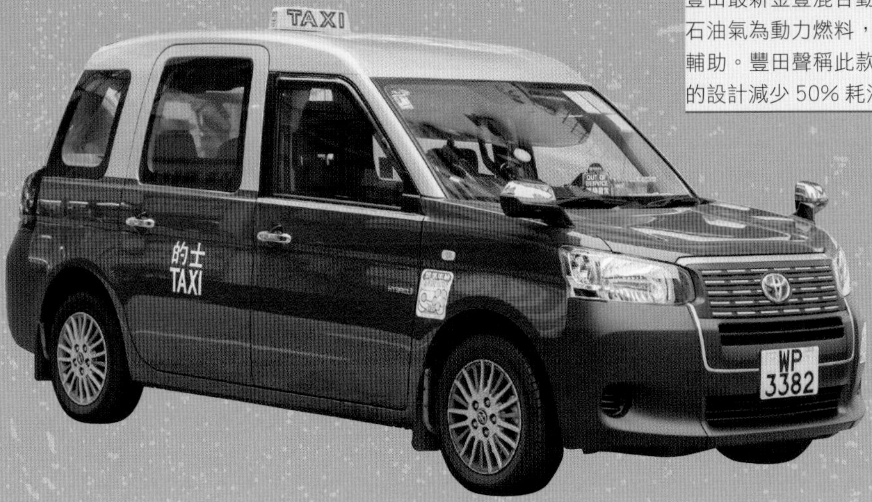

豐田最新金豐混合動力的士，以石油氣為動力燃料，並以電力為輔助。豐田聲稱此款的士比以往的設計減少 50% 耗油量。

供氣站，令燃料費降低了約一半。政府提供補貼換車，更是錦上添花。政府的措施讓所有持份者，包括車行車主、司機、車輛供應商、油公司都得益。在一九九七金融危機和二〇〇三年「沙士」期間，幫助了業界渡過時艱。

小結

柴油的士得以順利成功轉為石油氣的士，有着以下因素巧合地同時出現：

（一）經濟動盪，的士業界無可避免飽受衝擊，正苦於無出路；

（二）一批開明和關懷業界的負責官員，主要是環保署和運輸署的官員不遺餘力，鍥而不捨推動更換石油氣的士；

（三）有勇氣接受改變的業界領導人物的配合；

（四）有適合本地的士營運的石油氣的士車輛，而供應商不只一家，釋除政府的顧慮。

第十章

與野雞車、紅牌車、白牌車的抗爭

香港自從進入有機動汽車的年代[1]，人們就對機動車趨之若鶩，有錢的人自然會購買。買不到的人也想乘坐這新鮮玩意兒。市場有需求，頭腦精明的商人就會供應以滿足需求而謀利。因此，有別於的士而同樣載客取酬的車輛應運而生（姑且統稱白牌車[2]）。隨着這些車輛造成交通意外頻生，政府不得不立法規管。一九二三年當局推出正規的士，意圖取締當時的非法私家車載客。但由於規例的限制，正規的士往往未能應付乘客的需求。乘客在繁忙時間或偏遠地方找不到的士，或者乘客希望更廉價、甚或更舒適的的士，正規的士不可能一一兼顧，滿足全部需求。不受規管的車輛就會鑽空子，提供服務以謀利，與正規的士爭生意，掀起無休止的糾紛。

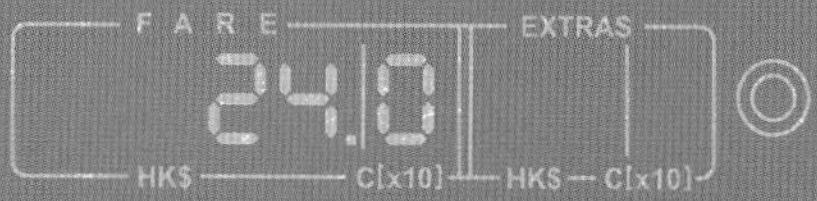

白牌車在不同時期有不同稱呼——野雞車、公共車輛、紅牌車、出租車、優步車（Uber），有些違規經營，有些是完全非法的。這些車輛的出現，往往是填補的士不能滿足的客運需求。雖然如此，但不受規管或違規的載客取酬服務往往在發生事故時不能按法例解決，令乘客的利益受損。政府一方面看到白牌車可填補正規的士的不足，不想全力打擊；另一方面，受到的士業界強大壓力和白牌車事故的影響，不得不設法遏制。但由於不是全心全意，政策時鬆時緊，讓白牌車一時大行其道，一時銷聲匿跡。時至今日，政府還是進退失據。

野雞車

早在一九二六年就有報章報道「野雞車」[3]，即一種必須停泊在指定地點經營的載客車輛，不得在街上兜客。據報，野雞車一直存在，當年盛極一時，幾逾百架，這些都是一般私家車，比的士一類合法出租車[4]收費廉宜，通宵營業，而且橫街窄巷可以隨時停放。[5]的士曾以減價應付競爭，一九三三年九龍的士起錶收費由五毫減至四毫。[6]九龍的士同時引入只載三人的小車，頭一英里收三毫，以後每英里收二毫，停車每五分鐘收五仙。[7]香港的士也跟隨。[8]

野雞車令合法的出租車生意難做，出租車營運商入稟政府要求嚴加取締，警方採取行動，遇到野雞車在街上兜客，即捕即控。野雞車數目銳減一

---

1 約 1905 至 1910 年間。參看第一章。

2 白牌車是八十年代（可能是六十年代，因 1960 年報紙已用這個詞語）以來的用語，意思是採用私家車非法載客取酬的車輛，由於當時的士車牌是黑底白字，而私車家則是白底黑字，因此叫白牌車。

3 《工商日報》，1926 年 4 月 10 日。

4 根據 1912 年汽車及交通條例規管的可載客取酬車輛。

5 根據 1863 年和 1912 年汽車及交通條例（Vehicle and Traffic Regulation, 1912）規管的公共汽車只能停靠指定車站接載乘客，不可在街上兜客。可參考馬冠堯一篇文章：〈從香港戰前的馬路條例看路上秩序發展〉（2017），http://www.hkumachsaa.org/855。

6 《工商晚報》，1933 年 4 月 8 日。

7 《工商晚報》，1933 年 4 月 10 日。

8 《工商日報》，1933 年 11 月 19 日。

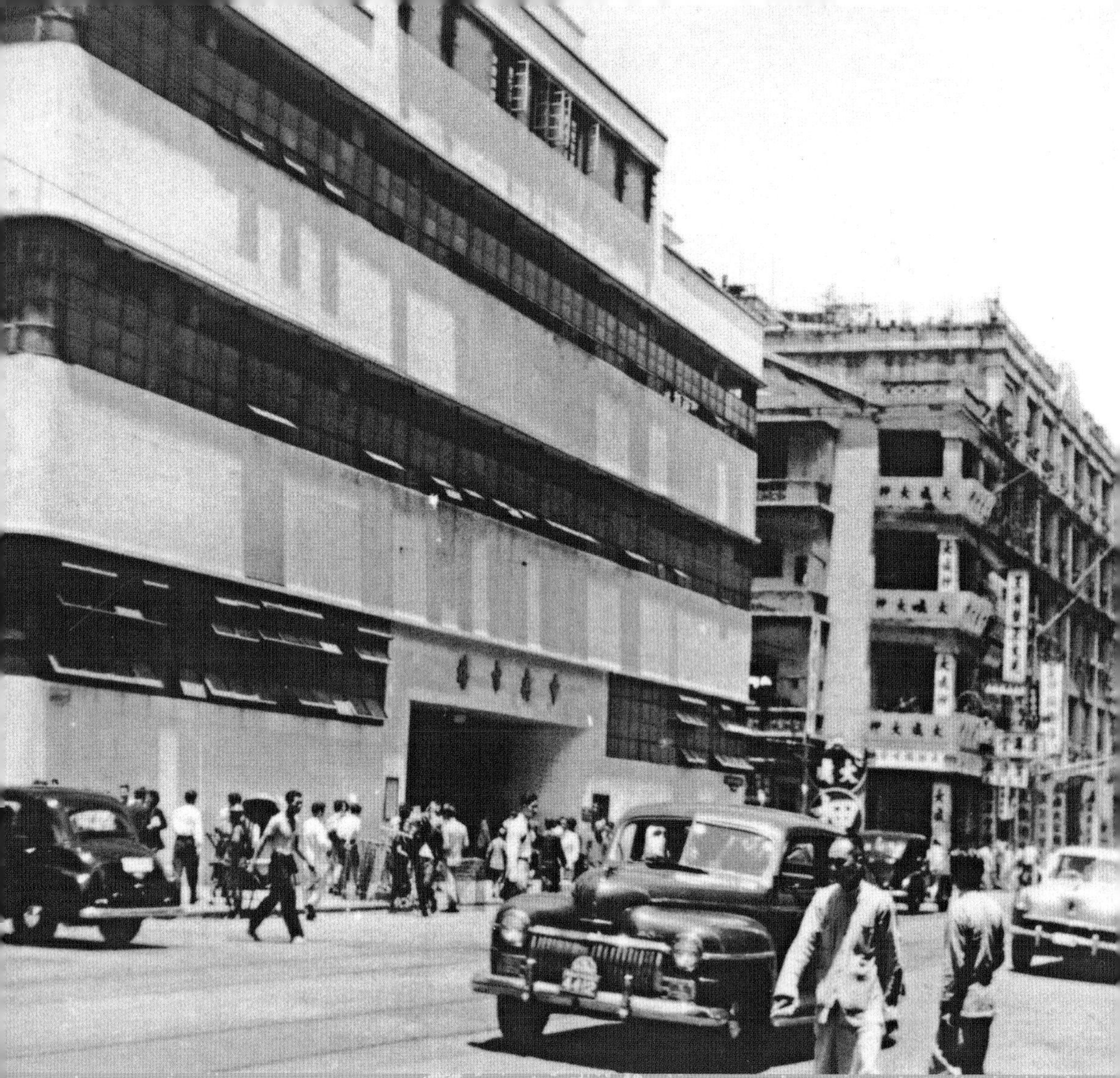

的士在中環中央市場（即今中環街市）外，約 1948 年。（鄭寶鴻先生提供）

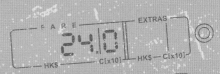

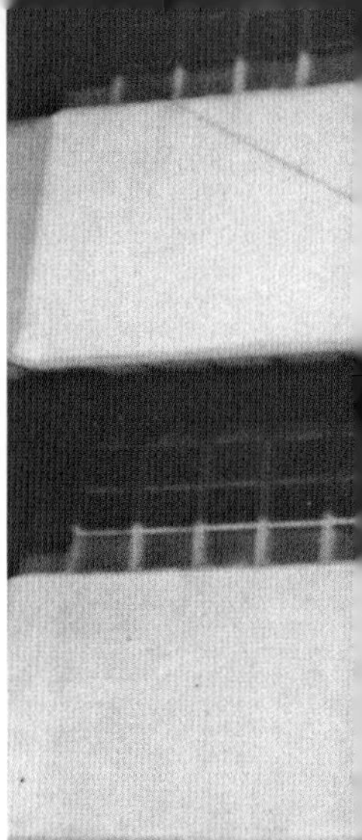

戰後初期之的士，約 1946 年。（鄭寶鴻先生提供）

段時間，至四十餘架。不過掃蕩一時，未能完全遏止野雞車的增長，一九二七年野雞車的數目增長至四百架之多。當時野雞車多數是二、三人合資購買汽車一架，一人領取牌照，輪流在街邊接生意，不論遠近均接客前往，一元兩元生意亦招攬，且其車整理華麗，大有與私家車並駕齊驅之勢。[9] 一九三〇年二月政府推動市民乘坐巴士，認為野雞車已失功效，應被取締。巴士的出現，確實令人力車被淘汰。[10] 一九三〇年四月當局採取行動，立法禁止野雞車在繁忙地點日間停泊。[11] 一九三一年十一月野雞車從前年四百架減至一百餘架。[12] 政府雖連番打擊，野雞車到一九三五年又增加至六百餘輛。當年香港島的的士只有七十二輛，九龍的的士只有五十餘輛。[13]

一九四六年十二月當局停止向野雞車、三輪車及手車[14]發出牌照，但戰前有牌照者可以繼續申請續牌。[15]野雞車公然與的士爭生意的事件每

9 《華字日報》，1927 年 8 月 15 日。
10 《工商日報》，1930 年 2 月 20 日。
11 《華字日報》，1930 年 4 月 2 日。
12 《工商晚報》，1931 年 11 月 21 日。
13 《天光報》，1935 年 1 月 24 日。
14 手車即人力車和轎。
15 《工商晚報》，1946 年 12 月 17 日。

每發生，例如一九四七年一月在尖沙咀碼頭野雞車司機強行在的士站搶客。[16]當局也不定期掃蕩野雞車，即打擊在街道隨意兜接乘客的車輛。在尖沙咀碼頭，則把野雞車和的士分為兩行排隊，乘客可選擇有咪錶的的士和沒有咪錶的野雞車。[17]政府又設定若干營業車站給野雞車，減少他們和的士的衝突。一九四八年當局採取同一措施，在港島二十個地點，規定野雞車只能在這些固定地點上落客，對其沿路兜客的行為，採取嚴厲執法。[18]

出租車、公用車、雙用途車、新界的士

一九六〇年白牌車非法經營愈演愈烈，尤其在新界地區。新界人口日增，對的士的需求日益殷切，但九龍的士大都不願往新界接載乘客，為非法白牌車提供黃金機會。一九六〇年一月汽車商會建議不限制發的士牌以撲滅白牌車。[19]一九六〇年三月政府為打擊白牌車，發出幾種可載客用途車的牌照，即可載九人以下的公用車，適合旅行、學校、酒店之用及貨客雙用途車輛。[20]而租用車輛只能在車房租出，不准在街上兜接生意。警務處處長認為市民

16 《工商晚報》，1947 年 1 月 9 日。
17 《工商晚報》，1947 年 3 月 4 日。
18 《華僑日報》，1948 年 9 月 18 日。
19 《工商晚報》，1960 年 1 月 24 日。
20 《華僑日報》，1960 年 3 月 26 日。

在淺水灣附近行走的的士，當時仍可見余東璇古堡，時約 1962 年。（張順光先生提供）

巨商放棄經營

新界的士申請經營者衆

（新新社）自當局公佈制訂新交通法例，准許商人設辦的士公司，行走九龍新界專綫，新界有名殷商多人，曾一致擬集巨資創辦公司，並徵求白牌車主司機加入爲股東，但此事因進行殊多窒礙，現已打消，而一度車商對此大感興趣，紛紛集資購車籌設公司。據悉：截至目前止，向交通部申請經營者已有二十餘家公司之多，交通當局業已分別通知申請之車商，將車牌機器號碼呈覆，以憑核定各車公司資格及擁有若干車輛，但關於行走上述路綫的士之收費問題及詳細辦法，當局尚在考慮審核中，一俟最後決定，始再行公佈，故來往九龍新界專綫的士

1960 年 1 月 7 日《華僑日報》剪報，報道巨商放棄經營新界的士。

的士在遮打道行駛，當時仍可見上一代香港會建築，約攝於 1962 年。（張順光先生提供）

將有更多選擇，無需乘搭白牌車。這些措施將可減輕非法白牌車導致交通危險等麻煩。而一九六〇年道路交通（的士及租用車）規則最重要的一項是增加新界的士類別，新界的士必須服務新界範圍，不得跨區經營。[21]首批新界的士發牌約三百個，市場的反應並不積極，競投氣氛淡，餘下的約二百多個新牌亦緩後發出。首批新界的士於同年十月二十七日投入服務。[22]

當局以為引入新界的士可杜絕白牌車，只是一廂情願。新界的士（尤其是九人車）與白牌車的爭客情況特別激烈，初期新界的士主要客源是來往九龍及新界的乘客，佐敦道碼頭是兵家必爭的據點。乘客從香港島乘船到佐敦道碼頭，可選擇巴士、的士和白牌車到元朗和屯門。一九六一年若干新界的士公司就僱用一批員工，每月薪酬三百餘元，與當時的白牌車在主要的轉車站鬥法。此等員工專在站頭拉客，由上午七時至下午六時，等小輪泊岸，馬上兜客：「去元朗一蚊位」，直接與白牌車爭客。[23]警方終於放蛇拉人，壓制白牌車。當時，警方即場拘捕司機、跟車蛇仔，甚至乘客，全部帶到就近警署或交通部調查，證據充分就即時檢控。這措施似乎收效，乘客為免受牽連，都不再乘搭白牌車，令行走新界的小型貨客車或私家車等白牌車一時消聲匿跡。[24]

一九六三年新界的士更定點定時開辦專線，行走荃灣至深水埗碼頭，不論多少客，每十分鐘一班車。[25]

21 同註 19。
22 《華僑日報》，1960 年 10 月 27 日。
23 《工商晚報》，1961 年 4 月 1 日。
24 《工商日報》，1961 年 5 月 5 日。
25 《工商晚報》，1963 年 6 月 13 日。

香港火
COOL
高
油
氣
Mobil
ANGEL LADIES TAILOR
AG 3155

不同的士在彌敦道，約 1962 年。（鄭寶鴻先生提供）

不過白牌車經常死灰復燃，尤其是在打風季節，當公共交通工具不足，白牌車就會乘勢出現。有時，的士工潮、的士罷駛亦會引致白牌車活躍，趁機搵食。白牌車趕之不絕，即使政府大量增加的士數量，白牌車仍有他們經常的顧客。一九六四年，白牌車甚至按月收費，接載乘客定時上班。除早晚接送返工之外，白牌車亦有假日生意，例如假日到海灘郊遊，甚至經常在殯儀館附近營業。[26]

紅牌車

政府於一九四六年停止發牌給野雞車後，的士的數量顯然不足以應付不斷增長的客運需求。白牌車湧現，當局除了增發的士牌，一九六〇年決定發出新的出租車牌照，即紅牌車。[27]為免紅牌車與的士直接爭生意，當局規定紅牌車不得安裝咪錶或車頂燈，只可電召，不可在街上兜客。一九七四年三月香港約有一千二百輛紅牌車。[28]

當局的發牌條件壓縮紅牌車的生存空間，紅牌車經營商不會坐以待斃。許多紅牌車都在街上兜客，有些更把車身改成與的士一樣的顏色，混淆乘客，與的士爭客。但由於沒有咪錶，有些不良司機往往收取「海鮮價」，濫收車資，結果引起不少投訴。後來又有經營者自

26 《工商晚報》，1964 年 8 月 3 日。
27 由於車牌是紅底白字，因此叫紅牌車。
28 《華僑日報》，1974 年 4 月 12 日。

彌敦道上交通繁忙，圖左可見風行的士，中間為紅牌車，約 1974 年。（張順光先生提供）

行安裝咪錶，乾脆打正旗號和的士競爭。警方執法打擊這些非法行為，但打之不盡，的士業界怨聲載道。

九龍的士車主聯會一九七六年九月七日成立，首項工作就是針對當時政府（環境司、運輸署、警務處）於一九七六年七月二十二日宣佈的載客服務政策，即：一、無限制增發的士牌照；二、取締紅牌車；三、發給私家車合約租賃載客許可證。聯會反對無限制發牌，認為損害投資者利益；贊同取締紅牌車，杜絕非法的士活動；反對白牌車合法化，因白牌車會出現地區性壟斷，滋生黑勢力妨礙的士服務，與政府遏制私家車增長的政策矛盾，同時加劇道路擠塞和混亂。[29]至於政府認為現時的士的運輸量未能滿足市民殷切的需求，要多發的士牌照，甚至把白牌車合法化，聯會認為市民搭不到的士，部分原因是禁區太多，市民不明白禁區內的士不能上落客，令市民搭不到的士，也引起司機和乘客為上落點而爭執。[30]

當局完全錯判紅牌車，一廂情願以為營運者會服從法規，會提供的士以外的另類個人點對點的運載服務而不會直接和的士競爭。當局低估商人逐利的本性，不單鑽法例的空子，甚至不惜違法，謀求最高利潤。紅牌車和野雞車一樣，到處違泊，到處兜客，投訴不絕。當局無法不採取遏抑行動，一九七六年七月運輸署署長麥法誠透露當局決定取締紅牌車。[31]同年八月十八日政府建議紅牌車每部需要補價七萬五千元轉為的士。[32]當局隨即把道路條例修訂案交立法局審議，立法局最終於一九七七年六月通過修訂條例，並在同年十一月一日實施。[33]當局同時加強打擊紅牌車，「放蛇」拘捕違規兜客的紅牌車司機，法庭也重罰違規司機，罰款二百五十元及吊銷駕駛執照三個月。[34]

29 的士同業聯保會：《的士同業聯保會八周年紀念特輯：九龍的士車主聯會有限公司創會一周年紀念》（香港：九龍的士車主聯會有限公司，1978 年），頁 43。
30 《的士同業聯保會八周年紀念特輯：九龍的士車主聯會有限公司創會一周年紀念》，頁 47。
31 《工商日報》，1976 年 7 月 17 日。
32 《華僑日報》，1976 年 8 月 18 日。
33 《華僑日報》，1977 年 9 月 20 日。
34 《華僑日報》，1977 年 3 月 2 日。

白牌車

政府決定取締紅牌車，除了讓願意繳付每部七萬五千元的紅牌車轉為的士外，同一修例亦讓不願意繳款的持牌人轉紅牌車為合約制出租車，即以合約形式為團體機構或學校載客。這類出租車和私家車無分別，每年繳付牌費（當年五百元）就可獲得牌照經營。這類出租車牌照，除了紅牌車持牌者，其他私家車也可申請。這措施亦被描繪為白牌車合法化。[35]有紅牌車商人準備把轉為這類出租車的車輛繼續過往的經營，即在街上兜客，接載客人後就把客人的資料用無線電機傳送到中央控制室，隨即準備合約，把行程轉為預約載客。

取締了紅牌車，餘下就是完全沒有載客取酬牌照的非法經營的白牌車。儘管政府一再打擊，當年白牌車的數量從沒有減少。從一九六一至一九七四年，政府每年都有估計白牌車的數量，即由約二千九百輛增至四千二百輛，最高峰時達四千五百輛。[36]為免重蹈紅牌車的覆轍，一九七八年三月時任運輸署署長麥法誠透露政府打算收緊對非法白牌車的管制，除了司機受處罰外，車輛也會被扣押，初犯三個月，再犯六個月，最後運輸署可吊銷牌照。[37]當年警方估計約有超過一千部白牌車在港、九、新界經營。白牌車的登記十分簡單，只要有私家車輛，有車牌，有保單及繳交每年五百元即可。當局進一步規限這些車輛不能在車上安裝無線電通訊設備，避免它們與的士有相同設備。[38]

雖然當局採取措施進一步防止白牌車非法經營，但還是堵截不了白牌車的經營。一九八一年，環境司鍾信提交道路交通（修訂）條例草案，進一步界定出租車的經營範圍，即酒店出租車、旅遊出租車、機場出租車、學校出租車和供應出租車；車輛只能經營合約出租和在指定地點出發。當局不單收緊發牌條款，亦訂定發牌上限。至

---

35 《工商日報》，1977 年 11 月 28 日；《華僑日報》，1978 年 3 月 21 日。

36 Hong Kong Transport Department, *Departmental Report*, Hong Kong: Hong Kong Government Printer, 1975, p.411.

37 《華僑日報》，1978 年 3 月 21 日。

38 《工商日報》，1978 年 7 月 21 日。

此，私家車能合法載客取酬的只有各類型的出租車；法例又再規定，這類車輛在載客行程中要在車上顯示運輸署發出的出租車牌照，方便警方執法。[39]嚴厲規管合法白牌車後，非法白牌車在往後二十多年轉為沉寂，但並沒有消失，只是伺機再起。

二〇一四年七月二十一日優步（Uber）宣佈在香港營運，乘客可以用手機召喚私家車輛出行。優步是美國商人開發的智能手機程式，用家使用乘客版 APPs 叫車，司機用司機版 APPs 覆實及可直接與乘客通話聯絡。優步用自訂的程式計價，乘客以信用卡付款，司機則在行程完結後等優步確認才收到車費，優步會從車資中扣除手續費（一般百分之三十）。優步不擁有車輛，司機用自己的車輛接載乘客，所有車輛的支出由司機自行負責。優步聲稱它們和司機是伙伴合作關係，並沒有僱傭關係。優步不管司機的背景，尤其是有沒有犯罪記錄，亦不管車輛的款式或車齡，只要司機保證車廂潔淨，乘客沒有投訴就可以了，更不管車輛有沒有合法的出租牌照可載客取酬。

優步大幅宣傳招募司機，聲稱司機收入可觀，月入可高達七萬元。[40]有不少司機登記，但絕大部分車輛都沒有載客出租車證，非法白牌車死灰復燃，的士司機投訴優步車跟他們搶客，一場的士惡鬥白牌車的戰役重新展開。的士團體向運輸及房屋局、立法會議員、律政司、警方，以至特首投訴，要求政府嚴厲執法，打擊非法白牌車。

對於以優步帶動的非法白牌車浪潮，社會上有不同的觀點。有立法會議員認為優步網約車能為市民多提供一個選擇，其彈性和個人化服務，受市民歡迎，政府應該把它合法化。[41]

政府就立法會議員的建議，作出了兩方面的回應，一是檢討現行管制個人運輸服務的法律框架，簡化私家出租車的申請；二是加強打擊白牌車。

私家出租汽車許可證是根據《道路交通條例》（第三百七十四章及三百七十四D章）而發出，政府完成優化出租汽車許可證審批的程序後，認為以目前上限一千五百個為計，尚

---

39 《工商日報》，1981 年 2 月 12 日。

40 司機實際收入從沒有公開。

41 《立法會交通事務委員會：莫乃光議員就汽車非法出租或取酬載客的罰則水平檢討而發出的函件》，CB(4)532/18-19(01)（2019 年 2 月 15 日；2019 年 3 月 15 日）。

有六百多個可容許經營人士申請，並不需要改動。不過，在維持許可證上限的前提下作三項改動，方便申請人士：（a）可以讓有興趣申請許可證人士在無需提交私家車登記文件的情況下，提出「預先評估」要求；（b）按個別情況給予特別考慮予未能提供出租記錄或將履行合約的私家服務（豪華房車）出租汽車申請人許可證；以及（c）引入私家服務（豪華房車）出租汽車的車齡由全新改為七年。這些改動於二〇一七年二月一日起推行。

政府同時建議提高《道路交通條例》（第三百七十四章）（簡稱《條例》）所訂相關白牌車的罰則，進一步打擊白牌車。政府認為《條例》第五十二條訂明各項要求，其中就使用汽車作出租或取酬載客用途的限制如下：

> （a）任何人不得駕駛或使用汽車，或容受或允許他人駕駛或使用汽車，以作出租或取酬載客用途，除非該車輛符合若干指明條件，例如領有有效的出租汽車許可證；
>
> （b）任何人不得招攬或企圖招攬他人乘坐以出租或取酬方式載客的私家車、私家小巴、私家巴士或貨車；以及
>
> （c）任何人不得允許或容受獲發私家車、私家小巴或私家巴士牌照的汽車，為了出租或取酬而停車候客或來回兜客。
>
> 任何人違規首次定罪可罰五千元、監禁三個月及扣押車輛三個月。再次定罪可罰一萬元、監禁六個月及扣押車輛六個月。政府建議提高最高罰款首犯至一萬元和再犯至二萬五千元；首犯扣押期增至六個月及再犯十二個月。同時，增加一項可取消駕駛資格的罰則。

警方於二〇一五年一月及二〇一八年十二月期間，對一百九十五宗非法出租或取酬載客個案採取執法行動，其中二〇一八年錄得宗數為六十九，相比二〇一七年的五十宗上升了百分之三十八。

二〇一八年七月優步認為私家出租車許可證的簽發仍然過嚴，要求政府修改《條例》，讓他們的司機伙伴可以合法營運。他們提議就出租汽車許可證，作出以下修訂建議：

（a）配額制：取消許可證數量上限，方便汽車共乘。

（b）需求證明：由運輸署署長基於社會需求而判定共乘汽車是合理需要，無須申請者另行證明。

（c）車輛規格：改以安全考慮為主，取消車齡及應課稅額的限制。

（d）營運限制：放寬至可於任何地點，以電子或書面形式，在啟程前記錄汽車記證號碼，車主身份及乘客身份。[42]

政府對優步的要求再沒有作任何回應。而更多的非法白牌車司機受檢控，大部分案件警方只檢控「駕駛汽車以作出租或取酬載客用」一項，而法庭只判罰款四千至八千元不等。而優步在所有案件中都置身事外，從來沒有受檢控。

小結

不受規管以至非法載客取酬的活動從有機動車輛以來一直存在，比正規的的士或出租車還要早，由於這些車輛造成混亂，在發生意外時，乘客的利益得不到保障，政府不得不管。一次又一次規範化，讓做生意的人可以在一個公平的平台競爭，亦讓乘客有所選擇。但乘客的期望是多元的，做生意的人也會挖空心思謀利。野雞車、紅牌車以至白牌車規範化後，沉寂了二十多年的白牌車又因着優步乘勢而起。

白牌車的存在，究其原因，是受規範的載客服務未能提供或滿足部分乘客期望的服務。這些乘客可能期望更高質素的車輛，更可靠而隨傳隨到、甚或更好服務態度的

42《立法會交通事務委員會：機構 (Uber) 就提升的士服務質素提交的意見書》，CB(4)1438/17-18(02)，2018 年 7 月 25 日。

的士在高士威道上行走，圖左是維多利亞公園，約 1980 年代。

司機；或者更平價、可載輪椅或多於四人車輛的服務。

因此，最有效應對白牌車的方法只能是放鬆規範，讓現有提供服務的的士和私家出租車可提供多元化服務，滿足各類乘客的期望。若果加入新類型的載客車輛可能導致原來秩序失衡，混亂和惡鬥將持續。

第十一章

的士政策的演變

政策是針對問題而制定的應對方法，從來都是先有問題，經過分析，後制定應對方法。一九〇七年前後，有人從歐美引進汽車來港，在往後幾年，發生交通意外造成傷亡，港府不得不訂立規管政策，立法要求登記車輛，以及規管車輛結構和司機。當時人們對機動車輛趨之若鶩，不受規管的私家車載客取酬，應運而生。這類營業車與轎子和人力車爭客，導致交通意外率更高，當局認為不能任其滋長，必須如轎子和人力車般加以管制，於是訂立出租私家車和的士法則，把個人出行接載服務納入正軌，加以規管。早期的士政策視的士為另類私家車，重點是規範車輛結構和需要購有乘客保險，以保安全，對收費的管制並不嚴格。的士公司可以購置不同款式的車輛，實施不同的收費。但隨着乘客愈來愈多，載客量愈大，當局不得不把的士定位為公共交通工具的一種，規管愈來愈緊；不單規管車輛結構，還要規管司機的行為。不過，商人往往為謀求個人利益，避開政府的規管，所謂上有政策，下有對策，正是道高一尺，魔高一丈。而當局制定政策要平衡各方利益，自設重重掣肘，往往缺乏靈活性。不斷大量發牌的政策既不能遏止白牌車，更加劇道路擠塞。六十年代以來，的士政策不能及時修正以滿足社會的期望，永遠存在改善空間，許多時被指責為政策失誤。

的士是私家車的另類選擇

香港自一九〇七年左右有汽車在道路上行駛，人們對汽車這個新玩意，趨之若鶩。有能力擁有的，當然是富豪一族。沒能力擁有的，都希望一試。出租私家車應運而生。由於發生不少交通意外，市民生命財產得不到保障，政府隨即立例監管。一九一二年，政府訂立法例，規管的士和出租車載客取酬的車輛。

自一九二三年起，的士牌照是免費發給營運公司的。香港九龍的士有限公司是第一間持牌公司。的士公司要按照發牌條款的規定，購買車輛，組織車隊，聘請及培訓司機，營運的士服務。的士意圖取締不受規管的私家載客取酬車輛，提供私家車以外的

的士將一律自行編號
以利遇意外事件發生時易於記憶

【本報專訊】港九兩方面的計程汽車（的士）公司，現奉警察交通部命令，須在其所屬之車輛之外，用明顯之地位，繪製各該公司之標誌及其自行編定之車輛號數。其目的據聞係：㈠便利警方稽查；㈡利便乘客及途人認識，使一望而知某一輛的士係某公司者，及其公司內所自編之號數。如有意外事件時，立即可以向有關各方面報告。促進此一措施者，爲避免歹徒僱用的士以作不法行爲，如打劫、綁架及偷運違法事件。

1950 年 6 月，警察交通部命令各的士公司需顯示其標誌及編號，使人易於辨認。（《工商晚報》，1950 年 6 月 22 日）

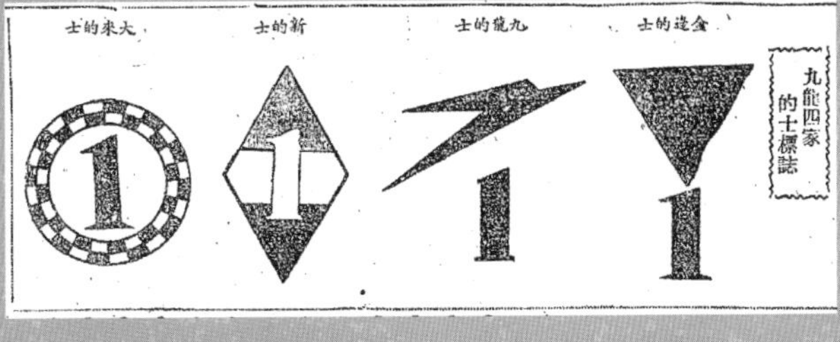

1950 年 6 月，警察交通部命令各的士公司需顯示其標誌及編號，此為當時九龍四間的士公司的標誌。（《工商晚報》，1950 年 6 月 22 日）

一項選擇，而車輛安全和服務水平受到政府的規管。

從一九二三年至二次大戰以前，的士都是有錢人的交通工具，收費昂貴。但二戰以後，香港人口大幅增加，尤其是國共內戰至一九四九年後，人口更進一步急升。巴士作為主要公共交通工具運量不足，的士成為輔助公交，尤其在市區以外的地區，更是唯一的選擇。

政府的士政策的主要改變是在六十年代開始，涉及如何公平分配牌照給大大小小有意經營的士的企業，亦涉及有效使用道路以控制交通擠塞的難題。如何發牌和發牌數量成為政策的核心問題。

的士成為輔助公交

二次大戰以後，本港人口迅速增加，由二戰前（一九四三年）約五十多萬至二戰後急增至超過一百八十萬（一九四七年）[1]，往後每十年增加約一百萬。乘坐的士的人也急增。一九六〇年，本港人口超過三百萬，的士數目僅一千〇二十六輛，每日載客以十萬計。的士再不是有錢人的另類私家車，而是巴士以外的公共交通工具，即輔助公交。

如何運載急遽增加的乘客支持經濟發展，是必須解決的問題。一九六〇年政府頒佈新條例，即一九六〇年道路交通（的士及租用車）規則，由六月一日起實施。[2]載客的車輛牌照計有的士、租用車、公用車及雙重用途車四種。根據地理環境，的士分為香港、九龍和新界的士。租用車可以附有司機或者租出給顧客自行駕駛。但租用車必須由車房開出，不得在街上兜接生意，和的士爭客。租用車收費不作規定，車主與顧客雙方自行議定。在租出此等車輛前雙方需簽寫一份簡單書面協議，列明：一、租車費；二、車輛第三保險的細節，及三、

1 Leeds, P.F., *Development of Public Transport in Hong Kong -An Historical Review 1841-1974*, Hong Kong: Hong Kong Government Printer, 1984, p. 60.

2 《大公報》，1960 年 3 月 26 日。

駕駛該車的司機名字及駕駛執照號碼。公用車是可載客不超過九人的車輛，要在指定路線上營業，亦要事前有擬定的用途，由每名搭客分別付出車費。由於公用車的車牌是紅色，俗稱紅牌車。這類車輛可用作旅行車、校車、酒店巴士等用途。而雙重用途車輛可用以乘載搭客及貨物。

當局推出四類不同的載客車，各司其職，各有用途。的士主要在街上兜客，乘客隨叫隨登車。租用車是要預約的，不得在街上兜客。公用車是共乘交通工具，有計劃擬定用途和路線。雙用途的私家車正是現時客貨車的前身。政府一廂情願的為各類載客車定位，但政府低估了這些營業車為獲取最大利潤，都各施各法謀利，如租用車變成野雞車，與的士一樣在街上兜客，加重交通擠塞；而紅牌車亦沒有遵守發牌的規定，部分更改裝成的士一樣，造成混亂。[3]

愈來愈多商人加入競爭的士服務，爭取一個合法的經營牌照成為焦點。一九六四年以前，所有營業車牌都由警務處交通部簽發，早期經營的士的商家不多，發出的牌照不多，對如何發出的士牌，沒有大爭議。進入六十年代，想經營的士的商人多了，對政府如何發牌就起爭議。港九營業車商會投訴發的士牌的辦法不公允。[4]例如，增發二百四十個的士牌，全部分發給十二家大規模的的士公司。政府其後回應會考慮新的士牌發給小型公司[5]，港府更進一步建議，商會設立一個聯營機構，當局將交由這個新設立的機構管理發出新的士牌照。[6]政府似乎並不想管這些商業糾紛，要求業界自行解決，這當然是不可行的。業界很難擺平內部的各方利益，政府還是要處理。

3　參看本書第十章：與野雞車、紅牌車、白牌車的抗爭。

4　《工商晚報》，1962 年 4 月 16 日；《工商晚報》1962 年 4 月 23 日。

5　《工商晚報》，1962 年 4 月 27 日。

6　《工商日報》，1962 年 7 月 20 日。

金門酒樓

在佐敦道行駛的各款的士，約 1960 年。

公開投牌政策

的士的發牌制度在一九六四年起了一個很大的變化，當時由兩局議員簡悅強領導的公共交通顧問委員會（即現時的交通諮詢委員會）為應付乘客對的士的需求，建議大幅增發五百五十個的士牌照（九龍三百五十個，港島二百個）。九龍的士數目增加百分之五十，即三百五十部。港島將增加百分之二十五，即二百部。委員會同時建議，改變發牌的模式，由原本配給有經營的士經驗的的士公司，改為採取投標制度，價高者得。委員會認為這是最公平、公正和透明度高的發牌方法。持牌人將永久擁有牌照[7]，按法例規定營辦的士。委員會認為大幅增加的士數目，是應付市民對的士服務需求的有效方法。由於是公開招標投牌，委員會亦同時決定取消為的士公司設立停車站（車房）的做法。

立法局於一九六四年十一月四日通過一九六四年道路交通（修訂）（第二號）條例草案後[8]，隨即於憲報公佈招標承辦的士。[9]一九六五年二月十九日，政府於憲報發表投標結果，是次新增的五百五十輛的士牌費，最高投標價高達四萬元。[10]一九六六年，政府再增發二百五十輛的士牌照[11]，九月十六日警務處宣佈中標的名單，港島有四十名中標者，其中七位是以個人名義申請。九龍有二十九名中標者，全部由公司投得，不過公司名稱有士多、貿易、咖啡或衛生公司等。中標者最高落價是四萬二千元。傳統四大的士公司都不在名單內。[12]

政府改變發牌的做法令的士公司的經營愈來愈困難，最終導致的士公司陸續倒閉，由公司僱傭制經營的士的模式，逐漸演變成個別司機成為車主的自僱制度。雖然公共交通諮詢委員會曾指出個人經營看來雖好，但經驗指出，此等經營方法效果不良，甚至對大眾服務構成危險[13]，但似乎政府沒有足夠重視這項意見，亦沒有制定措施，防範可能出現的不良效果。

7 《大公報》，1964 年 8 月 1 日。
8 《工商日報》，1964 年 11 月 5 日。
9 《工商晚報》，1964 年 11 月 27 日；《華僑日報》，1964 年 11 月 28 日。
10 《工商晚報》，1965 年 2 月 19 日。
11 《工商日報》，1966 年 8 月 6 日。
12 《華僑日報》，1966 年 9 月 17 日。
13 《華僑日報》，1964 年 8 月 1 日。

分三批簽發首批二百五
新界的士牌照
即起接受申請
每人祇限一個．一概不得轉讓
車身綠車頂白
申請如有超額
公開抽籤決定
首哩收費一元
每年牌費五百
行車界限規定

1976年7月31日《華僑日報》剪報。

劃分市區、新界及大嶼山的士

在有海底隧道連接香港島和九龍半島前，香港島的士和九龍的士各自為政，港島的士的收費比九龍的士的收費略高。全港第一條收費海底隧道亦即紅磡海底隧道於一九七二年正式開通，當時在九龍約有三千三百輛的士，香港島有一千四百四十輛的士。過海隧道通車後，乘客當然期望乘車直接過海，兩種的士不同收費必須要處理。一九七四年三月，政府將九龍和香港的士合併，成為市區的士，收費劃一為原港島的士的水平，為乘客提供過海服務。[14]

七十年代，香港經濟持續發展，對客運交通的需求持續增長，的士供不應求，非法白牌車又乘勢而起，日益猖獗，尤其是在新界。市區的士大都不願前往新界經營。為應對這情況，政府採取一貫的政策，不斷發出的士牌照。一九七六年四月，港督會同行政局批准每月發出一百個市區的士牌照，同時決定重新發出自一九六〇年發出的新界的士牌照，明確規定

14 《華僑日報》，1974年3月7日。

的士在香港海底隧道，約 1975 年。

新界的士車身必須是綠色，亦界定新界的士的營運範圍，這些新牌可由公司或個人持有。同年六月，政府批出七百五十個新界的士牌照。[15]

新界的士牌照於一九七六年七月三十日接受申請，分三批簽發共七百五十個牌照，每批二百五十個。[16]當時規定每人限申請一個牌照，若申請超過二百五十人，則公開抽籤決定。新界的士營業牌照或權利不得轉讓。申請人必須有一輛以其本人名義登記及領有牌照的自用車，須持有不少於三年有效自用車駕駛執照。這政策實質就是容許白牌車合法化，讓白牌車很容易就成為正規的士，最終取締新界的白牌車。

當局後來更規定新界的士司機必須持有有效的新界的士駕駛執照，不過，新界的士駕駛執照不等同市區的士駕駛執照，新界的士司機不可駕駛市區的士。新界的士每年牌費五百元，行車收費首一里收一元，以後每五分一里收二角，候車及其他收費與市區的士相同。

新界的士的服務範圍不包括大嶼山。為應付大嶼山的需求，一九八二年十二月，政府首次發出二十個大嶼山的士牌照。一九八三年三月，大嶼山的士投入服務，收費與新界的士相同。[17]

15 《工商晚報》，1976 年 6 月 5 日。
16 《華僑日報》，1976 年 7 月 31 日。
17 《工商晚報》，1983 年 2 月 26 日。

新界的士，約 1985 年。（張順光先生提供）

取締紅牌車和白牌車

紅牌車為求搶生意，甚至非法改裝為的士。至一九六六年，情況愈演愈烈，難以控制，造成混亂。由簡悅強領導的公共交通諮詢委員會建議停止發出此類牌照。[18]

根據當年簡悅強在港九的士商會的發言指出，紅牌車到一九六五年底增加至八百八十三輛，市區則有一千八百九十一輛的士。當時，的士的發牌數量是有法例限制的，但出租車和公用車的數量則沒有限制。許多人利用這些紅牌車作的士業務經營，有些更非法裝上計程錶。簡氏認為要停發出租車牌照，但有必要增發的士牌照，讓有意經營載客服務的商人，可以投標，轉做的士。簡氏希望這措施可以管控當時非法經營情況，讓有心經營者可有合法的渠道繼續經營。

雖然公共交通諮詢委員會建議廢止

18 《工商晚報》，1966 年 2 月 1 日。

紅牌車，但行政局到一九七六年四月六日才正式討論並通過建議。當年的紅牌車數量已經增加至一千二百八十三輛，的士四千七百五十四輛以及估計約一千輛非法白牌車。政府決定大量發出的士牌（每月一百個）和讓紅牌車補價（每部七萬五千元）轉為的士。可惜，這政策還未能有效遏止非法白牌車活動，卻令道路擠塞不斷惡化。

再定性為另類私家車

一九七九年五月政府發表了第一份香港交通運輸政策白皮書[19]，詳細論述政府的運輸政策，白皮書的第十四章是有關出租車及的士。第一百六十一段開宗名義，將的士及合約出租車和私家車一視同仁，是私家車的另類選擇，這些車輛都是不那麼有效使用路面，是奢侈品。的士服務供不應求，原因是的士的收費被通脹蠶食，以致下降到相當低的水平。的士司機拒載和揀客的情況嚴重，因而導致非法的士及白牌車湧現。政府估計當年最少有一千輛白牌車，而市區的士只有七千輛，新界的士七百五十輛。

政策白皮書的建議是要大幅度提升的士收費，遏止拒載和揀客的情況。同時加重「黑的」行為的懲罰。[20]白皮書建議利用自一九七七年發出新的合約出租車牌照全面取締白牌車，每年牌費五百元，合約出租車不能在街上兜客，載客時必須在車內展示牌照，外型不能和的士相似。

為了打擊非法的士，當局規定不容許私家車噴油令外型類似的士。為打擊白牌車，當局在法庭定罪後，將吊銷相關私家車牌照，首犯吊銷三個月，再犯吊銷六個月。當局希望迫使所有白牌車的經營者，轉投合約出租車。

---

19 香港布政司署環境科：《保持水陸運輸暢通：香港內部交通政策白皮書》（香港：政府印務局，1979 年）。

20 的士拒載、揀客、濫收車費和兜路等非法行為。

管制的士如私家車導致騷亂

雖然政府決定不斷發出的士牌照，但也留意到太多的士會造成繁忙地區交通擠塞。但當局在發牌滿足需求和管控交通擠塞政策上並不一致。一九八〇年一月，政府決定市區的士牌照數量上限是一萬個[21]；一九八一年七月，政府又將上限提升至一萬二千個。[22]而交通諮詢委員會則建議政府維持上限一萬輛。政府並沒有聽取交通諮詢委員會的建議，到一九八二年十二月，政府再將上限提升至一萬五千輛。政府一直的想法是提高的士收費，讓的士與其他公共交通工具的收費保持距離，以壓抑需求。一九七九年，政府批准市區的士加價，起錶二元五角，其後每五分一英里五角。新界的士起錶一元五角，其後每五分一英里三角。[23]一九八〇年，市區的士加價，起錶四元（首二公里），以後每四分一公里三角。新界則分別是二元四角和三角。[24]一九八二年市區和新界的士分別又加價至四元五角（首二公里），九角（其後每〇點四公里）及三元和四角（其後每〇點二公里）。[25]

政府就的士政策分別在一九八三年[26]、一九八八年[27]、一九九四年[28]、一九九八年及二〇〇八年進行過五次公開檢討或研究。[29]繼一九七九年運輸政策白皮書以後，一九八三年的的士檢討報告最具爭議性，引起歷來最大規模的的士抗爭運動。

一九八三年的士檢討報告並不是由顧問公司撰寫，而是由政策科及政府部門全權負責。由時任運輸司施恪當主席，成員包括經濟科代表、運輸署署長、警務處、民政事務科、地區行政處等代表，它延續一九七九年運輸政策白皮書的觀點。對於的士的角色，政府認為的士和私家車均造成路面擠塞，而的士有相當時間是空載，比私家車更沒有使用效率。的士要做生意，必然在繁忙區域（如油尖旺地區）行駛，加重這些

21 《華僑日報》，1980 年 1 月 19 日。
22 《華僑日報》，1981 年 7 月 25 日。
23 《工商晚報》，1979 年 1 月 16 日。
24 《工商晚報》，1980 年 10 月 17 日。
25 《工商晚報》，1982 年 10 月 6 日。
26 運輸科：《1983 的士檢討報告書》（香港：政府印務局，1983 年）。
27 交通諮詢委員會：《的士政策檢討》（香港：政府印務局，1988 年）。
28 交通諮詢委員會：《的士政策檢討報告書》（香港：政府印務局，1994 年）。
29 交通諮詢委員會：《的士發牌制度檢討報告書》（香港：政府印務局，1998 年）；交通諮詢委員會：《的士營運檢討報告書》（香港：政府物流服務署印，2008 年）。

中心地帶的擠塞。的士的收費相當低廉，很多人選擇乘坐的士，需求比供應為高，一九七九年至一九八三年，的士乘客增加了百分之七十一點四。同期，其他公共交通工具只增加了百分之十八點七。求過於供，便出現司機揀客，甚至和乘客議價，濫收車資的情況。

針對這種情況，當時政府採取的唯一政策是不斷發出新的士牌，以壓抑這些非法行為。政府一方面認為的士是輔助性的公共交通工具，但使用路面的載客效率低，造成繁忙地區交通擠塞。政府強烈認為視乎道路的承載能力，的士數量必須受到限制。因此有必要把的士的稅項水平增加至與私家車看齊；同時，要為的士牌照的數量封頂。

一九八三年報告書認為的士的收費水平需要增加，以控制需求的增長，從而減低增加的士牌照的壓力。當局亦留意到的士牌照炒賣的情況，當的士行業利潤高，炒賣活動就會熾熱。每次加價，的士的牌價都會上升。當局認為要讓的士大幅加價，但又要控制的士牌的炒賣及的士牌價的上升。因此，容許的士大幅加價的同時，要向的士提高徵稅，保持的士的利潤水平不變。而提高的士徵稅至私家車同等水平，亦是控制交通擠塞的有效方法。

報告建議把的士的首次登記稅及每年牌費增加至和私家車一樣高。當年運輸司施恪贊同這一政策建議，在行政局和立法局強力推行。當局並沒有諮詢業界或公眾，於一九八四年一月十一日宣佈大幅調整對的士的各項收費，導致的士罷駛及其後的騷動。[30]

根據《南華早報》訪問施恪先生回憶一九八四年的士騷動的報道，他說一九八四年一月十二日，幾百名的士司機開始慢駛行動，抗議當局在一月十一日宣佈將首次登記稅由百分之四增加至百分之九十，即時生效。幾個小時後，幾千部的士將九龍的主要道路堵塞。行動歷時五十多小時，當時在旺角及油麻地，有人乘機搶劫商鋪，造成騷動，警察施放催淚彈，逮捕一百五十人。[31]

期間的士團體與當局談判，立法局於一月十八日召開特別會議，二十二位立法局非官守

30 本書第七章對 1984 年的士騷動有更詳細的論述。

31 *South China Morning Post*, 11 Mar. 2019.

議員一致反對通過增加的士首次登記稅及的士牌費兩項法案[32]，政府迅即撤回加費決定，罷駛即時結束。施恪認為把當年騷動事件，怪罪的士司機及團體是不公平的。當年司機罷駛是和警察合作，並無阻礙緊急服務。

根據《華僑日報》報道，田元灝議員反對政府採用財政方法管制的士數目，他認為此舉違反自由企業制度的基本原則。蘇國榮議員要求政府重新廣泛諮詢有關建議。伍周美蓮議員對政府視的士是一種私用交通工具，不敢苟同。范徐麗泰議員和葉文慶議員認為法案要公平無私，符合整體社會利益，她們質疑兩項加費法案即時生效的做法，令的士車主措手不及。陳英麟議員認為加費增幅過大，同時認為的士不應被視為私家車。王霖議員認為當時經濟未完全復蘇，任何政府措施都應極度謹慎。周梁淑怡議員認為大幅加價政策會令的士需求下降，造成更多空載的士在街上運行，無助改善交通擠塞，亦違反崇尚自由企業的一貫精神。張鑑全議員認為政府的加價建議，是要解決交通擠塞，但加價必會使的士空車兜客的情況更加嚴重，達不到舒緩交通擠塞的目的。方心讓議員認為，政府大幅增加的士稅收對剛投得的士牌照的人，極不公平，且對車主司機打擊更大。他認為港府的士政策不一致，一方面視的士為公共交通工具，管制的士收費；但在徵稅時，便將其視作私家車看待。

無法確立的士角色

一九八三年的士政策檢討沒有進行諮詢就馬上執行而「闖禍」後，往後所有的士政策檢討都必然諮詢業界和公眾。一九八四年的士騷動後，政府每年發牌的數目由每年超過一千個減少至每年約二百個。乘客量由一九八四年的平均每日一百一十萬增至一九八八年的平均每

32 《華僑日報》，1984年1月19日。

日一百二十萬。物以罕為貴，當局發出的士牌減少，的士牌的投標價就持續上升，由一九八四年的十六萬五千元升至一九八八年的六十九萬四千元。一九八八年政府再一次檢討的士政策。

一九八八年的士政策檢討由交通諮詢委員會負責，陳澤強當主席，成員有林鉅成、鄭會友、梁志強及鄧龍威。委員會就的士的定位諮詢區議會。區議會認為的士不能和私家車等同，主要原因是的士是提供輔助公共交通服務，對於老人家、傷殘人士或病者更是主要交通工具。而在凌晨時分，的士更是唯一的公共交通工具，而的士更有壓抑私家車增長的獨特角色。的士分為市區的士和新界的士，這兩個類別不宜改變。新界的士不宜擴展至馬鞍山，將軍澳則應由市區的士提供服務。

至於的士數目問題，報告書認為需要考慮三個因素：一、的士服務是否即叫即有；二、路面交通狀況及三、的士行業的財務狀況。市區的士應維持每年發二百個牌，新界的士每年一百個牌，而大嶼山的士在未來兩年不會發牌。的士收費應該考慮和其他公共交通工具有一個合理的差距。

的士在私家車和公交之間的角色並沒有解決，政府一方面認為的士載客量少，尤其是空載兜客時，比私家車所導致的交通擠塞更壞，但政府又不能否認的士接載大量乘客的功能（一九八八年每天平均客量超過一百二十萬）。這次檢討只是肯定當時推行的政策，並沒有對政策作任何改動的建議。

一九八八年的士政策檢討建議繼續每年發二百個牌，但交通擠塞情況日益嚴重，政府不可能不斷增加發牌。一九九〇年至一九九三年，當局每年平均只發一百個市區的士牌，更停止增發新界的士牌，無論市區或新界的士，牌價均升至約二百萬元。一九九三年乘客量增至平均每天一百二十八萬，涉及的士司機違例行為十分嚴重，尤其是拒載及揀客。一九九四年，政府再一次檢討的士政策。

一九九四年三月交通諮詢委員會再就的士政策作檢討，主席由專注交通的香港大學林仲瑜教授擔任，成員有謝建中、杜國鎏、阮德添、運輸署署長和副運輸司。這次檢討的範圍包括了的士的角色、發牌制度、收費政策和服務質素。與上一次檢討的過程類似，檢討工作小組進行了相當廣泛的兩個諮詢階段，首階段包括業界人士和全港各區區議會，公眾人士亦可發表意見，為期三個月。基於首階段的結果，小組擬定多項建議，列入

「暫停載客」標誌。若此牌蓋在咪錶上，即表示「冚旗」，意思為前往接載電召乘客或在交更中。

「的士政策檢討諮詢文件」，進行第二階段諮詢，讓公眾及業界有四個月時間發表意見。

這次檢討的結果也未能解決的士的清晰定位，仍舊在類同私家車和公共交通工具之間，含糊其辭；工作小組只能建議不斷檢討這角色。政府的運輸總體政策是要解決交通擠塞，讓交通流暢，提供有利經濟發展的環境，因此，政府會採取措施壓抑私家車的增長。如果的士被界定為與私家車同類，政府應採取壓抑其增長的措施。一九八三年的運輸司施恪曾嘗試落實這政策，但失敗。反之，如果的士被視為公共交通工具的一種，政府是有責任提供有利其經營的環境，如行車專道、的士車輛停泊處等。由於的士的含糊角色，政府並沒有整體規劃，讓的士和其他公共交通工具配合。事實上，政府選擇成為被動角色，只有在的士業界或地區議會要求下，才增設一些的士站或開放上落客禁區給的士使用。

一九九四年的士政策檢討的結論是：（a）的士司機違例行為的個案增加與的士的牌價上升關係不大；（b）的士租金的增加與的士牌價上升看來並無關連；（c）的士租金的增幅大致與的士收費的增幅相符；及（d）的士司機違例行為個案急劇增加是由於（i）的士收費偏低導致的士服務求過於供；（ii）的士供應量並無增加以致未能配合不斷增加的乘客需求；及（iii）執法工作並不奏效。檢討報告書最終建議（一）不設上限繼續發牌；（二）市區的士收費應是其他公共交通工具的五至七倍，新界的士收費則維持在三至四倍；（三）提高司機拒載、揀客及濫收車費等的違例事項最高罰款，由五千元提高至最少一萬元。

公投牌照陷困境

政府自從一九六四年改變發牌模式由分配給的士公司為公開投標以來，投標制度一直維持至今（二〇二〇年）。一九六四年至今，公開投標共發出一萬八千一百六十三個牌照；其實到一九九四年已基本完全停止發牌。當年採用公開競投、價高者得的發牌方式，原意是處理業界對免費分配牌照給公司不公的投訴，又為政府庫房帶來收益，正是何樂而不為？不過，政府當時只處理乘客量不斷增長而要不斷發牌的境況，並沒有考慮到當需求減少，政府要收回牌照，減少的士數量的處境。發出的全部的士牌照都是永久性的，如物業一樣，成為一種有價的投資產品。原先的士牌照是用來經營客運服務的，加入了投資的考慮後，持牌人自然想得到最高收益，對的士的營運產生了不能預期的衝擊。

一九七六年，公用車和非法白牌車與的士爭生意的情況嚴重，行政局於四月六日作了深入討論並通過決議，整頓這種混亂狀況。當時行政局通過政府五項建議[33]，其中一項是改變公開投標發牌制度，轉為發出年費十分高的新牌。據報，由於的士業界強烈反對這項建議，最終無法執行。

自一九八四年的士業界罷駛抗爭後，政府更無意改變發牌制度。直至一九九七年三月，交通諮詢委員會對的士發牌制度作了一次全面的檢討。這次檢討工作小組由梁剛銳當主席，成員包括謝建中、杜國鎏、阮德添和葉嘉安，還有運輸署署長、運輸局副局長和首席經濟主任。檢討的原因是的士牌價在一九九〇至一九九七年大幅上升，轉換的士牌照的個案在一九九六年平均每月七百八十三宗，在一九九七年為六百九十宗，顯示有投機炒賣的現象。市民憂慮會影響的士服務。

一九九八年的《的士發牌制度檢討報告書》[34]就發牌制度進行了五方面的檢討：

33 同註 26。

34 交通諮詢委員會：《的士發牌制度檢討報告書》（香港：政府印務局，1998 年）。

（a）的士發牌制度；（b）為應付的士牌照投機活動的問題而採取的措施，以及有關措施的成效；（c）、的士牌價在一九九六年和一九九七年年初上升的原因；（d）的士牌價與的士車租、的士收費、通脹率、物業價格，利率和的士服務質素的關係；以及（e）進一步改善的士服務質素的措施。

工作小組就發牌制度向公眾印發諮詢文件，並向十二個臨時區議會解釋，收回九十三份意見書。

這次檢討的主要結論是牌價和的士收費與車租無直接關係。而牌價高也對的士服務沒有直接影響。小組認為服務質素主要視乎司機的表現，建議設司機獎勵計劃和加強警方執法，打擊違規事項。

小組留意到的士牌照成為投資產品，主要是（a）永久性質；（b）基於交通管理的原因，的士牌照數量有限制；（c）續牌年費平而無需附帶改善服務的條件；（d）轉牌費低廉；（e）可獲財務提供按揭貸款；（f）比物業等其他投資的規管較少。小組不能排除有個別持牌人不從事營運的士業務，一九九八年四月有一百九十九名車主沒有有效的車輛牌照（俗稱行車證），導致市面減少的士提供服務。

小組亦曾考慮各種發牌方式，包括附有營運條款的有年期的的士專營權向私人公司、司機合作社或公共機構簽發。但小組認為這些另類發牌模式會對現有的士結構產生重大改變，政府應進一步研究，並徵詢的士業界的意見。

經過兩次檢討後，當局認為既然公開投牌與的士租金、收費和服務都無關，而業界對改變公投做法有顧慮，那就一動不如一靜，不更改公開投牌的政策，但就停止發出新牌，以免投牌成為新聞焦點。至於如何改善的士服務，則另行設法了。

尋覓改變營運模式以改善的士服務

的士拒載、兜路、濫收車費等投訴和檢控數字並沒有隨着當局多次政策檢討而消減，的士的服務質素一直

備受關注。自從一九六四年公開投牌瓦解了公司制後，政府沒有提出任何有效措施管理司機，達至提升服務水平。政府只能依靠加重司機違規的最高刑罰和加強執法，以收阻嚇之效。二〇〇二年開始當局應交通諮詢委員會的建議，每年舉辦的士司機嘉許計劃，獎勵一些表現良好的司機。不過，這些措施都沒有顯著減少司機違規行為。二〇〇三年本港發生非典型肺炎疫症，市民減少外出，的士生意大跌。為了提升生意，的士業界出現了「八折黨」，有個別的士群組向乘客提供八折優惠，令不願減費的司機感到同業的不公平競爭。在這情勢下，交通諮詢委員會啟動新一輪的的士政策檢討。

二〇〇七年四月交通諮詢委員會應政府邀請就的士服務的營運模式和服務質素進行檢討，目的是尋找可行措施拓展的士商機，同時提供具競爭力的服務，讓市民受惠。檢討工作由詹志勇教授領導，成員有鄭若驊、張偉良、葉國謙、關永盛、羅淑君、莫乃光、潘榮輝和黃仕進教授。委員除了考察新加坡、東京、倫敦和紐約的的士服務規管和營運模式外，也發出諮詢文件進行公眾諮詢。最後交通諮詢委員會收回超過六千份意見書，並作出了以下主要建議[35]：

（一）短加長減的收費結構，較長的行程可以較便宜，增加競爭力，能與「八折黨」競爭。

（二）明確指出乘客議價不屬違法，但司機可拒絕接受，不建議立列規管乘客議價。

（三）引入豪華的士，但以現有的士牌照營運；當局應另訂一套收費準則，讓增加的投資可得到合理回報。

（四）探討在機場和關口試驗的士定線定額收費的可行性。

（五）提升司機的技能培訓，包括英語、普通話、使用輪椅等知識。

當局其後修改的士收費的規例，落實了第一項建議。不過，其他建議都沒有執行。

---

35 交通諮詢委員會：《的士營運檢討報告書》（香港：政府物流服務署印，2008 年）。

二〇一四年底，當局聘請顧問公司進行一項公共交通策略研究，目的是要針對巴士、小巴、小輪和的士等公共交通工具面對的經營困境，提出改善方案。對於的士，則因應優步（Uber）車輛進行的非法載客取酬活動和的士違規經營問題作研究和作出改善建議。二〇一五年十一月當局重新研究優質的士的建議[36]，二〇一六年政府請顧問進行問卷調查，在約二千名受訪市民中，有六成人贊同優質的士。二〇一六年六月運輸及房屋局向立法會提出優質的士試驗計劃，當局會另行發出新專營牌照給幾間營運商經營優質的士，牌照將附帶的士服務條件，包括採用僱主和僱員模式經營，強制員工提供優質服務。

這個優質的士試驗計劃建議隨即引起的士業界的強烈反對，主要的原因包括：（a）當局改變公開投牌制度，發出新的士牌照給財團，而不是個人，導致不公平競爭；（b）試驗計劃並沒有按照過往政策檢討提及豪華的士由業界自行試驗的建議，而是另起爐灶，引入外來財團營運，損害業界利益；（c）在司機嚴重不足的情況下，發出以百計的新牌照，而且訂明以僱主僱員關係模式經營，必會進一步搶走現有司機，令車主車行面對司機短缺的情況雪上加霜；及（d）當局為這些新類型的士採用優質的士這名稱，反襯現有的士就是不優質，甚至劣質，這是不能接受的。

直至二〇一七年六月，政府發表公共交通策略研究報告，將的士定性為個人點對點公共交通工具，以區分如Uber網約車或出租車經營的個人點對點交通工具。當局並沒有理會的士業界的強烈反對意見，繼續推動優質的士計劃，只不過把名稱改為專營的士計劃，並會採取投標方式發牌。

二〇一九年四月十六日特首會同行政會議決定以投標方式向私人機構發出為期五年的三個專營的士牌照，每個專營牌照可營運二百輛的士，每個持牌人要按政府列出的營運條件提供的士服務。二〇一九年四月十七日運輸及房屋局正式把《專營的士服務條列草案》提交立

36 運輸及房屋局2016年6月21日提交立法會交通事務委員會文件CB(4)1124/15-16(01)-公共交通策略研究-角色及定位檢討：優質的士和增加小巴座位。

37 運輸及房屋局於2019年4月17日提交立法會文件THB(T)CR1/1136/2015.

法會審議。[37] 但從二〇一九年下半年起，社會抗爭活動不絕及新冠狀病毒疫症侵襲，立法會運作並不暢順，草案能在現屆立法會任期（二〇一六至二〇二〇）獲得通過的機會不大。

小結

本港的士政策似乎從來沒有事前規劃，總是被動的在發生事故之後才設法補救，進行規管。早期非法載客活動釀成意外，當局才訂立交通條例，規管的士和出租車載客活動，規限車輛結構以及買有保險以保障乘客及行人利益，亦因此把的士牌照發給有規模的公司，讓他們承擔責任。同時，政府要求這些公司培訓自己的司機和打造公司自己的品牌，為乘客提供優質服務。行了半個世紀的公司制卻由於新營運者對發牌不公平的投訴，當局便斷然廢止，改為採用公開投標制，讓政府庫房增加收入，但卻令的士服務質素難於規管。

由於的士服務不能滿足乘客需求，當局就決定無限量發牌。而無限量發牌又導致加劇交通擠塞，政府於是把的士當為私家車嚴加管制，大幅增加各類收費，導致的士業界罷駛抗議，而引發騷動；當局被迫收回嚴苛措施。

的士服務質素備受關注，迫使政府推行多次的士政策檢討，但檢討結果都認為的士服務水平與發牌制度無關。而二〇〇八年最後一次檢討提出改變營運模式，讓原有的士可以開拓不同服務，增加收入而改善服務，可惜當局卻沒有執行。至近年有網約車出現，當局卻認為要更改發牌制度，另行發新牌給公司而非個人，把規管司機的責任重新交回營運公司以提升服務質素。該做法似乎與幾次政策檢討的結論並不一致，難免令人無所適從，亦無助政府建立威信。

第十二章

迎接新時代——走在革新的路上

成功永遠不是僥倖，成功的人士或企業，都是靠經驗的累積，這些經驗有時是十分痛苦的經驗，從痛苦中學習，逐步掌握成功的要素。香港的士行業由一九二三年開始，走到今天，接近一百年。的士行業的發展，不可能順風順水，不同時期有不同的挑戰。開始時，沒有準則，沒有人材，業界逐步形成行規，自己培養人員，迎接挑戰。有時候遇上天災，所有資產化為烏有，有的士公司因此倒閉。車輛和人員的保險生意，由此而起。再遇上二次大戰，日軍佔領，全部的士車隊被徵召，化為烏有。二戰之後，憑業界的意志和動力，復原很快。其後僱主僱員利益紛爭，罷工罷駛屢屢出現，加上政府政策不利經營，營運環境惡劣，公司制隨之瓦解。政府政策沒有考慮到業界的艱困而強制執行，導致行業經營艱難，引發的士罷駛而騷動。金融危機來臨，銀行收緊借貸，令牌價大幅下跌，很多的士車主成為負資產，乃致破產。但無論遇上甚麼挑戰，總是在克服挑戰後，業界的行規或政府政策都會有所調整，讓行業能持續發展。踏入二〇二〇年，的士行業又一次面對嚴峻挑戰，有必要提起勇氣，走出安穩狀態，走上改革之路，與時代同行。

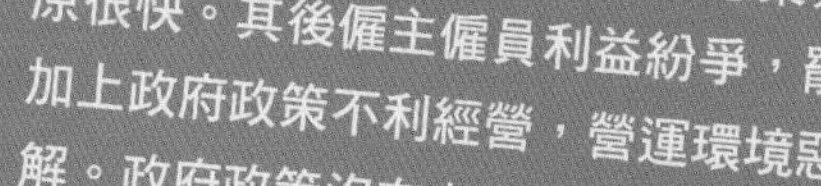

現今的挑戰

在二〇二〇年的今天，的士行業又面臨各種各樣的挑戰。其中最明顯表現為乘客對的士服務的投訴數字高踞不下，尤其是司機拒載、兜路、濫收車資及不禮貌，最為人詬病。這些投訴以針對司機服務態度為主，車輛的質素（不整潔或是不舒適等）為次。這種表象可從政府交通諮詢委員會轄下的投訴組每年接收投訴數據看得清楚。而香港的士業議會定期有關的士服務的問卷調查，結果更加詳盡，顯示乘客認為截的士有困難，司機很少協助乘客，以及司機有揀客、拒載、濫收車資等行為。

雖然香港的士業議會的多次調查顯示只有少於百分之四的乘客不滿意或極不滿意的士服務[1]，但社會輿論對的士服務的印象不佳，打擊的士司機和的士從業員的自尊，行業的士氣低落。

現時一萬八千一百六十三部的士，一般司機分兩更制。若果所有車輛都能正常營運，至少需要有大約四萬名恆常的活躍司機，才能提供持續的服務。若加上一些替更司機，接替因病請假或因事請假的司機，那麼市場上要有大約五萬名司機才可以滿足人力需求。若果市場有充裕的司機供應，要剔除少數表現不理想的司機是容易的，只要車主和車行不出租車輛給這些不稱職的司機，問題就迎刃而解。

表面上，香港擁有的士駕駛執照的人數總數達到二十萬人，似乎遠遠超過所需的約五萬個司機。不過擁有的士駕駛執照的人不一定願意當專職的士司機，其中很大部分人視之為職業保險的一種方法。他們有一份全職，當失業時，才會短

1 香港的士業議會委託恒生大學從 2017 年 5 月開始共進行了七次香港的士乘客意見調查的結果，見何熾權、黃惠虹，〈香港的士乘客意見調查報告〉，香港恒生大學全球供應鍊政策研究所，https://prisc.hsu.edu.hk/publications/taxi-survey-report/，瀏覽日期：2020 年 2 月 29 日。

暫當的士司機。有一部分人更擁有多於一種營業車輛的駕駛執照，若他們需要當專業司機，會有很多選擇，而駕駛的士不一定是最佳選擇。業界普遍有一種觀點認為的士司機的待遇比其他營業車司機為差，因此吸引不到司機入行。根據運輸署的數字，年青的司機數目相當少，的士司機的平均年齡是六十歲[2]，反映行業老化。

的士司機的平均收入比其他職業司機低，這在每次的士業界申請加價時，政府提交立法會文件中有清楚交代：以時薪計算，的士司機平均入息比巴士司機低。而巴士司機有職業保障，享有有薪假期、個人傷亡保險、醫療保險及退休金等待遇。的士司機就只有從乘客得到的車費收入，還要扣除租金及燃油費，才是他的淨收入，其他福利就沒有了。當然的士司機沒有老闆，有開工和不開工的自由，但司機手停口停，所謂自由，卻是有代價的。的士司機和一般打工仔的分別，就是不用看老闆的臉色。

的士司機不但沒有職業保障和福利，還要承受做小生意的風險。租用的士必須拿出一筆按金，交給車主、車行或打理人，然後每日要交車租，若果有任何交通意外，所繳交的按金就會被沒收，司機要重新拿一筆錢作按金，才能繼續租車。因此有些新入行的司機還未賺到錢，先虧一大筆錢，往往會被嚇退，做了一段短時期就轉行。

近年快速增長的輕型貨車，司機所冒的風險比的士司機低，不需要交一大筆按金，就可以租用車輛做生意，司機亦可分期按揭，購買自己的車輛經營，由於有不用交費的智能手機程式提供客源，生意不錯，收入不比的士司機差。政府對輕型貨車接載客人或貨物的管制較少，輕型貨車無論載客及載貨，空間都比的士寬敞。由於經營成本較低，收費也比的士具競爭力。因此近年許多年青司機都寧願當輕型貨車司機，也不當的士司機。況且，年輕人只要考獲駕駛執照，就可以當輕型貨車司機，不需要三年駕駛經驗，辛辛苦苦去考的士駕駛執照。香港現時有超過七萬部輕型貨車，遠遠比一萬八千一百六十三部的士多，他們的確在人

2 《立法會交通事務委員會：的士加價申請》，CB(4)285/16-17(05)，2016年12月16日。

力市場裏搶佔了大部分司機，令的士司機的短缺難以改善。

的士車主及投資者極之希望能改善服務，以及改善形象，提高公眾對的士服務的滿意度。乘客對的士服務有需求，司機才能找到生計，才會租用的士；只有車輛能租出，車主和投資者才可能有回報，這是很顯明的邏輯。

雖然車主及投資者極希望改善服務，但司機人數不足，車主或車行根本沒有能力選擇司機，對於行為不良或服務記錄不達標的司機也無法排除，只要能收到車租也得把車租出去。

除司機不足外，基於行業結構性問題，車主車行又無法控制司機品行。現時，大部分車主車行把車輛交給打理人負責出租和管理，打理人都是在商言商，利潤優先。提升的士服務和他們所得的租金回報，根本扯不上關係，因此沒有動力改善服務。

的士行業不單面對內憂，同時面臨外患。由優步帶動的白牌車非法載客取酬的活動愈來愈猖獗，它不斷侵蝕較願多付車費而換取優質服務的乘客市場。而輕型貨車的非法載客取酬則侵蝕包括來往機場的乘客市場。而隨着鐵路線路如沙中線的開通，乘客會多搭乘鐵路。在多方面搶走客源的情況下，的士的載客量不斷下跌，若果的士行業不改革，不積極挽回客源，前景的確不樂觀。

前景

的士司機是最關鍵的持份者，他們在前線工作，面對乘客。客人對的士服務的印象，是好是壞，是讚是彈，都取決於司機。的士行業能否持續發展完全靠司機從乘客身上收取車資及其他小費。當然根據的士條例，的士車主是可以採用包車形式收取乘客車資，收取較高的車資可以和司機對分，但始終還是要司機提供服務。因此，行業的前景完全取決於司機的招聘、培訓和管理，以及對司機提供的支援，以保證司機專業服務質素。

的士行業是否能持續，當然也取決於車主或車行這些投資人士會否繼續投資車牌及車輛，維持營業。雖則

的士司機服務態度是主要的，不過，車輛的設備和舒適程度亦大大影響服務的水平。車種會影響乘客的觀感，亦影響燃油消耗和燃料費用。若果車輛設有通訊設備及安全系統，可幫助司機找生意和安全駕駛。車主車行和司機的關係是唇亡齒寒。兩者是夥伴關係，或者出租者和租客的關係多於僱主僱員關係。兩者都應該認識到，提供優質服務是盈利的關鍵，由服務質素的提高而獲得的額外盈利，必須有一個公平的分配，才能發揮雙方的積極性。

香港政府為回應市民對個人點對點客運服務的質素要求，於二〇一四年進行了一項公共交通研究，調查包括了巴士、小巴、的士，以至渡輪等公共交通工具；於二〇一七年發表了研究結果。關於的士，政府建議推行優質豪華的士，比現時一般普通的士的服務水平高，但收費較高。[3] 這個建議，早在一九八三年的士政策研究已經出現，政府不過舊事重提。政府認為現時的法例不能有效規管士的服務質素，而管理司機，令司機能提供優質服務，應該是的士持牌人，即牌主的責任。政府更認為只有僱主僱傭關係才可能管理好司機。的士業界強烈反對優質的士的名稱，因為這名稱暗示現時的的士都不優質。在業界強烈反對下，政府把名稱改為專營的士。雖然業界反對政府推出專營的士，政府還是一意孤行在二〇一九年五月把專營的士條例草案呈交立法會，展開立法程序。[4]

根據草案的建議，政府會首先推出六百部專營的士，分開三個牌照營運，即每個牌照可以營運二百部車輛，為期五年。有興趣營運者可以競投這三個牌照。這樣每個專營的士持牌人都要以車隊形式營運，所有車輛必須是全新的。專營的士的收費會比現時一般的士的收費高大概百分之三十。政府希望透過專營的士牌照訂明的條款，規管營辦商，提供優質的士服務。這些條款包括車隊必須開發一個智能手機應用程式（APPs），方便乘客叫車。車隊亦需要有一個處理乘客投訴的機制，有效處理乘客的投訴。車隊亦要負責培訓司機的服務態度，對不稱職的司機，車隊必須有方法處理。

3 香港特別行政區政府運輸及房屋局：《公共交通策略研究》（香港：香港政府物流服務署，2017 年）。

4 《專營的士服務條例草案》，THB(T)CR 1/1136/2015，2019 年 4 月 26 日。

日產 NV200 的士。

政府推出專營的士，會讓的士司機有多一項選擇，對於專職的士司機，會有些好處。若果人力市場能提供足夠的司機，對現有普通的士的負面影響會較小。但專營的士推出的當下，的士司機的數目嚴重不足，六百部專營的士會在市場上搶去約一千五百名司機，令現有的士的困境，如雪上加霜。現有的士的出租率繼續下降，增加車主車行的財政壓力，衝擊現有的士牌照的價格。

走在改革的道路上

面對各方的挑戰和嚴峻的前景，的士行業必須作出浴火重生的改革，方可持續發展。行業領袖可從行業百年的歷史，汲取前人的智慧，訂定改革硬件和軟件的路向，即車輛的款式和規格、通訊器材及科技設備、從業員的培訓以及管理制度。要實現改革，不單業界要自強不息，亦需要爭取負責任政府的政策配合。

改革方向一：車輛的款式和規格

車輛是的士行業的營生工具，必須符合乘客的要求，讓乘客安心、放心和享受旅程，方可吸引乘客；客似雲來，才有生意，才能賺錢，這是顯然的道理。但要符合乘客的要求，殊不簡單，因為乘客的要求並不單一，人見人殊。有些乘客想乘坐舒適豪

華房車，有些則要求簡單實用；有些要多坐人，有些要多放行李；有些要上輪椅車，有些要更環保；有些要有無線網絡、充電器、無現金交易等設備，不一而足。一種車款和規格肯定不能滿足所有的要求，業界必需有彈性，採用幾類不同的車款和規格，方可應付需求。

不過，無論甚麼車款和規格，車輛首先要符合營運要求，即能每天走四、五百公里而成本足夠低；即燃料費低、機件毛病少、維修零件便宜及維修時間短。俗語說，車輛要「又靚、又平、又正」。

的士車輛當然要符合法例的要求，除了安全，還要低排放。要符合低排放要求，柴油和汽油車就很難入選。剩下來只有燃氣車輛、混能車輛和電動車輛可供選擇。可幸全球車廠都邁向性能高、省油、低排放和低維修目標，車輛日新月異，的士業界主動與車輛代理商，以至車廠聯絡，尋找適合車輛應不會難。

現行的石油氣的士最早於二〇〇〇年開始在路面行走，雖然有部分已經更換，但還有相當多車輛十分殘舊，需要更新。若能成功引入多於一款新車，將會讓乘客耳目一新，為行業帶來新的景象。

改革方向二：通訊器材及科技設備

從金邊的士在一九五九年引入通訊系統，外界可直接和車上司機溝通開始，的士司機由一直以個體經營接載乘客謀生，頓時變成可以和車廂以外的人聯絡，由單幹變成為團隊的一員。理論上，整個載客生意團隊可以有人負責接收乘客叫車的生意、有人分發接送乘客、有人協助翻譯、找地圖、報告交通狀況、警告超速快拍路段，甚至可以收取車費及發收據等。隨着通訊系統愈先進，提供給司機和乘客的服務愈多，經營的士的生意能力愈強。

不過現時這種團隊式的經營方式並未成形，的士生意各自為政。例如經營資訊系統的電召台或智能手機程式（APPs）努力招募司機，但和司機無從屬關係。司機免費或付款使用他們的服務，並不接受他們的指揮。而這些資訊系統的經營商提供給司機的服務，也不一定是司機所需要的。

除了通訊設備可以提高效率，提升生產力外，市面還有許多形形式式的科技可以協助的士提升服務質素。最明顯的是無現金交易系統，許多交易平台都能以智能手機過數，乘客手機安裝有關程式就可過數給司機，十分方便。又例如車輛安全監測系統可以實時取得車輛及司機的動態，令行車更安穩。再例如智能車輛管理系統，實時追蹤車輛，租車和車輛交更都可網上進行，司機有二維碼就可取車，不用車匙。而包括內地和國外都有車廠積極研發無人駕駛的士，讓乘客有絕對私隱，不過卻令的士沒有了人情味和導致司機失業。

凡此種種，的士業界都應留意科技的發展，與時並進，及時引入適當的設備，方可保持競爭力，提升行業的營運，同時提升服務質素。

改革方向三：從業員的培訓

優質的載客服務必須有合格甚或優良的從業員才有希望實踐，當年佳寧的士王國創造的模範是值得承傳的。司機入職前必須培訓，了解服務的文化和待客之道。司機穿上整齊的制服，有禮貌地接載客人。業界應建立一套評審司機的制度和服務文化，表現良好的司機可以晉升，例如分銅、銀、金章司機。較資深和表現好的司機可以把經驗分享給資歷較淺的司機，漸漸形成一套約定俗成的服務文化。

司機在提供個人點對點的公共交通服務中固然扮演最前線的角色，但還需要許多支援人員方能提供一流的服務。這些人員有電召台或智能手機叫車程式的技術員、台姐、台主、程式答問員、車輛打理人、車主車行人員、的士車輛銷售及維修人員、銀行借貸人員、車輛保險員等。這些人員必須對行業有基本認識，了解彼此角色是環環相扣，做好自己的專業工作，互相配合，才可令行業整體運作暢順，一榮共榮。

目前政府只提供的士司機的考試，確保司機對的士條例、道路網和道路使用有一定的認識。業界可考慮所有人員的專業培訓，讓這些人員掌握行業服務的特色和要求，營造行業的團隊文化和精神。這些培訓課程可以利用資訊科技，以最生動和彈性的形式教授，讓無論專職或兼職的人員都可按自己的時間進修。

改革方向四：管理制度

管理的目的是要讓行業的每個成員按一定的標準，各施其職，避免誤解和誤判，互相埋怨。要達致這目的，關鍵是建立一個責任制度，讓每個成員都為自己的行為負責。這個制度必須讓每位成員清楚了解自己的職責和職責的要求、達不到要求的後果以及超乎要求的前景，即獎罰分明。

從一九二三年的士開始營運的第一天起，一直纏擾着業界的是車主無法有效管理司機，無論是在公司年代至後公司年代，都是矛盾不斷，導致罷工罷駛。司機和車主的矛盾遮蓋其他成員之間的矛盾，例如司機與的士台或叫車手機程式、車主與保險等之間的矛盾。現時行業的各成員，各不從屬，各自為政，唯一的規管只有政府的有關法規或者各自單對單的合約。行業有約定俗成的行規，但並不存在行為的制約。

的士行業不可完全依靠法例規管而運行，有必要自行制定規章，公開透明，讓成員有所遵循，行為表現良好的成員，需要有晉升階梯，或與收入掛鈎，建立整體向上流動的文化。例如司機由入行無章，晉升至銅章、銀章、金章司機。每一級別司機必須有客觀的表現準則，如觸犯交通條例的次數和嚴重性，或經由認可系統得到乘客和同行的讚賞等。

獎罰分明的管理是不是必需要僱主僱員關係方可實施？過往一百年的行業歷史並無定論。其中包含人與人關係的因素，實在沒有放諸四海而皆準的法則。從業員經常得到關懷和鼓舞才是動力的泉源。一句話，一個良好的管理制度能令從業員心悅誠服，行業才可抵勵前行。

業界的自強不息

俗語說：「牛唔飲水唔撳得牛頭低」，就是外間有很大助力，環境很好，若然業界毫無動力，只能徒呼呵呵。好些年，的士業界有一種強烈的怨憤，認為政府有責任提供一個良好的經營環境，包括禁絕其他不受規管

的車輛搶奪的士的生意，讓的士可以無風無浪地經營。許多從業員希望安穩、安安樂樂地經營，面對改變有着恐懼感。但歷史巨輪滾滾向前，非進則退，從來不讓人喘息。的士行業經歷了大約五十年的公司制，但由於社會需求的轉變推動政府政策的改變，瓦解了公司制。現時社會對的士服務的需求又正在急速轉變，市民要求更好的服務，又在推動政府修改政策，業界有必要走上改革之路，謀求滿足這些需求，早着先機，爭取政府政策的改動朝向有利業界發展的方向。

行業的百年經驗顯示「分久必合，合久必分」的事物發展現象，早期的約五十年的公司制，可以承擔創業的風險，投放資金，建立百花齊放的服務，滿足早年尊貴乘客的需求。但隨着人口劇增，客量增加，細小的士公司林立，各類載客車輛湧現，競爭愈來愈激烈，有規範的公司無法提供足夠吸引的條件，令前線司機努力為公司工作；加上政府推行投牌制，令公司經營成本大增，公司制瓦解，過渡至個人自僱制，讓駕者有其車。後期的約三十年，司機有無比的動力，每天客運量攀上超過一百三十萬的頂峰。行業走到近期的約二十年，的士牌價跟隨其他資產升值，駕者有其車愈來愈遙不可及，司機作為自僱人士，只能各施各法，謀求各自最大利益；部分司機揀客、提供折扣搶客愈演愈烈，對所謂行業的利益，根本無力兼顧。乘客量在內外不利因素下，持續下滑，二〇二〇年的今天，平均每日客量不及九十萬。

現時一萬八千一百六十三輛的士，由接近九千車主擁有。業界自嘲「一盆散沙」，把「一盆散沙」凝聚起來，推動改革，難度極大。業界正是「分久必合」的時候，可考慮採用合股形式，組織成好幾支有規模的大車隊，吸納行業的各類從業員，組成團隊，推動上述四個改革方向。有規模就可節省購置車輛、維修車輛、購買保險等營運成本；節省下來的成本就可用於推動改革措施，提供更佳服務。

可幸，的士行業近年正在起變化，有部分業界領導人分別組織車隊，計有「鑽的」車隊、「星群」車隊、「XAB」車隊、「JUMBO豪華」車隊、「派的」車隊等。這些車隊由幾輛車到超過百輛車不等所組成，有些由個別車行營運，有些則由幾間車行和一群車主聯營，總方向都是提升服務，吸引不同類別的乘客。由運輸署署長領導的的士服務質素委員會於二〇一九年度舉辦的《的士服務嘉許計劃》首次增設一項「的士服務團隊管理

獎」，鼓勵這些車隊的努力。

的士車隊的湧現顯示的士業界的自強不息，努力求變。由小車隊到形成大車隊只一步之遙。事實上，大車隊的概念在台灣已經是行之有效，香港的士業界領袖近年也出訪台灣與那裏的同行交流，完全認同這改革方向，只欠實施的方案。最近業界已有團體發出組織大車隊的建議諮詢文件，在行業間討論。改革之路正式開展，成功就取決於業界有沒有足夠多的有識之士和足夠大的動力，開創新局面。

政府的政策配合

的士行業發展近百年，政府的政策看來是被動的，有事發生才設法解決，無事就放之任之。這似乎和港英年代的「積極不干預」的總體政策一致。政府奉行資本主義自由經濟，主導思想是一切都儘量讓市場決定，不會推行規劃經濟，只會推波助瀾。歷來的士政策作過兩次重大改變，第一次在一九六四年，為回應公平發牌的社會壓力，廢除向公司配額發牌制，改為公開競投的士牌照制。第二次約在一九九七年，為回應道路交通的擠塞壓力，完全停發市區的士牌。而一九八四年在沒有諮詢下，當局試圖一夜間加重的士各類稅收，壓抑的士的增長，以失敗告終；隨後政策檢討訂明任何的士政策的改動必須諮詢業界，方可實施。

雖則被動，但主事官員若能盡責，密切留意行業的動態，給予應有的關懷，業界仍可望發展。反之，則衝突頻生，抗議甚或抗爭不絕。事實上，政府施政能否政通取決於人和，關鍵在主事的官員和業界溝通的能力，甚或關懷。二〇〇三年香港經歷「沙士」衝擊，的士行業進入寒冬，當年的運輸署署長霍文先生就展現對業界的關懷，積極協助業界渡過難關。

近年主事官員似乎少了與業界的溝通和關懷，在行業艱困苦苦求改革之路上，政府給予的不是助力而是阻力。在未有推展正式的諮詢程序下，一意孤行推出專營的士條例草案，另起爐灶，推出另類的士，嚴重打擊行

業組成的士大車隊提升服務的動力。政府似乎沒有汲取一九八四年的痛苦經驗教訓，讓抗議和抗爭成為主軸，消耗改革的動力，這絕對不應是政策的目標。

政府推出專營的士實質是走回的士公司制，要求的士公司成立車隊，提供優質的士服務，客觀上是在不公平的平台上，搶奪現有車隊的生意，同時搶走現有的優質司機，扼殺現時艱苦經營的車隊。這將是對的士行業致命的衝擊。其實政府既然認同的士大車隊是改革的方向，只需要微調專營的士條例草案，回復跟隨二〇〇八年《的士營運檢討報告書》的建議，以現有的士牌照營運專營的士，那阻力會成為助力，大車隊提升的士服務指日可待。

第二部分
專訪老行尊及關鍵人物

1962
1975
Y 9527
1962
2019
1962
4850

霍文——的士業界感恩的運輸署前署長

二〇一八年十一月二十六日在中環和記大廈地下的咖啡室與運輸署前署長霍文先生暢談。霍文是英國人，從七十年代起在香港工作和居住，退休後仍在港居住，熱愛香港，是一個真正的香港人。

霍文於一九九八年至二〇〇五年出掌運輸署。他在任期間，的士行業面對相當多的挑戰。例如面對一九九八年金融危機；九十年代末由柴油轉為石油氣引擎，以及二〇〇三年的「沙士」危機，的士的經營環境都十分困難。

多聽意見、小心行事、助業界渡過艱困

霍文二十多年前領導運輸署。當時經歷金融危機，經濟下滑，的士行業的生意萎縮，行業對政府的一舉一動都十分敏感，因其能直接影響他們的生計，無論對車主或司機，都會造成衝擊。

一九九九年底，環保署推出柴油轉石油氣的士試驗計劃，目標是改善的士車輛的尾氣排放。這時推出這類影響深遠的試驗計劃明顯有風險，可能造成動盪。但這是一項十分重要的環保措施，運輸署得配合環保署，與業界一道，推行這計劃，積極解決可能出現的困境。為此，兩個部門的同事緊密合作，組織廣泛諮詢，建立一個更大更廣的諮詢網，讓業界表達意見。這做法證明效果很好，運輸署以中立的角色，從中協調，確保業界和環保署的相互信息有效流通，結果建立業界和政府的互信。

透過這試驗計劃，業界最終滿意石油氣的士的性能，餘下要解決的是石油氣充氣站網絡和氣價的問題。據霍文記憶所及，當時財政部門接納讓氣站的投標者競投氣價的釐定方法，價低者得，政府則免除地價，同時豁免燃料稅。投標結果是氣價大幅低於柴油價，十分有競爭力。雖然石油氣比柴油的燃料效能低，但最終的燃料費還是比柴油低。霍文記得的士營運者每天可節省一百元左右。

業界爭相換石油氣的士，而氣站的數量跟不上需求。可幸業界很有耐性地排隊，等出車和在有限的氣站等入氣。在金融危機的年頭，這個計劃無疑為業界解困。世事就是這樣，我們需要幸運的降臨，所謂謀事在人、成事在天。我們是幸運的。

同情業界、可幫就幫

霍文的主要策略是建立業界和運輸署的溝通機

制。他努力聽取業界的意見，改善他們的服務和經營環境。運輸署的的士團隊很投入和積極，他們會和業界討論，把意見變成行動方案。例如經過和業界討論後，署方就放寬在的士車身賣廣告，容許整部的士車輛都可以賣廣告，而不限於車門部分。增加了在車身賣廣告的面積，可讓車主增加一點收入。另一個例子是和商業電台一起發起尋找的士失物服務，鼓勵司機把失物交到一個中央地點，乘客尋找失物，都可以打一個熱線電話求助。措施雖簡單，卻幫助了不少人。

二〇〇三年「沙士」是一大考驗，霍文憶述的士司機表現卓越。無論他們如何驚恐，都維持服務。尤其是有些乘客要進出醫院，即使無法確定乘客有無受「沙士」感染或因其他理由到醫院，的士司機都提供必需的服務。當時運輸署發起一些活動，以鼓勵的士業界和出行的公眾人士。民政事務局局長和業界領導一起在傳媒面前展示如何保持的士潔淨。署方還在中環大會堂舉辦了一個研討會，讓的士業界了解應對「沙士」的最好方法。所有的士行業的領導都來了，他們很支持這些活動。

有時危機也可以是機遇。「沙士」令業界蒙受極大的財務壓力。他們要求政府幫忙，容許的士在禁區上落客。這是業界夢寐以求的，這措施為司機帶來額外生意。他們相信這措施不會造成交通擠塞。就是由於「沙士」，業界確實需要幫助，政府願意對開放上落客禁區的要求加緊考慮。運輸署於是與警方聯絡。警方是負責執行道路交通條例的部門。得到警方的同意，這個方案就可付諸實行。以往一直擔憂這措施可能會令交通擠塞惡化，但實施後並無大問題出現。看似難於執行的措施，實施後卻證實是好主意，司機和乘客都受惠。

運輸署在「沙士」期間推行的另一項措施是讓的士以平價租用政府停車場的泊位。這一臨時措施幫助由於「沙士」不能開動的的士解困。政府當時提供較廉價的泊車位是雙贏方案，讓停車場也多點生意。

的士數量應是多少？

霍文注意到運輸署把的士定為個人化的公共交通

工具。的士是政府規管眾多交通行業的一種。的士數目的多寡一直都有爭議。於七十年代後期，那時只有約六千部的士，市面的士不足，當時有必要發牌。今天的士牌照數目超過一萬八千個，情勢已很不一樣，地鐵已直達各區，巴士和小巴的服務也很好。雖然的士牌照的數目在任何時間都有檢討的必要，但目前看來，的士的牌照數目似乎已達至平衡。

聆聽與行動

在霍文任內，他與的士業界建立了有效的溝通機制。他透過聆聽和跟進行動，努力與業界建立良好關係。業界領導都支持署方推出的各項措施，其中之一是優質司機獎勵計劃。司機辛勞的工作從未受到讚賞，署方舉辦頒獎典禮，由乘客提名最佳司機。雖然任何獎勵計劃都不可能包括所有值得讚賞的人，但起碼有部分優良司機的工作得到認同。獲獎司機帶同家人朋友出席，的確是賞心樂事。

霍文雖然是西人，與基層從業人員溝通，語言有些障阻，基於互相尊重的溝通原則，他仍然樂意出席各大商會的周年慶典。

回顧過去，霍文看待運輸署署長的任務是要平衡各方利益。運輸業的持份者包括營運商、車主、司機、乘客和行人。在眾多持份者中，霍文清楚記得許多的士業界中人，在面對困境時，他們會全時間盡力應對。他們的投入、勤奮和幽默，令霍文印象深刻。

展望未來，霍文有信心的士業界會持續發展，會改善服務質素滿足乘客的期望。透過與時並進，保持與其他運輸服務的競爭力，的士業的各持份者——司機或車主——都會有美好的前景。

霍文雖然退休多年，對於運輸業界的境況還是很「肉緊」，那分關懷，到今天還是一以貫之。

陳阮德徽

最能溝通業界的運輸署前副署長

二〇一八年八月七日踏進陳太（業界對她的稱號）在金鐘的辦公室進行採訪，回顧她從七十年代入職運輸署直至離任的一段往事，特別是她處理過的的士事務。她離任運輸署，轉任港大校外進修學院，仍與運輸行業密不可分，在二〇一三年至二〇一四年間更出任全球運輸及物流學會主席。她與的士業的朋友，依然保持聯繫，飲茶傾計。她隨和，有問必答，會從對方的角度理解人家的難處，是調解問題的高手。

的士政策的挑戰

陳太認為的士政策的核心問題一直是的士牌照的買賣和服務水平的爭持。她對一九八四年的士罷駛事件記憶深刻，當年許多人物如代表的士業界向政府施壓的鍾世傑先生、運輸司施恪先生（Alan Scott）、交諮會主席譚慧珠女士、當年運輸署副署長蘇耀祖先生等人都對的士政策有重要影響。

一九八三年運輸署檢討的士政策，視的士與私家車類同，加以管控，大幅增加首次登記稅和牌費等。新政策引發騷動，政府被迫撤回政策。一九八四年起政府不斷檢討的士政策。陳太記得一九八七年由交通諮詢委員會負責檢討（一九八八年發表的士政策檢討報告），她當的士政策檢討委員會的秘書，當時的交諮會有很大影響力，蘇耀祖先生在一九八七年時是署長。

其時的士牌炒賣風氣盛行，因的士牌買賣實在太簡單容易，比買物業簡單得多，一個人可以買許多個牌，運輸署發多少個牌都能由少數人以高價投得，投牌後即轉售。車主無需營運，只是投資，他們得到銀行借貸，供車會，就可出租的士盈利。而政府當局卻一直認為的士牌不應用作炒賣。陳太入職以來政府已一直以投標形式發出的士牌，改也改不了。由免費發牌給的士公司到公開投標，陳太也不肯定當初是否為防止貪污而改變政策。八十年代，政府曾每月發牌一百個，遏止牌價上升，但不成功，卻導致路面的士數量過多，造成交通阻塞。

騷動後，政府和業界一起檢討了兩項政策：一、是否繼續無限數量發牌？二、的士的定位如何？一九八四年，政府經檢討後，決定有限度發牌，而的士亦定位為個人化的公共交通工具。後來的士政策每兩年作檢討，直至一九九八年。那時有聲音提出改變現行的士發牌制度，有幾項提議：一是司機以互助社形式營運新牌；二是新牌只發給公司；三是發有年期的新牌。可惜這些建議都沒有被跟進，政府也沒有再發市區和新界的士牌，只發了一些大嶼山的士牌。其實，隨着主要公共交通服務不斷改善，市民對的士需求減少了，再加上港人喜歡外遊，假期留港的人少了，的士的客量也少了，近年要求政府收回牌照的聲音大了。運輸署在路旁和的士站

的調查都顯示的士有過多的跡象；而司機為生計，只顧利潤，的士服務也沒有很大的進步。

關鍵在溝通

遇有問題，運輸署不可能找每個司機談，只能找的士車主或司機團體談，但綠色（新界）的士團體不可能和紅色（市區）的士團體坐在一起談，他們利益不同，要小心處理。陳太在任期間對所有團體都十分認真，一起談，很多時都能達成共識，沒有再發生不愉快的事情。她認為整個行業極需要企業化，訂立維修及營運標準，才可提升服務。對的士司機也要有要求，對基本的服務態度進行評估，例如禮貌的考核和安全駕駛的考試，以提升服務水平。

陳太回憶她在任內經常微服出巡，了解司機的苦況和「黑的」的狀況等。現時的士司機人手不足，一定要讓司機有錢可賺，才能提升服務。做政府官員要有向前看的態度，不斷設法提升的士服務，應付社會需求，而不應被白牌車殺個措手不及。以往陳太和業界都是「有得傾」，現在離任，她相信運輸主任亦能貫徹做好各類公交服務的使命。

政府要照顧持份者

陳太認為現在有區議會、立法會，又有許多業內團體，協調工作比以往難度稍高，但與持份者一起商量，總會找到辦法。運輸署和業界有定期會議，由助理署長做主席，是有用的。當年蘇耀祖署長協調的士政策，做得不錯。霍文是「沙士」期間的署長，他十分支持的士「門到門」的良好服務，開放了許多禁區上落客點。他和的士行業的關係相當好。

陳太語重心長的說，政府可以採取同一態度，處理當前的幾個問題：一是對於現時社會出現網約車，可參考新加坡經驗，加以管理。二是的士的交更問題，做成服務不足，可考慮鼓勵以公司制整體調度車隊和司機，靈活運用資源。三是考慮發出專營的士牌照計劃時，要對準政策目標，細心審視實施的核心問題，以達至打造的士成為智慧城市出行的一部分。陳太對於搞好的士服務，看到將來的同時，還有幾分肉緊。

周梁淑怡

叱吒政界的風雲人物

周梁淑怡女士從八十年代開始，便是叱吒政界的風雲人物。她在一九八一年進入當時港英年代的立法局，經歷委任年代，代議政制年代，和回歸後的民選年代，參與及見證大大小小的政治風浪，包括一九八四年的士罷駛引發的騷動，對香港社會政治閱歷至深。她雖然已經退出政壇核心，但對社會的關懷，並無退減。人稱周梁的她，依舊說話鏗鏘，展現英雄豪傑之態。

的士服務和政策強差人意

二〇一九年三月二十六日和周梁（公眾對她的稱呼）的訪談在跑馬地山光道會所一間餐廳進行。坐下來，向周梁道明來意，希望請她暢談一下港府的的士政策，尤其是經歷一九八四年的士罷駛和其後騷動的風波，當時周梁作為立法局議員，曾以行政立法兩局非官守議員辦事處成員身份接見的士業界代表，及後在立法局作積極跟進，調解這場風波。

周梁無減論政的「一輪嘴」風格，對現時的士業針砭時弊和對政府鞭策，言無不盡，毫不留情。她感慨香港的士現時給公眾的惡劣形象。她回想幾十年前去日本，那時日本的士服務差劣，被乘客罵得狗血淋頭，但如今他們都專業化，做得很好。不過，專業化之後，收費貴了，又有人投訴。但司機不愁生計，不同的交通工具發揮所能，切合社會不同的需求。她慨歎現時特區政府不是從整體方向思考，只是頭痛醫頭，腳痛醫腳，忙於應付，不思進取。

錯誤政策導致一九八四的士騷動事件

一九八四年初，政府試圖對的士的政策作了一個根本的改變，即把的士與私家車看齊，運輸司施恪宣佈政府打算大幅增加的士車輛首次登記稅、燃油稅和每年牌費，引起業界極度不滿，發起罷駛。周梁憶述當年在立法局資歷相對淺，感覺政府並沒有就政策的改變對議員作詳細解說，政府認為是好的就要求議員支持。當時立法局對政府制定政策的影響有限，立法局一星期只開會一次，每次三個多小時，與今時今日立法會每天開幾個會，不可同日而語。她估計當時政府就政策的解釋對行政局會較詳細，但對立法局就較少，除非政府需要立法局議員向公眾解話，那就多一些解說。她憶及委任立法局議員多為順民，支持政府，不多和政府爭辯。

一九八四年的士罷駛抗議政府大幅加牌費，引致騷動之前，周梁作為委任非官守議員，曾與方心讓和張人龍議員一起，以兩局議員身份接受的士團體代表投訴，當時許多資深議員都去了倫敦，游說英國政府在九七問題上聽港人意見。而周梁記得當

時她們幾位議員都沒有經驗處理這些集體投訴；因為一向都只有個人的投訴，涉及細微的事件，這次是群情洶湧，三兩天已經鬧得很大。的士團體代表大吐苦水，訴說經營成本大幅上漲，對他們生意以致生活影響很大。幾位議員都沒法即時為他們解決問題，只能答允反映意見，盡力化解這危機。周梁幾位議員馬上找政府商討，而政府後來亦有退讓。

周梁在這重大民生的事件上，不怕丟掉尊貴議員的寶座，在立法局發言反對政府的議案，認為的士是公共交通工具之一，不應被針對，大幅加費會影響的士司機生計。她更指出政府對政策的重大改變諮詢不足，造成業界的反彈。她認為當年政府沒有估計到的士行業有電召台，能短時間召集成千上萬人罷駛，展開工業行動。在騷亂爆發後，資深議員亦已回港協助處理，當時有人趁火打劫，場面一發不可收拾，港府脅於形勢，不得不退讓。

周梁清楚記得當年運輸司施恪根本沒有意識要諮詢業界，以至公眾，更認為委任非官守議員理所當然會支持政府。周梁自忖她和李鵬飛及張鑑泉議員當時初生之犢不畏虎，都敢於發聲。她清楚記得麥理浩總督委任她為立法局議員時，讓她反映社會聲音，她十分認真看待這一囑咐。雖然她不公開批評政府，但在內部會議卻和施恪激辯。施恪問她：「你想見到流血嗎？」他顯然認為這些委任議員不應和他對抗。周梁等議員則認為他的高稅收政策是不通情理的，必須反映。當年的社會，洋人少與本地人接觸，官員不知民情，政策往往脫離民情，直至爆發才醒覺，的士事件就是這樣。

為官之道要聽民意、了解民情

雖然施恪在一九八三年檢討了的士政策，基於此，一九八四年推動新政策，但周梁回望認為政府對實施新政策沒有進行危機評估，是棋差一着。施恪對影響這麼多人生計，全然無感覺，不作處理。推出一個政策，不可只有罰，而沒有誘因。這可能是殖民地官員的思維，認為好的政策就應該推行，反對的人是水平低。周梁慨歎似乎這種精英思維今天特區政府官員都一樣，沒有改。不是民選的官員就是沒有民意的思維！周梁進一步指今天沒有政治

領袖，政治領袖會聽人意見，分析後再找一個人人可接受的方案，而不是強硬推銷自己的一套。周梁認為香港人並不難搞，只要跟他們解釋，特別是物色適當的人為政府解釋，這才是領袖要有的技巧，英國人很懂這一套用人之道。現在的官一是不做事，二是想做事的人又聽不進意見。

一九八四年政府的挫敗，令的士業界認為罷駛堵塞街道就能使政府屈服，周梁覺得無奈。她相信政府內部一定有檢討：究竟哪裏出錯了？港英政府是比較願意去學習，從失敗去汲取經驗教訓。這樣不行，就思考如何轉個方式就可行。多點諮詢的確是較好的，後來開始有區議會，政府可作地區諮詢。

然而政府在的士的問題上必須解決錢和人的問題，的士牌炒賣是不理想的，而司機收入太低又難以要求他們專業。的士服務不理想就讓優步（Uber）有市場，政府不能不思考如何提供符合市民期望的優質服務。可惜，政府並沒有研究市民的需求以及市場能否提供服務以滿足需求。政府自己不做事，但卻懷疑他人建議的任何改善措施，不支持任何非政府的建議，把難題愈搞愈大，政府似乎沒有需要服務市民的思維。如果閒中有官員肯為市民做事，只要說一些市民想聽的話，市民已很開心。

聽意見、識用人，才能搞好現時一萬八千多輛的士服務

周梁記憶中，行政立法局都很少討論的士政策，但印象最深的一次是由柴油轉石油氣的士。她說那時幸運地有立法會劉健儀議員領導的士業界，而政府也願意聽意見，讓轉換石油氣的士能順暢實施，車輛更環保，而經營成本大減，是一項德政。

對政府現時建議推出六百部專營的士，周梁大力反對，因為這六百部的士對改善現有業界的服務毫無幫助，亦不能提供市民要求有別於的士的高質素服務，是一個愚蠢的方案，她不明白為何不讓業界去嘗試改善服務，而要另起爐灶。政府要做的，是要讓現時一萬八千一百六十三部的士專業化，改善服務！而現在的亂局，則是政府政策失誤所致，政府有責任把政策搞好。有說政府讓這六百部「專的」試驗成功，就讓業界轉型做專營的士，但周梁

無法理解為何不是一開始就讓業界嘗試呢？政府可以讓現時的士收費高一點，但要符合某些服務條件，那是可行的，因為政府有大棍加胡蘿蔔，應該首先給業界機會，讓他們有路行，有改善機會；若成功，他們會主動求變，逐步轉向提供更優質服務。

政府有足夠的大棍和胡蘿蔔，完全可以掌控局面，令的士服務提升。現時政府在不清楚政策可能帶來的衝激下，引入所謂外來競爭，必然產生亂象。政府真的要首先問自己，在現行架構下，是不是完全不能進行改革，達到改善的士服務的目的？政府首先要給人看到曾經嘗試在現有架構下提升的士服務，才合情合理。它自己做不到，大可找一些有心人幫手。港英政府就深明這一套，會找合適的「中間人」幫它施政。「中間人」必須是各方接受的人，才能成事。可惜現屆政府找的一些會阿諛奉承的人，而不是能幹的人幫忙，周梁有點痛心。

伍熀

泰和車行創辦人

二〇一八年三月二十日早上，乍暖還涼，八十二歲的熀叔少有地回到公司，和我們暢談舊事。下鄉道這家泰和車行創於六十年代，成為這條土瓜灣老街的老字號。熀叔左腳有點拐，但紅光滿面，中氣十足，思路清晰。主客坐下，清茶一杯，對創業的往事，一點不含糊，滔滔而談。

創業

少年焜叔不是出身豪門世家，在下鄉道一家車房當電池技工。為人爽朗，喜歡結交朋友，再加上在公正行的叔父引路，結識了當時的士車行老闆。當時的士車行有運通泰、益新、錦衡、昌興、金龍等老字號。六十年代，香港百業興旺，做的士是不差的。司機可養妻活兒，收入可能比銀行經理還要好，又無需學歷要求，許多人都想入行。

出外靠朋友，少年焜叔認識了一位銀行家，了解借貸、買賣的士牌的方法。憑着少年氣盛，焜叔放膽去投第一個牌。是年六七暴動剛結束，政府第一次容許的士牌用個人名義投標（過往的士牌只發給公司），牌價約為五萬元。他一舉成功，成為第一批擁有個人的士牌的車主。有了第一次投牌成功經驗，就開始和運通泰、錦衡和金龍等公司合作。往後更和運通泰老闆黃兆麟先生成為莫逆之交。黃兆麟先生退出生意後，運通泰的得力助手劉小姐（人稱「沙姐」，洋名 Eliza）就過檔泰和，一直為焜叔打點一切，令泰和如虎添翼。泰和車行從七十年代至今，把所有車行比下去，成為行內的龍頭一哥。

做生意頭腦

成功非僥倖，焜叔雖然讀書不多，但主意多多。他意識到的士牌不光是一件商品，而是會生金蛋的生財工具。他入行時，的士行業是採用僱主/僱員的模式營運，即擁有的士牌的的士公司以每月固定月薪聘用司機。他耳聞目睹不少司機並不積極工作，也有惡搞咪錶，私吞收費等。因此，他首創租車制，讓司機租車，司機接載乘客賺錢，不用交回車行，亦即司機成為小老闆，做小生意，多勞多得。後來焜叔更想到進一步發揮司機的積極性，把耕者有其田的概念借來，即駕者有其車。這破天荒的概念為他帶來無限商機。他的車行不單租車和買賣車牌，更為希望做車主的司機安排借貸，令他的生意愈做愈大。駕者有其車的概念迅速席捲全行，無數司機成為車主，開展的士車行事業，或者成為車主司機。

駕者有其車

為司機安排銀行借貸，讓司機能供車會，最終成為車主，這是焜叔得意之作。對於「駕者有其車」這概念大受業界歡迎，焜叔得意的說：「我是成功的！」

那究竟幫了多少人？焜叔的大闊面露出一點微笑：「我怎麼記得？個個焜叔前、焜叔後。那一代人，老了。個個做了車主，現在很多退休了。」

金融風暴

善於捉住機會是成功商人的特性。機會一來，要捉得快，捉得準。一九九八及二〇〇八年的亞洲金融風暴和全球金融海嘯，的士牌價大跌，銀行放水，爭相低息貸款，焜叔認定是大手掃貨時機，買下幾百個牌，奠定的士王國。

焜叔喜形於色的說：「的士牌價最高升至七百三十萬，這是二〇〇八金融風暴後。」

不愁錦上添花，難得雪中送炭。金融海嘯的情景，焜叔仍然歷歷在目，為幫助客人（投資者或車主司機），他願做擔保人。不過，對金融海潚，焜叔仍然無限唏噓：「我都無事，比客累死，今日仲要為運通泰的客戶還債。銀行話我簽了擔保就要還，六千幾萬元，每個月要繳交二十幾萬元。現在還欠二千幾萬元。算了，錢是賺回來的。」

「客戶的車，我幫他們上車會。客都跳樓自殺，如何追？拖車回來，原本值三百萬元，跌至一百八十萬元，怎辦？那個李某某，拿了九部車，九百多萬元，送回來，我都要為他繳交銀行貸款。客戶破產，銀行會將的士車牌拍賣，我承接了不少。」

和官打交道

「官個個都好。眾多官中，運輸署前署長霍文先生最成功，蕭炯柱先生只是表面，廖秀冬女士不肯開放禁區給我們，少做少錯。黃志光先生也跟我們很熟，但都提早退休！以前的官跟業界還有定期見面，現在很少傾計，想見也見不到。多年來，我

見過這麼多官，最好係羅范椒芬女士，她制定白皮書，講明的士的角色，的士牌可以永遠持有，可以買賣，可以租。可惜她很快調職。環保署謝展寰先生把的士由柴油轉為石油氣，我們很開心。」

一切事業都不可能順風順水，二〇〇三年沙士爆發，市民避免出行。的士客量大跌，無司機開車。許多車要停泊停車場。當時租車收入大跌，又要繳交銀行按揭，再加上支付泊車費，簡直是雪上加霜。「當時的官，上至行政長官，下至各部門首長都有商有量，共渡難關。運輸署長霍文、副署長陳阮德徽及助理署長葉文光都努力設法減少業界虧損，讓業界渡過難關。他們讓的士可在所有停車禁區上落客，又讓的士廉價停泊入政府停車場。」他們的德政，焜叔銘記於心。

對於政府沒有處理好提供石油氣站點，焜叔還有點氣：「有些官就不太好，答應了的都不做。在的士轉用石油氣的時候，我們無氣站入氣，找油公司開會，每間公司都派幾個人來，在環保署開會。政府公佈香港用石油氣的車輛數量，的士一萬八千輛，加上小巴四千多輛，全部二萬二千輛。政府叫人投資設置供氣站，為只有二萬二千幾輛車提供服務，哪會有承辦商願意投資？油公司全部走了！沒有公司投標設置氣站，政府只好自己拿出五幅地，要求石油氣供應商供氣，弄得我們很慘。行駛中的車沒有氣怎辦？當時有司機在油站放火燒車抗議。」

「有段時間那些石油氣有雜質，堵塞氣喉，導致車輛死火，開不動，搞到一鑊粥！日本車廠驗車後找不出原因，驗氣缸技工也找不出問題，怎辦？好慘！其實係石油氣有問題，當時陳帆署長見到我們都驚。那段時間真痛苦，司機不願開車！」焜叔講到哈哈大笑，是苦笑！

車款

回想起六十年代，的士的輝煌時期，焜叔還是緬懷：「六十年代，的士全部都是歐洲名貴車柯士甸（Austin）、平治（Benz）、Ausford。當時汽油稅貴，柴油比汽油平宜很多，車廠直接出柴油車，由汽油轉柴油，減少燃油開支，慳錢，幫我們慳好多錢。」

七十年代開始，先有日本的日產，後來豐田皇冠車雄霸的士車輛市場。焜叔十分得意的說：「豐田係我帶出來，教佢改良。當時，日產的士佔據市場，但他們做生意囂張，睇我哋唔起，不去改良，我就唔用你的！」

焜叔還是有氣：「問他們（日產）買幾架車，他們對我講：老伍，你唔買，把車放在山頂，你都要來幫襯我。那時候，豐田未流行，他們的車又舊又殘，不過，那時豐田汽車願意改良，愈出愈好，我支持他們。豐田年年請我們去日本遊埠，個個都去。日產卻是一毛不拔，而且不思進取，十幾年都沒改進，同一車款，咁你幫襯邊個？！」

「人家肯改，改了幾多次？！現在是最平最靚。」

「韓國車款式好，價錢都可以，他們叫我們試車，但代理不願做，又沒有零件，怎麼做？車輛性能又不一定比人家好，那只好採用日本車！」

政府在二〇〇〇年把柴油的士轉換成石油氣車，焜叔感到無比欣慰，他欣慰：「由汽油轉柴油，慳好多錢。柴油車的維修費特別貴，司機不願維修保養，噴黑煙，政府執法嚴！政府資助四萬元給車主換車，我當然換，幾歡喜啊！我全部車都換了。現在豐田車用噴射，棄用塵筆，不再排放黑煙了。」

「但以後用甚麼車？我答不到你。十年後有甚麼車款，沒有人知。」

至於最近的新車款，包括日產和福特的大車廂車，焜叔不大欣賞。「NV200的代理商找我們開會，當我們想訂車，他們要兩年後才有車可以讓我們試，那當然辦不成了。事實上，代理商來找我們推介前，我都已經派了專業人員，去日本觀摩這部車，我的專業人員的意見是這部車不行，不適用於香港環境，死梗嘅！紐約也採用NV200車款，但那是電油車，不是石油氣和電油混能車！一個人成功非僥倖！我們向車廠拿資料，分析清楚才做決定。」

「至於福特那部車，皇冠車行不應該做它的代理！蝕左幾多錢？你知唔知？二〇一五年的車都放在車場，賣不出，不知如何埋尾！」

千萬不要沉迷賭博

至於不少行家沉迷賭博，焜叔語重心長，他認為賺到錢，一定不能賭。賭博就甚麼都輸掉。他憶及：「有一對夫婦好賭，輸剩兩部的士，又炒地產，我勸他們收手吧，勤勤力力供會，他們捱下捱下，終於償還所有銀行借貸。他們的兒子現在大學畢業了，自己搵嘢做！幾好呢！兩公婆，兩部車。捱過了，不是很好嗎？」

今不如昔

對於現時業界嚴重缺乏司機，行業似乎有點式微，焜叔也慨歎現時的困境：「現在做生意，好困難！」

「供車會的人少了，人不喜歡幹這行。個個讀大學，不願意當的士司機。香港如今哪有第二代沒有讀大學？沒有人嘗試幹的士這行業了！做其他行業不那麼辛苦，現在不少人急功近利，炒股票，不願看長遠。年紀稍大的，都寧願做『看更』，超過一萬元月薪，不願開的士。我願意收少一點租，讓他們當車長。無錯，稱呼他們車長，比稱呼司機好。就算便宜點都沒有人願意。以前許多人都想來幹，真的是排着隊找上門，要我讓他們開車，我試過幫他們支付首期買車，但他們一定要開車，或者找人開車。當他們賺到錢，就有能力分利給我。可惜，有些人，賺了幾十萬元就不幹了。但也有不少人成功的。現在甚至便宜一點，讓新入行車主少支付首期供款，我甚至可協助他們供首期，但有多少人肯捱？」焜叔有點意興闌珊。

焜叔幾十年在的士行業打拼，對這行業了解很深，他認為：「的士是一種生財工具，有的士就有生意可做，但這行生意未必能令人致富。的士就是這樣，以前的人窮困，很願意幹，我們就扶起他們。但現在是沒有人入行，怎扶？」

對於現況，他有點勞氣：「前副局長邱誠武先生幫我們開培訓班，政府出錢培訓的士司機，考到牌，做啦！起初一星期開車五天，接下來開車四日、三日，然後就往其他地方幹活，真嘔血！賺夠錢就不幹，跟以前主動要求開多點工，完全唔一樣。」

焜叔展現一個無奈的大笑臉。

焜叔感到現時行業的最大風險是年青一代不願入行，車長愈來愈難於管理。現時的環境比他當年創業時好很多，對於年青人不願入行，他百思不得其解：「現在，後生的少。讀書也可拿津貼，甚至包考牌的支出，讀完了，又可直接給予工作。做到咁樣，仲想點？」

作為擁有最多車的車行，管理司機確是傷腦筋，尤其是租車的按金。焜叔現時已經不管了，但他仍然十分上心：「要司機交按金，讓他們有點責任，不隨意出意外，但司機不願意支付。若果不收按金，我們又可能蝕本，真係難。」

焜叔還是侃侃而談，一個上午就過了，雖說已退休，一切交由兒子打理，但，一談到過往的起跌，還是意難平……

鄭克和

忠誠車行創辦人

二〇一八年五月二十三日早上，天朗氣清，香港好像已沒有春天，天文台發出酷熱天氣警告，今天氣溫上升至攝氏三十五度。忠誠車行座落在土瓜灣的工業老區，不大起眼的一條旭日街。但忠誠車行的業務與這條街的名稱很合拍，給人旭日初昇、朝氣勃勃的感覺。七十歲的和哥目光如炬，中氣十足，完全不像七十歲的長者。在和哥的辦公室坐下，見室內一張寫字枱，牆上掛放了的士的舊照片和各界頒發的獎狀。樸實的擺設亦反映主人的作風。問他是否已看過問題，他有點愕然。原來他從來沒有機會讀書，自言不識字，他只淡淡說：「你即管問。」

創業

和哥自言是孤兒，七十年代在紅磡必嘉街一個騎樓底開檔賣粥麵，後來開了個小舖位，賣粥麵和生果。當時很多的士司機到小舖買宵夜。傾談間和哥了解的士生意不錯，的士可以收租盈利。七十年代初，坐的士是一元起錶，生意好，每日可以做到一百元生意，司機有的是二十元底薪，有的是和車主分帳，收入不錯。和哥記起：「我經營小生意，勉強賺到首期五萬元，那時的士車連同牌照值二十萬元，我向芝加哥銀行借貸十五萬元，買了第一部的士，請司機開。我自己不識字，沒有考上的士牌。那時很多人想當司機，而且都肯拼搏，爭做『馬王』（即比拼表現最好，賺錢最多）才可以租得到的士，日日開工。他們的收入每月可以有八百元，我們的雲吞師傅每月只得三百元。」

和哥細述創業的情景：「經營的士生意唔錯，我愈買愈多。我當時不單做麵食生果，上午去股票行，下午才返回舖頭，當時年輕，拼搏是必然的。賺到錢，我買樓，買了黃埔新邨幾個單位，十六萬元一個單位，八百多呎。當時的士牌價比樓還貴，現在這些物業貴過的士很多，論投資，物業比的士好，但經營的士是我的心願。」

和哥一九七三年入行，一九七九年正式創立忠誠車行。由江蘇街開始，到銀漢街，高山道，到二〇一〇年，搬到旭日街現址。

危機

一九七九年到一九八〇年代初，當時和哥的生意不錯，手上擁有二十多個的士牌，小巴牌也有二十多個，在元朗也有二十多個物業。心想搵夠了，可退休了。

一九八一年政府突然宣佈發出大量的士牌，每月發一百個牌，但運輸司施恪先生公佈發牌數目到一萬個為止，政府首次宣佈的士車牌數量有限。和哥認為有危就有機，有限數量的牌照是值得投資的，應當是投資好時機。他將所有物業賣掉，購入了超過一百個的士牌，然後轉賣給當時的「佳寧集團」，換它的股票。當時佳寧經營相當有規模的的士車隊，

有幾百部車。和哥已經和「佳寧集團」取得口頭協議，以的士牌入股佳寧。

可是時不與我，正所謂貪字得個貧。一九八三年經濟動盪，息口上升至二十多厘，投資市場大跌，的士行業陷入危機，的士牌價由二十七萬元跌至十三萬元。佳寧集團陷入財困。

這次大跌市，和哥的資產可以說全部輸掉，車沒人開，物業沒有了，車被沒收了，拍賣了，還欠銀行幾百萬元債。和哥自言：「全副身家都無晒！」

和哥記起這段淒慘往事，還是滿臉惆悵，「我當時想借五百元逃過深圳都借不到。發夢見到關二哥，叫我不要走。那只好留在這裏，然後，重新振作。」

金融風暴一個接一個

和哥經歷的士業的許多艱難時刻。一九八一年政府首次公佈有限量發牌，到一萬個的士牌為止，但後來不斷更改上限，加到一萬二千個，再加到一萬五千個。一九八三年加息導致市場萎縮、一九九七年金融危機、二〇〇三年「沙士」，每個都是難關。一九九七年和哥經營的士買賣代理要為車主向銀行借貸做擔保。這些艱難時期，許多車主無力還債，把車全都退回給和哥，堆積如山。和哥要全部「孭晒」大批借貸！一九九七年那次還好些，那時大新銀行願意救助，願意重整債務。和哥為每部車擔保一百萬，車價跌到一百七十萬，銀行讓和哥慢慢把車贖回，涉及幾千萬。可幸當時還有生意做，車還可租出，才可以挺過去。

翻身

和哥可說有打不死的意志，由天堂跌落地獄，再振作，爬起來，靠的不單是勞苦，還要有獨到的眼光。

一九八三年和哥的事業跌至谷底，如同發了一場夢。他重新振作，從頭再起。和哥說：「我找行家放車在我處買賣，我把車整好，執靚，費用由我出，一個星期賣不出，還車給行家。同時，我引入新車種四座位『大發仔』，吸引司機買的士。我只

能做『艇仔』，介紹客到大車行交易，收介紹費。當時九成九的士司機買車成為車主，我在報紙登廣告，效果不錯。四萬至五萬元首期，司機還可應付。」

和哥回想當年大起大跌的艱辛，認為命運待他不薄，他憶起：「『大發仔』給我一個轉機，車輛二萬九千元一部，當時沒有行家放膽訂，我就大膽訂。的士司機每一更車只用十幾元柴油，很省油，我訂了一百台車。當時有著名的財務公司老闆肯借錢給我，很多司機原本不喜歡租這款車，但我認為它與別不同，乘客會歡迎。我決意創新，我不收租，請司機開這款車。結果，司機生意好，我一更車和司機四、六分帳，我分四成，包油錢，都分得超過一百元（其他車款只租五十五元一更）。我賣出了幾十部『大發仔』，但可惜其他車行都不願買賣，就只能在我的車行買賣。」

和哥的膽識讓他的生意起死回生，三菱汽車看到和哥這麼成功就來找他。和哥說：「此時，三菱四座位車想打入市場，那老總見我推『大發仔』那麼成功，就來找我幫他們。我初時不願意，後來，他提出賠償所有『大發仔』的損失，請求我幫他們推銷，那我就無法推搪了。當時，主流的士是日產車（火柴盒），而豐田車太食油（即燃料費高），不太受歡迎。我又為三菱打贏了，我獻計，和渣打銀行合作，他們很信任我，賣了很多車。」

和哥一九八六年進軍新界的士市場，那時新界市場的士競爭沒有市區那麼激烈。和哥自言不識字，他找他的賢內助幫忙，他口講，太太寫建議書給銀行。和哥出主意，計算成本收益，準備變通方法，連建議書用的字眼，都是由他決定。不識字阻不了和哥謀劃大生意。渣打銀行和道亨銀行都支持他，成為他生意上的最佳拍檔。忠誠車行成為經營新界的士數一數二的車行。

機會

有危必有機，生意人都有看到機會的本能，二〇〇三年沙士後期，和哥看到機會。雖然牌價由三百多萬跌至二百多萬元，銀行不敢退，仍然做百分之八十五按揭，銀行低息，約四至五厘。和哥決

定大量入貨，買了四五十個牌。一九九七年後，銀監署規定的士牌買賣代理只能擔保二十萬，風險低了。二〇〇八年金融海嘯，銀行逼倉，很多人應付不來。銀監署要求銀行做債務重組，不要逼死債仔和苦主。和哥約銀行開會，要求銀行不要逼倉，不要逼減持，和哥認為會有骨牌效應，大家都會支撐不了，銀行也收不到錢。銀行接受了意見，和哥當時看準時機，大量入貨。

和哥看透經濟起伏是常態，現時（二〇一八年）司機不足，有部分車輛租不出，有些行家叫苦連天。和哥經常對他們說，無可能天天都能把全部車租出，有幾個百分比的車租不出去，正常不過，不需要這樣沮喪，不要以訛傳訛，讓整個行業泄氣，陷有困難的境地。

一條龍服務

和哥做生意從不停步，不斷尋求進步。經營的士的車行都沒有自己的工場，車輛的維修保養都要交給街邊小舖，車行自己不懂得修理汽車，和哥認為好失禮。租車的只租車，車房只做修車，無一條龍服務，人家想參觀交流，都無地方可以招待。和哥的理想是一條龍二十四小時服務，的士車輛出問題，可以短時間內處理，不用損失營運時間。

二〇一〇年和哥把公司連維修廠搬到旭日街，工人分兩更，自己管理的車輛自己修理，所有車大驗都由自己維修部負責。一條龍服務大大提升了對車隊的管理能力，而維修部的收支則完全獨立，它也接外來的生意，有它的收入。

車款

車款是的士行業重要的生財工具，乘客要滿意，司機也要開心。和哥談到車款，必然提到「大發仔」慳油（柴油），每更租金可以由五十五元加至一百多元，司機都願意租，但由於前輪帶動，行縱（直）軸，維修較多，維修成本高，「大發仔」只維持了兩年多就退役。三菱也是不爭氣，同樣維修成本高，由一九八五起到二〇〇〇年止，又被取締。日產藍鳥比較好，但柴油車排黑煙，不能達到環保要求，

終於被淘汰。一九九九年，政府提議把柴油的士換汽油車，業界大力反對，汽油比柴油要貴。當政府提議石油氣車，行家則驚爆炸。

和哥當時認為換石油氣車應該可行，可以改善空氣污染，燃料費也便宜些。他知道日本已採用了石油氣的士幾十年，他和汽車代理商組團去日本考察那邊的士的情況。考察的結果令他相信石油氣的士是可行的，但在上斜時動力有所不足。和哥考慮到司機整天「吊極力子」，很辛苦，俗話說「腳板都起枕」，便要求日本的總工程師改大尾牙，用自動波。他向日本訂了三十部的士來香港試行，因為無人願意試，和哥就帶個頭。當時和哥在報章刊登廣告，請司機試開這款車，試驗結果十分成功，行家都搶着購買石油氣車了。和哥笑聲爽朗，回首自己的決斷英明：「有些老頑固，不想換，但最後全部搶着換。現在車輛無自動波，無人揸！」

二〇〇〇年，政府決定轉用石油氣的士時，市面有兩款車，一是豐田，二是日產。當時石油氣車供不應求，政府和業界同意採用限額配售的方法，讓全港一萬八千多輛的士有秩序轉換。日產的士代理商先拔頭籌，拿了所有配額，皇冠的豐田因不知道有限額制，未有拿到配額，無法銷售。當時和哥聯同業界跟日產商討，以特價讓業界協助推銷二百台日產車。代理豐田的皇冠車行知道大事不妙，就找和哥商量。和哥聯同業界各領導找了運輸署、環保署和機電署開會，建議取消限額制，改為先到先得，解決了限額和讓業界公平轉換石油氣車的問題。當時和哥要求皇冠車行每賣出一部車，就捐五千元給的士商會和的士協會，以回贈業界的努力。皇冠車行原來答允捐款只限於首二百台車，後來捐了差不多一千台車。由此，的士商會收益二千多萬元，而的士協會收益一千多萬元，讓兩會有了經費持續發展至今。

對於日產車，和哥最後只出了幾十輛，原因是日產代理商不斷提價。而豐田則願意改良，例如免費提供合金車鈴。再者，豐田出車量大，零件平，大受歡迎。

為了做得更好，和哥不停新嘗試。和哥說：「最近我購置了一批日產 NV200，可上輪椅車輛。我見到老人家和傷殘人士出入叫不到車，耿耿於懷。

我大女兒做社工，向我投訴。我一直希望找合適車款去做，二〇一三年日產車代理商大昌行向我介紹NV200，石油氣和電油混能車。電油起動，行駛時用石油氣，若果用盡石油氣還未能充氣，可轉用電油。」

和哥認為值得一試，於是首先買了五十台車。營運時發現這款車出現許多問題，車輛代理商「大昌行」答應改善，和哥再訂購了二百台車。若果這款車運作再沒有問題的話，和哥計劃把全部公司車轉了清一色的混能車隊，成為公司的品牌。可惜這款車目前還有許多問題，經常要維修，每個月維修費比豐田車平均貴二千元，上斜又不夠力。可幸，日本廠方也認真地改良這部車，這幾年車頭改了三次。而中國內地也有用這部車，也有便宜零件供應。今後，若果這部車能改成電動車，那就更有競爭力。這部車，上了輪椅，還可坐兩人，高身、舒服。和哥對這款車寄以厚望。

回顧車款，和哥認為最成功是用石油氣車，它為業界省了許多營運成本，無論維修和燃料開支都省了。現時，路上還有不少十七年車齡的石油氣車在行走！

做公益

和哥做公益，全行都出名。「我七、八歲，父母過世，成為孤兒，和家姐從大陸來港。自小就要謀生，在街邊賣水果，給港英的警察又拉又扑頭。」對於當年的艱辛，和哥刻骨銘心。他沒有機會讀書。「要憎共產黨，我應該是第一個；爸爸在日本入侵時餓死，寡母媽媽被村長搞得瘋癲，自殺。但國家那麼大，一個村算甚麼？我們有一點力，是不是應為國家做點事，哪怕只解決小小問題！」和哥不計較個人榮辱，一心只希望為國家盡自己綿力。

一九九四年，和哥策動和成立的士協會，認識了新華社的朋友。和哥向這些朋友了解：「我可以為國家做些甚麼？他們帶我去興寧，那裏很窮，很多小朋友無書讀。學校一個課室逼進六十多人。我當時向每所學校捐六十多萬元，加建十五個課室，村民很高興，我之後捐建了很多間學校。我又推動朋友都捐，每人二萬元，建了八間『希望小學』。後來『中國星火基金』成立，籌款。我就跟他們說，我不自己到處走了，我捐一百萬元，請你們幫忙辦

理，他們籌了六百多萬元，展開扶貧工作，借錢給貧民買苗和種子，讓他們自己種。」

和哥跟主辦人走訪了一次這些窮鄉僻壤，看到有些人借了錢就沒有回頭，種的東西不生，計劃不太成功。和哥就親自去處理，去貴州建學校。和哥清楚記起：「當時國家領導閻明復先生和我結拜為兄弟。他和我一起去貴州，那裏的人，尤其是小朋友好淒涼，看到這種情況，我們差不多哭出來。全是石頭山，當地人在石頭隙縫種植。我後來在那裏辦了二十多間學校，幫助他們脫貧。」

和哥看到當時那裏的村民太分散，難於照應，於是他就透過「星火基金」和當地民政部建星火村，把村民集中在一起，開田地給他們耕種。但有些村民還是回到山上。就這樣，和哥聯同「星火基金」在全國辦了百多所學校，遍佈山西、陝西、黑龍江、河北、河南、四川。那時，和哥全國跑，為扶貧，不遺餘力。

近年，和哥看到國家富有了，不那麼需要這樣的扶貧工作了，和哥就停了捐建學校，改為資助大學生、初中生。和哥剛到從化市，資助了四百個學生。和哥現時當上從化市政協，就退任了廣州市政協，他自言七十歲了！

和哥赤子之心，為國為民，無償捐獻，不單在內地，他說：「我在香港也捐，香港、九龍和新界街坊會社團我都有捐。取之社會，用於社會。」

和官打交道

和哥是公認的業界翹楚，雖然已經不再擔任業界團體的執行領導，但仍然是公認的主要領導人之一，業界都十分尊重他的觀點和一舉一動。官員要了解業界都會找他。這些年來，他和官員的接觸也多。

和哥談到對官員的印象說：「廖秀冬局長和霍文署長相當積極，經常和業界討論。不過，在打擊八折黨，採納『短加長減』方案時，業界可能有些誤解，令廖秀冬局長好尷尬。她和霍文都很想幫忙，尤其是霍文署長，他肯接受意見。現在的署長陳美寶女士也主動想了解業界，我向她反映業界的艱困，要求的士咪錶收費提高。當前『黑的』問題，政府

應大刀闊斧，讓的士採取時段收費，繁忙時收貴些，加八十元到一百元都可以，鼓勵司機入中環接客，司機才會有積極性做生意，不會馬上走，減少拒載。我之前向陳帆局長反映，他就說署長會幫忙。推到哪位官員處也無所謂，最緊要聽意見，一起商量，可行的就大刀闊斧執行。」

「前幾天，我跟運輸署吳總主任討論可載輪椅的士車輛，我認為引入這車種，搞不好，一定導致投訴增多，司機開這款車，若不願接載用輪椅人士，那怎麼辦？」

和哥對現時的官員有點氣：「政府一定要提供誘因給司機，加多少錢，讓司機樂意去做。我們一萬八千一百六十三部的士，要政府協助組織車隊才能提升服務，一隊車可能需要二千台車，政府要提供政策鼓勵有心人去經營，單頭車主也可以自組車隊。我希望他們做得好，減輕我做『星群』壓力，我單純是為服務，蝕幾千萬都做。若果是上市公司，我一定被炒。」

和哥對官員協助業界渡過難關，銘記於心：「一九九七至九八年金融風暴，運輸署霍文署長、副署長陳太和助理署長李太都有幫業界渡過難關。我和他們去找金管局，金管局堅持我們的士買賣代理只可以為的士提供十萬元擔保，不容許擔保二十萬元。後來運輸署官員協助業界游說，最終金管局可以容許二十萬元擔保，讓很多司機可以獲得足夠借貸，買的士自己經營，的士代理商有生意做，渡過危機。」

和哥慨歎：「以前的官員有經常聚會，有傾有講，現在官員都不想見面。」

前路

歷史重演，的士以大公司開始，後來變成現在的個體戶和無數的車行。現在政府又想回頭採用公司制，對業界必然有衝擊，業界的前路如何？

和哥認為大公司制的好處是司機有底薪，可保障司機收入，但過往的經驗是：司機往往會載客而不落旗，私吞乘客的付費，也有空轉車而不載客。公司無法監管，警察也捉之不盡，公司損失慘重，導致過往全部大公司倒閉。

和哥認為公司制的最大問題是難於監管司機，政府提出用僱員僱主制經營的士，不一定成功。和哥提議包薪制亦可達到鼓勵司機提供優質服務的效果，只要提高司機收入，司機就會有積極性，這行業吸引足夠司機最為關鍵，車主有租收，這行生意就會有利可圖。和哥認為政府應推動鼓勵業界搞車隊的政策，和哥現在還不停游說車主客戶加入星群車隊。另一方面，的士收費實在太便宜，學生和街坊亞伯都搶的士搭！和哥認為政府應協助提高的士收費，讓真正有需要的人較容易叫的士，司機也可提高收入。

經營了幾十年的士行業，和哥真的板起臉：「收費提高是一方面，另一方面是車隊要夠大，才有覆蓋，才可提供合理服務。政府可提供土地，用作車房、維修、停泊的支援，這才是真正的鼓勵！若果政府能提供兩個點在香港，兩個點在九龍，新界一個點，可能就足夠了。有修車、洗車、司機飯堂，那就好了！」

和哥清楚記起許多年前政府曾經有過構思，在青衣島提供一個地點，建他心目中的的士服務中心，但這個地點不方便。和哥也考慮過馬料水和大埔的一些地點，甚或巴士公司的廠房。巴士公司若果願意租出來，那是最理想的，但政府沒有大力支持。和哥很想經營好的士，但獨力難支，要有政府的支持，政府若把棄置的工業大廈停車場給業界使用，業界也感恩。

對於行業前景，和哥語重深長：「行業要靠年青一輩投入，認真去做，要團結。太少車，覆蓋不到，搞不起，這是關鍵。我看現在要有信譽的品牌，有管理，讓市民有信心，大家一齊加入，這才有希望。」

任太平

的士業界的一哥

人稱「一哥」的任太平先生是九龍的士車主聯會（九龍會）主席，個子高大，聲音雄亮，在的士業界縱橫幾十年，是行內的老行尊。一哥於一九四五年出生，現年七十三歲，中國人算作七十五歲了。一哥自言做了幾十年的士，錢是賺到一點，但不多，大部分時間為九龍會做事，是不收錢的。他在九龍會的時間比在家還多，太太也投訴。他不吃飯，但喜歡飲酒，三十多年如是。

九龍會於一九七六年成立，創會成員都是成功人士。創會主席是當年行業的老大哥、恆英車行老闆馮家仁先生，他擁有百多部的士，自己開賓士汽車，又擁有整幢物業，是當時的富有人家。九龍會自成立以來，一直是行內的龍頭大哥。

入行做兼職

一哥入行，自言是為口奔馳，兩個兒女分別在一九七五年及一九七七年出生。因日間工作不能持家，便兼職開的士，做足三年零八個月，才由巴士公司轉行，全職投身的士行業。在巴士公司任職其間，一哥負責請人，由司機至守閘售票員，都由他招聘。他自言，那時貪污盛行，他卻從無收一分錢。

一哥年少時，所有車牌都考，私家車、的士、小巴、貨車、巴士、重型貨車等駕駛執照都有。曾揸過小巴，行走青衣舊橋。

在巴士公司工作還要兼職開的士不容易，還好一哥在巴士公司負責安排新人見工和師傅教新人開巴士，故可有技巧地安排自己休息開的士。一哥的工作安排十分妥當，從來沒有收到投訴。公司也知道他有兼職，但公司明白他的薪水低，不可能安心工作，因此，沒有反對他兼職。當時一哥一星期開五更的士，每晚開工至凌晨一時。

入行時，的士的經營還是分帳制，後來改為出租制。的士公司如大來、大行（九巴家族所開）都是分帳制的。司機底薪十八元，司機要做超過六十元生意，才可分帳。當時的士起錶一元，做六十元生意相當困難。一哥每更車開車不足十個小時，也不可能做到六十元生意。

不過當時的士司機是天之驕子，每月收入過千。在巴士公司工作收入只不過四百多元。所以他是希望做好這份兼職的。就這樣，一哥捱了三年零八個月。

全職當的士司機

當時九龍會的創辦人首創租車制，會長陳百強先生（陳南昌兒子）有幾百部的士，學成歸來，發覺分帳制不能發揮司機的積極性，就開始了承包制或租車制，每日租金六十元，不包燃油，只要司機可以交租，車主不管司機有沒有開工了。一哥自言他當時但求每天多賺七八十元。一九七二年開始因為海底隧道通車，的士可過海，收入比以前高很多，的士司機交車租後，還有很不錯的進帳。一哥一九七四年開始做的士替工，正正踫到這時機。

巴士公司實施公積金那一天，一哥就辭職不幹，

領了公積金離開巴士公司，全身投入當的士司機。他計算如果他不是凌晨一時停工，而是開足工，做到早上七時，他可以賺取的收入，一定超過離職巴士公司的損失。一九七九年，他買了兩部的士，自己做的士車主。一九八一年，以羅德承先生為首的交通諮詢委員會通過每月發的士牌一百個，令牌價大跌，對一哥影響很大。他當時供車會供了七年供滿兩部車，一部三十二萬元，另一部二十六萬元，供滿會牌價跌至二十四萬元，真是「一殼眼淚」，當時有被騙的感覺。但一哥從此就沒有離開過的士行業。一九八八年他曾經把所有車賣掉，進軍南京。當時內地改革開放，一哥的胞兄在江蘇當官，希望尋找商機，但沒有成功，最後都返回香港。

參加一九八四年的士罷駛抗爭

一九八四年的士政策改變，政府建議一夜之間把的士每年續牌收費由一千六百三十元增加至八千八百三十元。運輸司施恪在電台說的一番話激起業界的怒火，施恪挑戰司機的底線，是考慮司機為顧及生計，不可能罷駛，即使罷駛也不可能持續。但結果不出三、四天，那時由馮家仁、鄺漢華、陳同焯、戴根邦先生代表的士四大商會，包括香港的士商會、九龍的士車主聯會、港九的士商會和的士商會聯合會就發動罷駛。當時的士封了主要幹道，副食品進不到香港，彌敦道騷動。四個的士會要求取消增加的士稅和每年牌費，兩局議員張鑑泉先生出面調停，最終取消加稅和加費決定。

一哥在罷駛運動期間做支援工作，得到九龍的士車主聯會領導邀請加入理事會，並且參與九龍會電召台的工作。馮家仁先生由一九七六年至一九八六年擔任主席，做了五屆。

當上九龍會主席

一九九三年開始一哥當上九龍會主席，全力搞好電召台，他認為電召台要成功，要急司機所急。哪裏有影快相，要通知司機，台姐要做司機的秘書。的士司機最怕遇劫，司機通過電召台用特定暗號告知台姐，台姐會監察這部車，問司機位置，又不停

通過電召台的對講機與司機對話，叫司機行慢些，其他的士正在跟過來云云。車上若果有壞人，想打劫司機，會打退堂鼓。若果等了兩分鐘電召台聯絡不上司機，台姐會報警，交警方處理。

一哥在巴士公司工作期間，已開始和官打交道，當時運輸署還未成立，警務處負責交通事務。一哥認為要和上層官員打交道，事情才好辦。一哥和警方的防止罪案科協議，第一時間處理電召台報警，讓司機安心。若沒有罪案發生，也不會浪費警力。

一哥做電召台有洞察力，東涌發展時，他就在東涌安裝通訊設備，現在有一半大嶼山的士是用九龍會的電召台的。九龍會因此招收到很多會員，亦由於這樣，可以爭取到油公司、駕駛改進課程提供折扣給會員。一哥認為主事人要多為會員着想，這才會成功。

時移世易，現時很多人用智能手機程式叫的士，電召台可能會式微。但是否會被取代，現時不得而知。

培圳司機

一哥和的士業的教育分不開，教育統籌局和運輸署都找他，勞工福利局都有找他，協助各類的司機培訓委員會或機構。這可能源於他在巴士公司負責司機培訓的工作，與「培訓」結下淵源。一哥經常和司機，甚至警察談論有關法律，對關於司機的條例熟悉。他經營電召台也要培訓台姐，讓她們進修，應付兩文三語。當政府找他幫忙，他樂意做公職。

一哥認為的士司機是最自由職業，而又不需要有學歷，的士司機應該認識這點，不太苛求。現時司機不足，管理司機有困難。管得嚴，司機不高興，會跳槽到別家。司機不足，車行但求有人開工，不會要求太多。車主把車交給打理人，打理人要節省成本，對車的質素不會太着急，當然影響乘客對的士服務的觀感。但也有司機認為車輛是他的工作間，自己打理得很乾淨，自費打蠟。這些好司機，一哥笑言有新車都會首先交給他們。一哥要求司機奉公守法。違法的「黑的」應加重刑罰，取消「黑的」

司機的駕駛執照。

以往的士司機是高尚職業，一哥開始開的士的時候，落旗一元，客人坐的士是身份象徵，很多短程客；甚至有人坐巴士到公司附近才轉乘的士到公司。那時，的士司機也不想走遠路，最喜歡接送短程客，一公里不夠，未跳錶時再接第二個客，這樣一支旗收兩個客人錢，司機可以私吞一個客人的車費，騙車主老闆。分帳制的時候，就是這樣。那時候，卻是經營的士的黃金歲月。但那時考的士駕駛執照很難，要考技術，也要口試，考官即時問由這點去那點，如何行走，考生要即時回答路線。口試及格，要再到大球場考技術，要用駕駛大車技巧，用兩下「極力子」轉波。首先轉一波，等一下，再入二波，要用兩次「極力子」。那時的車，控制油門不好是入不到波的，用兩下「極力子」有難度。要掌控這技巧，才可通過考試。一哥認為的士駕駛執照比一般私家車高級，因此要求也高。

艱難歲月

一九七三年石油危機年代是的士艱難年代，那時燈火管制，晚上連光管招牌都不能開，完全沒有夜生活。經濟不好，的士行業是職業避難所，所以有許多人有的士駕駛執照。經濟好，又返回老本行。

回歸後，許多人到內地消費。「沙士」時無人出街，的士無生意。的士要找停車場停泊。業界和政府爭取把的士停泊在政府停車場，每月只交五百元。措施維持至今，但現在少了政府停車場。

一哥認為霍文是最好的運輸署署長。一九九八至一九九九年有一個的士停車禁區小組，研究開放禁區，一哥是組員之一。一哥把南京市區的管制路牌「即停、即落、即上、即走」拍攝帶回香港，讓霍文看。當時是「沙士」期間，霍文參考了南京經驗，願意協助的士，為的士開放禁區朝七至晚七，這就和南京市的管制概念一樣。後來的運輸署署長都不能收回這開放禁區的措施。一哥自言從不炫耀自己的功勞，這是他的做人風格。他對霍文是感恩的。對於霍文被迫提早退休，他很不快。在霍文離職時，

他寫了一個牌：「公道自在人心」送給他。

一哥稱號的由來

「一哥」名稱的來由是某年在亞洲電視拍片時得來的，當時一哥教人認識哪裏是路面黑點和禁區，拍了十多個月。電視台的監製和導演認為「亞任」不好聽，就給了「一哥」這稱呼。到了二〇〇二年，一哥獲頒特區榮譽勳章時，運輸署用「一哥」這稱號加以報道，「一哥」稱號就不脛而走。

吳坤成
的士業界的發言人

人稱坤哥的吳坤成是現任（二〇一九年）香港的士車行車主協會（下稱協會）主席，也是香港的士業議會的副主席，近年有關的士業的諸多問題，記者總是採訪他，他也從不迴避，成為的士業界的發言人。坤哥是「益豐車行」的老闆，車行在九龍新界都有店鋪，經營的士買賣和租賃。九龍店鋪在土瓜灣老區，座落唐樓地舖，四百呎左右，有幾位職員，並排的有幾間車輛維修店舖。坤哥對於業界面對的種種挑戰，有很多話要說，也有怨氣，不過，他從不出言冒犯他人。

行業的變化

坤哥善談，一坐下開口就如機關槍一樣，滔滔不絕，他一九八三年入行，為「忠誠車行」打工，共十三年半。坤哥也曾當過的士司機，做過大半年正更，兩年多夜更。他自稱是「忠誠車行」老闆和哥的第三個弟子。他憶述當年想經營車行就要跟「線主」，即大佬；主因是要取得銀行信貸安排，方可開業做生意。當年願意為的士買賣借貸的銀行不多。的士車牌只是一張紙，價格受政策影響，中資銀行過往就不願經營為的士買賣借貸。只有個別銀行，好像恒生銀行或財務公司，如新鴻基財務、太平洋財務願提供借貸。為減低風險，它們只會向信得過的人借貸。銀行或財務就找大車行做「線主」，信得過的人就是直系代理，代理要包額，往往是以億計的按揭生意，即幾十、以至幾百個的士牌。新人入行要找「線主」才得到借貸做生意。以前借貸利息是直式的，即本金乘利率乘年期。還債就要連本帶利，要供十多二十年才「平息」，銀行利潤高，會為代理車行提供超過幾巴仙的回佣，車行就水漲船高。後來一九九八年金融風暴後，利率就按最優惠利率加數厘，銀行利潤依舊很高。隨着利息下跌，現時是優惠利率減數厘，銀行利潤減少，代理車行的手續費也大減，減至幾千元。投資車主買新牌，只需要繳款六十萬元，就可上線，獲得貸款，交易手續費數千元，每月約償還九千元利息；但可以即時收月租二萬二千元，亦即新車主不用再拿現金供會，就每月馬上有幾千元收益，的確是不錯的投資。

隨着銀監會對財務的監管趨於嚴厲，有個別銀行如恒生銀行由於的士買賣借貸利潤太低，退出市場。取而代之的有滙豐、星展、大新和中資的建設銀行。為了攻佔市場的佔有率，銀行提供回佣，讓車行有利可圖。「雷曼」事件令許多投資者不敢買股票或票據，轉而投資物業和的士牌等實物，投資一度活躍。滙豐再攻佔的士借貸市場，不做一、兩個的士牌，而做大批，例如五十多個牌。其他銀行都主動找車行開戶，細車行無需找大車行作為「線主」，令「線主」的制度瓦解，沒有了大佬，同時削弱了行業的凝聚力。

車行面對的挑戰

坤哥確是實幹派，對銀行和財務的安排，瞭如指掌，如數家珍。的士價錢大起大落，波濤洶湧，與銀行和財務安排都息息相關。他清楚憶述入行時要二十多年才可以平息，投資者要許多年才能買一個的士牌。一九九八年，銀行趨於保守，利息比最優惠利率還高，生意難做。現在利率低，但回佣低，經營的士買賣也利潤微，賣一個牌只得幾千元利潤。

金融危機後，銀行只能向車行借貸牌價八成半，業界要靠其他方法，讓新投資者容易上車。有部分車行自己經營財務，亦有其他財務公司，提供加按，令投資者只需繳款牌價大概一成，保持車牌的交易暢旺。車行也樂意提供有上限的貸款擔保，不會像金融危機以前，全數擔保，以免到時「爆煲」，車行就無法還債，只好倒閉。當時，坤哥就靠分期償還銀行貸款，渡過難關。坤哥自言：「捱過九七年唔死，今天努力堅持肯定唔會死。」

的士行業財務架構改革後，現時行業的最大危機不在車行、車主、電召台或者商會，而是在打理人。打理人操控的士司機，品流複雜，八折台不用說了，他們不向司機收按金，有意外還協助司機申請「不論過失」的意外保險賠償，攏絡司機。有事時，這些打理人就「走數」，即不交租。坤哥都曾被「走數」幾十萬元；新近又有行家被「走數」。

許多打理人原本是從事與的士有關行業的人，好像車房、零件舖、地舖老闆等，由於他們因生意關係認識很多司機，他們就向的士車行租車，當打理人。由於這些人原本有生意，車行放心向他們放租，也有些打理人為了取得車行信任，開始時買幾個的士牌，顯示有實力。車行把車交給打理人，他們就愈做愈大。打理人也有好有壞，現況是司機不足，有信用的打理人也不願管太多車，漸漸退還車行，令車行很頭痛。而信用一般的打理人，由十多間，增至二三十間，而且自組群組，不斷向車行壓租。二〇一八年壓了四次租。這些打理人一邊向車行壓租，另一邊不會減租給司機，提高自己的利潤。

而另一方面，的士司機的生態又出現很大變化，許多司機不想做正更，改做替更，因為租金平，又可選擇黃金時段才租車，把車用到盡，更不用維修車

輛。如此一來，打理人難於管理，退車給車行也有，壓租也有，車行難免虧本。「這樣租車漸成一種文化！」坤哥歎息不已。

坤哥慨歎現時車行真的難做，他找人投資，買的士牌，成為他的客戶，他跟客戶簽約，幫客戶管理的士，每月保證車租回報。但車多了，車行若不能找到司機租車，就要依靠打理人，收取低廉的車租；而打理人往往不論品格，把車租給不知背景的司機，從中獲利。打理人不但壓租，還不願簽約，有事就把車退回，令車行很頭痛，有些車行無法應付，不斷萎縮。

坤哥認為打理人的出現是由於許多行家分神做其他生意，把愈來愈多的士交給打理人。一部車月租二萬二千元，十部車就是二十二萬元，五十部就每月過百萬元。打理人不會每個月清數，一拖就幾十萬元。有些打理人壓租，車行便很難做。大家都陷入困境，但行內太多山頭主意，不能坐下來共同設法解決難題。坤哥認為車行齊心，限制只出租給有信譽的打理人，應該可以渡過這難關。

協會的成立和抗爭

協會的會員主要來自新界。新界的士的前身是村車，是九座位的「階磚車」和「白牌車」，為安全和避免混亂，政府就發的士牌加以管制，有私家車牌都可申請，郵寄申請就可以了。但由於沒有生意，甚少投資者。後來實施投標方式，五百元一個牌都能中標。由於價低，也不用貸款安排。

八十年代至九十年代車主車行比較齊心，的士行業有默契，新界就出現過代表新界車主車行的發言人。後來電召台多了，各自成立的會也多了，出現十多個聯會，山頭多。

協會於一九九四年成立，主要是為組合新界多個的士會，為行業發聲，回應有人罵車主囤積居奇、炒高牌價等無理指責。協會宗旨是凝聚業界團體力量，共同合理爭取權益，為行業發聲，並作為業界和政府溝通的橋樑。

新界人口增長，再加上有新的關口通道開通，的士的需求也有所增長，生意好，入行的也多了。但政府隨之發了超過七千個屋邨巴士牌照，搶去的

士生意。協會帶領的士行業抗議，迫使政府停發郵巴車牌。但也導致這類牌照價格飛升，由幾萬元升至幾百萬元。協會為行業利益，二〇〇七年曾經堵塞花園道，抗議輕型貨車載客取酬，亦曾帶隊到環保署署長辦公室，反對停車熄匙影響營運。到今天，協會還在大力反對白牌車，包括輕型貨車和優步非法載客取酬。遺憾的是，政府似乎無動於衷，對非法活動打擊不力。

新界的士的契機

新界過往沒有消費場所，的士都只擔當接駁鐵路的角色，晚間生意少。在英治時代，只有錦田和聯和墟一帶有酒吧，的士會接載英兵往返軍營。八十年代，坤哥清楚記得他買的第一個新界的士牌是十七萬九千元，有牌沒有車，叫「潛水艇」。八九十年代，新界的士生意不足，有車無人開，亦有有牌而不出車的現象。

直至新界人口增加，以及來往內地的關口增加，人流增多，生意才漸入佳景，而銀行亦願意提供更長年期按揭，新界的士的牌價才有起色，一直上升至幾百萬元，但仍和市區的士牌差約一百七十萬元。但「沙士」期間，又跌穿過一百萬。二〇〇三年「沙士」以來，的士收費有一段長時間沒有提高；即使後來加價，也比市區的士少加了一次。坤哥認為當時無條件加價，也只能接受。

開關口以後，內地人來港消費，購物之後即回內地，二十四小時通關為的士帶來生意。而機場亦為新界的士提供長途客源。港珠澳大橋的開通，加上即將完工的屯門連接路，新界的士期望會有更多生意。

新界的士的收費近年亦追近市區的士，有新界的士車主期望政府會以補償方式，有朝一日，把新界的士全部轉為市區的士。但坤哥認為這事不會發生，因為投資者不願意交補償。

行業的老、大、壞難題

坤哥認為行業的困境是「老、大、壞」所致。老是老化，不思進取，不求變革，不因時制宜，落

後於人，最終會被淘汰。大就是爭做「阿大」，「誰大誰主角」，山頭主義重。如果大家不團結，綜合力量去幹，那必敗。壞就是風氣壞，司機散，全是個體戶，為避免做虧本生意，不接無利可圖的客，造成揀客等違法舉動。

風氣壞的原因很多，其中有結構性的問題。八十年代金融風暴後，很多人投資包括的士在內的實物，令的士牌價上升。許多人在的士加錶價時就埋怨牌價高，傳媒往往報道：「有人炒牌，加錶價，全部車主得益。」每次都如錄音機一樣，令車主車行的形象低落。而打理人就打着幫司機的旗幟，叫司機不要向車行租車，打理人不用司機交地址證明，不用交十足按金，可分期支付，每個月供款也可以，亦幫司機欺騙索取「不論過失」的交通意外賠償，把司機搶走。打理人和「八折台」不斷「坐大」，年終請食飯，開超過一百圍，可見其聲勢。

有些不良司機或打理人，要賺到盡，每更都把車開到盡，連車輛出現問題都不理，停車稍作檢查都不願意，也不通知車主，導致車廂污穢及破損，被乘客投訴，甚至輪軚和制動系統損毀，加速車輛老化，這些都是的士服務下降的原因。

為了多做生意，司機組成大大小小的群組，每組約幾十名司機，互相又有合作。這些司機會派名片給乘客，提供折扣給乘客，乘客直接打電話給他們叫車，若果他們自己不能接載，就叫群組內的司機去接，每個群組司機都帶着一定數量的「熟客」。司機接乘客柯打，有「藍機」，即自己群組；和「紅機」，即其他群組等之分。柯打一出，有利潤高的，自己群組接了，無利可圖的，這群組不接，就發送到另一組。在群組負責派柯打的人叫「貨主」。做大了的「貨主」會找電召台合作，但壓低電召台的收費；電召台為生存，為擴大它們的柯打和車隊，也要為他們提供服務。所以電召台都有八折柯打（A柯打）和正價柯打（B柯打）。其實，市場有八折柯打，有正價柯打，亦有要加車費的柯打，例如繁忙時段叫車就要加費。這些大「貨主」的出現，令電召台不得不與他們合作，但只能收很低的價錢。而司機為多接一些「旗」，也得向他們靠攏，甚至支付月費或年費。

行業的結構轉變，即打理人和司機群組的冒起，

人人唯利是圖，不顧服務水平，行業風氣敗壞，是目前行業最尖銳的挑戰。

出路

大車隊經營是出路。坤哥曾建議政府發公司牌，一間公司可以擁有幾百個的士牌，讓業界自組公司，以政府訂立的條件經營。車種、燃料和收費是關鍵元素，要有不同收費才能提供優質的車種和服務，政府需要讓收費有靈活度。

「合久必分、分久必合」，由公司併購，搞大車隊，才是出路。若以大車隊經營就可以調派車接載客人，能做好品牌。政府可淘汰服務不良的車隊，以三年為限，做不好就離場。重中之重是政府讓現時一萬八千多部的士參與，讓它們有出路。

坤哥認為若果政府不為一萬八千多部的士提供出路，它們將是死路一條：現有投資者離場，年輕人不會入行，行業會萎縮，步向夕陽。現時業界只要求政府制定合理政策，並不要錢，讓行業走出「老、大、壞」困境，重新起動，依照政府定下的規矩，做好服務。行業不介意組公司，請新人，提供好的服務。行業只要有路線圖，就會聚合。

坤哥認為唯有傳統的大車行領頭，才可以扭轉現時被打理人和司機群組操控的困境。他們可以統一租車行規，不租車給不良的打理人，只租給有信用和表現好的打理人，而且要硬性規定雙方簽署租賃合約，使有法可依。業界可以和政府探討，依照政府要求經營車隊。車款、設計、車隊規模、起錶收費等可以和現時的不同，聘用好品格司機，提供更好服務。

坤哥慨歎可惜大車行的領導人，至今不願意團結一致，而政府也無心為這一萬八千部的士提供改善服務的機會，他為行業的未來憂心忡忡。

黃保強

香港的士商會的掌舵人

二〇一八年八月二日探訪坐落在灣仔的「香港的士商會」，簡稱香港會，這會址由商會擁有，約一千呎，有辦公室、會議室，還有電召台營運的專用房間，感覺整齊、潔淨、舒適。香港會的領導人，黃保強主席、明華來副主席、文漢明會長等十分客氣，準備好了茗茶、咖啡、小點招待。主客坐下，談得不亦樂乎。

商會的成立

香港會是的士業歷史最悠久的會，成立於一九三〇年代，成立時有貨車和的士，以貨車為主。那時的士都是公司擁有，大行的士、風行的士、明星的士等，沒有個人的士。直至後來六十年代出現紅牌車，紅牌車轉為的士，才有大量個人擁有的的士，這時商會叫「香港九龍的士貨車商會」。當時的貨車是派送日常糧食用品的中小型貨車。商會的始創人成立商會的主要目的是平衡各方利益，減少爭執，創造平和環境做生意。香港的士商會開始時以貨車為主，後來就以單頭的士車主為主，近年多了的士打理人作為會員。

領導從低做起、白手興家

文漢明一九六四年入行，曾在明星的士打工。政府開始用競投形式發的士牌，文漢明跟先達車行競投買了第一部的士，價值二萬八千三百元，正式成為車主。黃保強一九六八年入行，開始時在先達車行打工，做了六年，儲蓄到首期，一九七三年買了第一部的士，時值十一萬。明華來則在一九六七年起駕駛小貨車，經朋友介紹，轉行在大行的士當的士司機。當時當的士司機真的風光，一轉車起錶一元五角，可買到三碗雲吞麵（每碗五角）。一更車可有七十多元收入，相當不錯，不愁沒有女孩子願意嫁。

那些年，考的士駕駛執照要過三關，考筆試、口試和路試。筆試考道路知識；面試考由點到點的路線，而且還要用英語回答；路試考駕駛技巧。黃保強考車牌時報大了兩歲，能考到牌，他感到很自豪。黃保強一九六〇年從內地來香港，當時只有十三歲，已經自己找工作。幸得一間藥房收留，做後生（即雜工），七十元月薪，做了兩年。那時，內地局勢不穩，出現大逃亡，許多人來香港。聽說如果沒有身份證便會遣返大陸，於是他就去拿香港身份證，報大了兩歲，即十七歲。就這樣，他比別人年輕兩歲，就考上了私家車牌和的士牌。當後生當了三年，老闆提議他學英語，可以做售貨員，於是，他就上英專夜校，學英語會話。

六七十年代當司機的日子

打工的日子，司機和車行分帳，黃保強的底薪十二元五角，生意額到五十元，就可多分二元五角。超出五十元，就可分到超出生意額的三成。當生意額接近五十元，許多司機都會「借旗」或自己填數，令生意額到五十元，拿到額外的二元五角。做到七十元生意的司機，叫「馬王」，很威風的。

打工的日子，司機有「棟旗」欺騙公司，即用黑布袋蓋住旗，以免從車外看到旗的光線，短途客不用跳錶，就不落旗；或者落旗，未有跳錶，一位乘客落車馬上有另一位乘客，那就疊旗，司機收錢不交還公司。

以往，司機有一些互讓的規矩，例如司機讓小路的同行出大路，從小路出的司機會讓原本在大路的司機先接客，不會搶客。今天，這傳統已不復見。

那時代的咪錶是機械錶，必須在開工前上鍊，才會計算車輪的轉動，換算路程，計收費。司機聽到咪錶「噠、噠、噠」的聲響，才安心。有時，司機會拍打咪錶，確定它有聲響。大約八十年代，就轉用電子錶，停車的時間亦計算收費，司機收入多了。那時的士業已轉為租車制，車主不願花錢安裝電子錶；直至司機願意每更多付五元車租，車主才願意安裝。

過往是朝六和晚六交更，每個司機做十二小時。警察有意見，認為的士六時交更，難以服務下班的市民，商會對此認同，便協助更改規矩。

七八十年代是最好的年代

文漢明清楚記得：「六零年代，很旺，生意很好，很多人坐車，經常可做到五十元生意，真好！」若以起錶一元五角計算，差不多一更做四十支旗；算每支旗不是一元五角，應有二十多支旗，半山客多，水兵也不少。那時，的士送客人去商舖，店主都會給小費。陳文記得：「我祖父拉黃包車時，已經有這種商舖給小費的習慣。」

黃保強也記得：「送人客去香港仔畫舫，他們會記下車牌，過幾天去問他們，客人吃了多少，他們會找來有車牌的封包，打開看，就有十幾二十元。

水兵做西裝，最喜歡去中環的同新洋服，的士會有小費。戴客人去舞廳也一樣有小費，那時做人很均真。」

「那時夜間消遣的人很闊綽，經常給小費，一元五角的士收費，經常給兩元，真的很好！那時不需要走遠，走近的旗很多，收入已十分好。」

難忘的經歷

黃保強有一次在駱克道酒吧接了一個美國士兵，他把所有零錢作小費外，還拿出一疊紙幣，接着哭出來，因為他是海軍陸戰隊成員，要去越南打仗，不知會否有機會生還回來，享受香港的活色生香。若能回來，會找黃先生。那些士兵每星期出糧，但幾天就會花光。那時的士司機接士兵上車由灣仔到赤柱兵房，必須先行問他出示金錢，然後開車。有時沒有問，士兵落車就跑，根本無可能追上，那就白做了。

那時，酒吧、舞廳、賭檔等消費場所都是的士的旺點。有一次黃保強趾到一個警察，他乘車後顯示身分，說是伙記，簽名就想離開。黃保強堅持收車費，他就認着黃保強的車牌。改天趾上，警察乘電單車，整天跟着，不停騷擾。黃保強只好把車開回的士公司，找中間人跟他「講數」。原來，警察帶女人去酒吧消費，要「威」，但黃保強不給面子，要收錢！中間人給了警察一百元賠罪，才算平息了。那時社會貪污盛行，很多不能擺上枱面的事。

商會領導八四年的士罷駛抗爭

八四年的士罷駛，香港會參與領導。當時四間的士會參與，領導人分別是香港九龍的士貨車商會的文漢明、九龍的士商會的馮家仁、的士同業聯會戴振邦和香港的士總商會鄺漢華。文漢明代表業界，擔當首席談判人。據黃保強記憶，自己在七三年買到第一個車牌，牌價十一萬元；到八四年，跌至八萬元。當時政府認為的士發牌過多，令交通擠塞，不可能無限發牌。因此，政府改變策略，加每年的士道路使用費，即道路牌費，由三百二十元加到八千元，車輛首次登記稅由百分之十五加至百分之

九十五，令業界極度不滿，部分司機決定罷駛抗議。當時運輸司施恪認為的士司機要賺錢，不可能無限期罷駛。而議員周梁淑儀和張鑑泉則答允幫忙，推翻政府加的士牌費的決定。最終因的士罷駛演變成騷動，推翻了加牌費的決定。

黃保強先生憶述在罷工期間，香港的士商會做支援工作，派飯派水。有人借機搞事，搶劫店舖，香港的士商會要求會員不能參與這些非法行為，停車在一條行車線，不要動。領導罷工的主事人三天兩夜在香港的士商會開會，沒有回家，還有兩位政治部警察駐場，商會為他們提供飯盒。當文漢明選區議員時，踫上當年其中一位警察，他已退休，他說對政治冷感，但當年吃過文漢明的飯盒，就投票支持他。黃保強和文漢明對這件事記憶深刻。

八四年的士抗爭平息之後，政府加強了對話，每三個月開會一次，對的士的經營環境也關注多了，對於後來財政司司長曾蔭權讓的士在紅隧過海收費維持十元，沒有跟其他車輛加價，又減了燃油附加稅，黃保強先生是銘記在心。

黃保強十分感激老領導文漢明為了行業的公務，犧牲很大，不能開工，照顧家庭時間也少。他認為若文漢明不做領導，可能有十部的士，生活無憂。

商會的功績

在大罷駛後，由吳國雄接任香港的士商會主席，做了十五年，而他負責處理由柴油的士轉為石油氣的士，功勞很大。柴油車很多部件要維修，石油氣車就大大減少維修部件，節省很多成本。而且柴油車平均壽命只有八年，石油氣車落地十八年還在行駛。黃保強把柴油轉為石油氣的士，對業界功德無量。

商會的另一項功績是成立和營運的士中心電召台。商會有一個電召台，以服務會員為主，但也有司機自己來參與入會，因為這電召台有很多柯打，可以幫司機做生意。電召台主要服務香港島，但也覆蓋至九龍、上水及屯門。但由於會員司機服務新界的不多，可以接這些柯打的司機也不多。

二十多年前，為了宣傳的士中心電召台，商會的執行委員十分勤力，向很多目標大廈（如淺水灣

和赤柱）派名片。派名片是有效的，看更都知道電召台的電話號碼。當時商會會員有二千多部車，是頂峰了；今天（二〇一八年）只有一千多部車，大家很努力做好這個台，為司機會員提供秘書和客人柯打的服務。

當時，的士中心電召台有三位台姐，每天出一千多個成功接載的柯打。現在許多人同時用電召台和 APPs 叫車，但電召台會快些，仍有競爭力。雖然車資多五元，有時加到一百元小費，乘客也無所謂。電召台除了出柯打外，還有其他服務，例如答覆司機問路或幫客人翻譯，以及提供交通消息。電召台的交通消息比電台快，這是優勢。的確，現在的柯打比以前少，但黃保強認為未來十年電召台還是大有可為的。不過，要找新人入行當台姐有困難，現時的台姐有些當了三十年，要懂兩文三語，不容易，香港島這邊洋人多，要講英語。

電召台的趣事

以前無手提電話，電召台就充當司機的秘書，幫司機處理約會、交更和其他私人事務，又幫忙司機解決客務疑難。電召台的黃小姐衝口而出：「經常幫人搵老公。」

陳文描述一件趣事，涉及一名夜更司機，這名司機經常往返內地，有時背着太太，尋花問柳。有一次，這名司機去了內地，他的太太午夜打電話要求電召台叫三七一（司機編號），司機剛剛從內地回港，坐在一部的士上，聽到電召台的叫喚，馬上要求用那部的士的對講機回覆，「三七一覆台，甚麼事？」。電召台小姐答：「你太太找你，你在哪裏？」他覆：「在九龍塘，正要收工，返家。」這是真人真事，是拍戲的好材料。

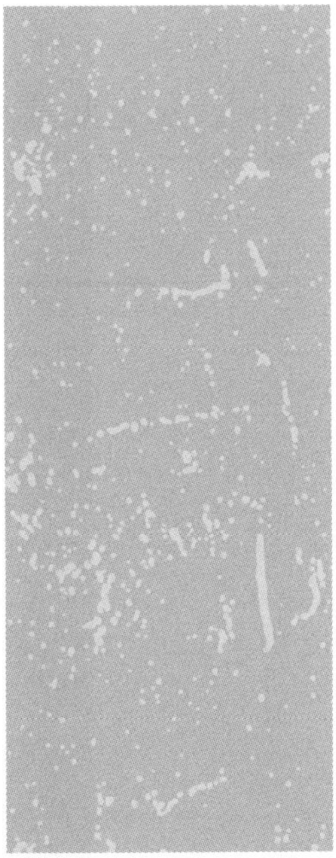

文國柱

的士車輛維修業鼻祖

二〇一八年六月二十九日早上，八十二歲人稱文叔的文國柱博士身穿運動服，背着球拍和兩個滿是紙張的袋，精神飽滿地走進他坐落在尖沙咀漢口道「永東旅遊」的辦公室，接受今次採訪。永東是他眾多生意的一項，他一進來，職員都畢恭畢敬地和他打招呼。他面帶笑容，非常友善，坐下來，便侃侃而談。

在的士這一行，文叔是老行尊，講起歷史，必然找他。文叔經歷香港二戰後經濟起飛、成為亞洲四小龍的輝煌階段，他由機械學徒做起，憑着個人獨特的眼光和專業技巧，開創一番事業，都與車輛分不開。文叔記憶特別好，由四十年代至今有關的士行業的發展，如數家珍，娓娓道來。

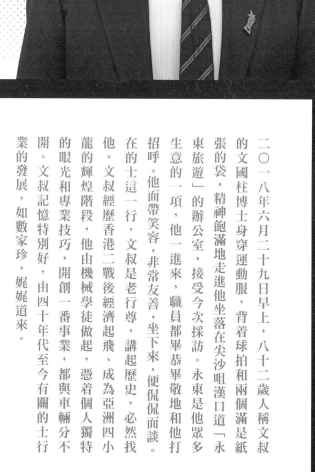

的士行業的演變

文叔雖然年過八十，對半個世紀香港的轉變，記憶清晰。他記得香港在二次大戰後，市面逐漸回復生機，的士也重新出現。跟戰前一樣，當年的士還是由香港警察局交通部的一名總警司負責管理和發牌。的士牌是發給有規模和擁有車房車位停泊的公司。私人獲發的士牌照的絕無僅有。文叔記得當時有一位印度籍婦人擁有約十個的士牌照，相信她是以公司形式持有的。當時香港車輛少，是用數目字頭和車牌底色來分別車輛的類別；的士用四字頭和綠色底色，貨車黑色，私家車車牌用白色底色。當時的士需要驗車合格及繳付牌費後，始可領取行車證。當時檢驗車輛的地方在香港島的加路連山道南華體育會附近，由機電署兩位外國人負責檢驗車輛。一開始車輛是無需要購買保險的，約於一九五〇年，交通部才要求汽車要有第三保險，方可續牌。當時持有駕駛執照的人，可合法駕駛電單車，駕駛執照上則寫有：貨車及私家車。

在連接香港島和九龍的海底隧道建成通車前，的士分為香港島的士和九龍的士；兩類的士收費不一，亦未有規定的士車身的顏色。五六十年代，香港島有胡忠的中央的士和上海的士，他們都用美國車；還有明星的士、風行的士和黃的士等的士公司。明星的士採用綠色車身的士，黃的士採用黃色車身的士。香港島的士可坐五位乘客。九龍區有金邊的士、九龍的士、大來的士、新的士和後期的紅的士等公司。九龍區的士早期主要為三座位的，但亦有四座位。一九七二年紅磡海底隧道建成通車後，香港及九龍區的士合併為市區的士。

文叔說明星的士是行業的表表者，其車房在快活谷（即現稱跑馬地）近成和道路口附近。當時的士是不准許在街道兜客的，只可在車房或指定的地點接載乘客。最著名的的士上客地點是中環畢打街站頭。而政府默許明星的士為唯一一間可在天星碼頭接載乘客的的士公司。明星的士另一項為人所知的是營運山頂的士。當時港島山頂區很需要的士服務，但沒有的士願意往山頂接載乘客。約在六十年代，明星的士就採用意大利的菲亞特（Fiat）1200型車輛營運半山的士，在山頂纜車站旁邊的的士站

接載乘客，菲亞特1200適合用於路窄及多彎的山路，並且夠馬力。

談到車種，林和的黃的士採用法國的標致（Peugeot）403，明星的士選用平治（Benz Mercedes），都是名貴車種。明星的士的車房位於跑馬地成和道和山村道交界處。中央的士在摩利臣山道口，即現時伊利沙伯體育館旁公園。陳南昌的新的士在油麻地東方舞廳對面（從柯士甸道轉入）。九龍的士、大來的士和金邊的士都在九龍。曾榕的金邊的士最後在何文田山口建成曾榕大廈，在旺角荷李活商業中心都有車房。

隨着香港人口增多，對的士服務的需求也日益增加。政府鼓勵公司經營的士，政府採取分配方式發出牌照，而不需要繳付特別費用。直至六十年代末才採用投標方式發出的士牌照，價高者得。

一九六〇年末，政府發出俗稱紅牌車的牌照。這類車採用紅色底色車牌，運作上相當於當年的野雞車。持牌照者要有車房，這類車亦不准在街道上隨意上客，車上裝有無線電對講機，採用無線電台接單。於是，電召台應運而生，香港島有紅牌台（謝繼洲營運），九龍區有聯合台（何勸營運）、榮利台（方炳森營運）和商業台（文國柱、陳禧、庾耀等營運）等。

七十年代隨着經濟暢旺，個人運輸需求很大，如酒店、旅行社和機場旅客等。政府推出公共車輛牌照，讓有能力者經營，應付需求。文叔記得胡應彬與陳氏的士在當時取得機場汽車服務專營權。

當時紅牌車為爭生意，都違規在街上接客，有些甚至安裝和的士一樣的咪錶，按錶收費。一九七七至一九七八年間，的士業界對紅牌車在街道上隨意上客對的士行業造成惡性競爭而抗議。政府於是撤銷所有紅牌車牌照和讓紅牌車補錢轉為的士，第一年補五萬元，第二年補二萬五千元，合共七萬五千元。同時政府發出大量的士牌照，每次為數二百至三百個，應付日益增長的乘客需求。一九七五年左右，政府開始發出新界的士牌照和大嶼山的士牌照，保證偏遠地區得到的士服務。

與汽車維修結緣

文叔年輕時很喜歡機械，所有接觸到的機器玩具都會被拆散，研究一番。由於這種興趣，走進了機械行業。二戰的時候，香港淪陷，全家人遷居澳門，文叔在澳門住了三年。

二戰結束，十多歲的文叔沒有依靠父母。文叔記得：「我入職大華汽車修理公司當學徒，後來我自己開了一間車房叫榮興，主要維修電單車和私家車，在灣仔柯布連道。」

機會留給有準備的人，文叔有一技之長，終於迎來機會，進入了太平洋行（Gilman），翻開了人生另一頁。入了太平洋行後，公司推薦文叔到工專進修，當時和同鄉葉金一起就讀夜校，日間工作，晚上讀書。文叔畢業於香港政府工業學校（即現時理工大學），學校當時坐落在摩利臣山和活道的紅磚屋，他是創校初期的畢業生。太平洋行的修理部門大班 Mr. Sloan 可算是文叔的恩師。

成為全港柴油車鼻祖

二戰後，能進口的車種有限，選擇少，主要以英國車為主，的士則以英國摩利士（Morris）和柯士甸（Austin）為主，同一副機器，同一種車身，名稱不一樣，都是柴油車。這兩款車耐用，受的士業界歡迎。當時全港只有兩家公司可經營柴油機系統儀器和零件，一家是捷成洋行代理的 Bosch，另一間是太平洋行代理的 CAV 柴油泵系統。摩利士和柯士甸等車種都是用 CAV 柴油泵系統，平治（Benz）用 Bosch。

太平洋行當時獨家代理 CAV 系統，二戰時，兩大柴油泵系統 CAV 和 Bosch 由意大利 Fera 生產，文叔找準時機，代理 Fera 系統，因此，他對兩套系統都熟悉。在太平洋行時，上司很信任一位叫葉金的中國人。葉金和文叔是同鄉，兩人很投契，文叔開辦車房和柴油車服務公司，找來葉金負責維修服務。全港大公司車隊都找他們做維修。他們的客戶包括了全部的士公司：新的士、九龍的士、明星的士和中央的士等。六零年代文叔專營 Fera 的柴油泵

和燃燒系統，包括它們的零件和儀器。文叔不單做的士維修，大車、小車、特殊車種、車輛的柴油系統和配件都由文叔經手。當年，差不多所有和車輛及船舶有關的機械設備，例如拖架，文叔都會研發，自己有特別的產品，生意遍及中國內地大江南北和台灣。

文叔在汽車及機械行內有江湖地位，連荷李活道警察交通部驗車組陳列有關柴油車系統，所有的圖解，都是文叔的傑作。

生意別樹一幟

文叔自言他和業界許多人的想法不一樣，另樹一幟。戰後經濟起飛，個人運輸的需求很大，文叔看準機會，經營紅牌車和公共汽車（Public Car）的買賣和運作，包括車輛買賣的財務安排以至合約載客服務，即載客服務車隊。文叔當時接有馬會、軍部、領事館、航空公司等機構的載客合約，生意愈做愈大。

做生意要眼光獨到，還要膽子大。文叔在八十年代佳寧倒閉時看準機會，收購它的旅遊車，成立最大的旅遊巴士車隊。城巴成立之初，需要巴士營運，文叔就把部分巴士賣給他們。二〇一一年文叔更在台灣接觸蔡篤雄先生營運的電動巴士華德公司，被邀請參與第一條電動新北巴士線開幕典禮，由馬英九總統主持開線儀式。

在全盛時期，文叔的業務涉及車輛買賣、車隊營運、車輛維修、車輛配件供應以至特別車輛的配備如拖架的研發等，所做的每一個範疇都領行業之先，在汽車行業獨一無二，別樹一幟。

的士車輛售後服務是成功關鍵

文叔很熟悉車輛維修，他認為選擇的士車款是成功的要訣，而重中之重則取決於售後服務。的士維修服務挑戰性很大，的士車輛總數不多，但每部車的維修都要極速完成。文叔現時仍然經營的士維修業務，他說：「經營的士維修很要命，的士車一進來，馬上要走。若果私家車進行大修，車房可以要求車主等候兩三天，但的士不行，即入即走，我

們要了解這種文化。而且，價錢一定要便宜，可以講：斤斤計較。的士撞車每天都發生，有時，車輛除了車陣（Chassis）差不多全部要換，三天就要交貨。要能極速維修，零件一定要充足，這也是車款能否受歡迎的關鍵所在。」

八十年代的日產車種「大白鯊」又稱「大泵把」，之後轉款稱「火柴」。這款車舒適、耐用，銷售網絡好。所有零件，任何地方都有出售，所有車房都能修理，自然能普及，因此雄霸市場。當時日產車輛在香港的代理為大昌行屬下的合誠車行，日產汽車在香港的士行業的佔有率差不多達百分百。七十年代，豐田的士開始打入市場，但並不受歡迎，直到八十年代，改良了柴油泵系統，才出現轉機。後來日產汽車與香港代理出現問題，而合誠的主要銷售人員獲皇冠車行聘用，致使豐田的士取代了日產的士，雄霸了香港今天的士市場。

文叔最為業界津津樂道的是他協助業界把手動波箱轉為自動波箱，讓的士司機舒舒服服開車。當時許多的士車輛想改波箱，只有文叔有這樣的技術和才能可做到。文叔簡直是天才，在車廠不願提供資料的情況下，自己動手設計改波箱，他投入許多人力物力進行這項工作，最困難在於每個程序都要符合運輸署的車輛規格審查。文叔最後成功過關，今時今日，文叔的工場仍然放了許多當年改波箱的設備。

堅持專業、鍥而不捨

五十年代，車主認為代理維修貴，都找外邊的小車房做維修，有些小車房連「車房」的地方都沒有，有些則在街邊營業，技術和標準參差不齊。車房給人的印象差，偷呃拐騙都有。於是文叔和其他同行大力推動汽車專業維修的工作，在一九五〇年籌備組織成立汽車維修商會。當時要開會很麻煩，很難；三人聚會就可能被告非法集會。文叔慨歎說：「我們籌備十多年才能成立這個商會，正式註冊成立是在一九六三年。」

文叔對車輛維修行業有感情，他追求專業和完美。為了做好石油氣的士的維修，文叔還在為申請維修石油氣車牌照頻頻奔波，要完成這工作，難度

超出常人理解。文叔解釋：「要做石油氣車維修，機電工程署要求我們申請RGSC（Registered Gas Supplier Company）牌照，即氣體供應商牌照。當我們把石油氣車輛修理好，驗缸合格，車輛要注入石油氣，才能交車給客人。營運操作注入石油氣的工作，就要申領牌照。」申請政府不同部門的牌照，過程繁複，文叔的心願是最終符合署方的所有要求，拿到所有牌照，提供一條龍服務。

對行業前景感無奈

現在這一行面臨人手極度短缺的困境，這行業辛苦，年輕人不願意入行。文叔伸出手，激動地說：「你睇我對手，我八十幾歲，我雙手傷痕纍纍，入行時，沒有合適的工具，要用自己雙手當工具，伸入去工具到唔到的位置，去維修車輛。我可以說，現在無人願意做。尤其是現在年輕人都讀完書，期望找份舒適的工，更加不願入行。」

未來的展望

全球對環保日益關注，其中一項重大目標是減少汽車尾氣排放。歐盟已設定了時間表，停止生產內燃機汽車。香港於二〇〇〇年引入石油氣的士，現在開始提出電動的士。文叔認為電動車會成為未來的趨勢，業界應作好準備。

何發全——的士借貸的老手

二〇一九年二月二十八日在理工大學職員餐廳訪問何發全。何發全是銀行界的老前輩，做的士買賣的，無人不認識他。雖然已離開崗位多年，何發全仍然備受尊崇，許多的士團體都請他做義務顧問。他也義不容辭，對業界關顧之情仍在。坐下來，何發全容光煥發，對現時的士現況，瞭如指掌。

紅褲子出身做到殿堂級人物

何發全在一九七〇年四月加入當時的萬國普通銀行（即花旗銀行），銀行有一個專門經營汽車貸款的部門，何發全從文員做起（即紅褲子出身）。他記得當時的車牌是一本小冊子的樣子，叫牌簿，雖然現時只是一張紙，但牌簿的名字流傳至今。登記車主的資料是手寫在牌簿上，與現在的數碼打印很不一樣。

何發全入行時很少銀行為汽車做按揭，分期付款。他入行時跟着兩位從滙豐轉過來的師傅學習，自嘲是學師仔，經營汽車貸款，的士和小巴都是花旗銀行的強項。一九七〇年至一九八二年在花旗銀行，一九八二年至一九八九年就轉到黃兆麟的運通泰集團，到珠海協助運通泰經營合資企業，做了七年半。一九八九年回到香港，加入道亨財務（即現時的星展銀行），重回銀行服務，原本道亨較多新界的士的借貸，八九年六四以後，整個金融市場動盪，道亨財務的原總經理移民海外，內部也找不到合適人選領導，因此給了何發全一個機會。當時行內認識何發全，知道他的能力，特意找他回來領導。

何發全當總經理，當時道亨經營相當多的士和小巴的貸款業務，何發全從一九八九年到二〇〇八年十一月三十日，領導財務貸款部，貸款額由入職時五億至六億，提升至離職時的超過一百億。的士買賣的借貸市場，何發全敢說是佔市場最大份額，即銀監規限的百分之二十五。可惜，道亨在二〇〇一年被星展收購，往後就改名星展。

捕捉發牌制度變革帶來的機會

現時較少銀行願意經營的士借貸業務，何發全認為是有經驗的管理人員不足，風險評估不足，加上保守的思維，在在影響決定。少了銀行經營的士業務的其中一個主因是邊際利潤持續下降。七十年代時，利潤可高至百分之九。借貸最重要看貸款人的入息有沒有能力還債，其他所謂抵押物，都是次要。六十年代，政府只發牌給的士公司，像金邊的士和中央的士幾間公司。每個的士牌借貸是二萬至三萬，而當時生意好，的士入息穩定，借貸給這些

公司風險不大。到七十年代中期，這些公司不想做，把的士牌賣給司機，所謂「駕者有其車」，司機把積蓄投入作首期（約百分之二十五），然後向銀行財務借貸。這對何發全的財務公司是一大契機，黃兆麟的運通泰財務也把握這機會，向司機放貸，讓許多人成為車主司機。何發全的花旗財務也有和黃兆麟的運通泰合作，推出借貸產品，何發全提供銀行一般借貸成數，黃兆麟則提供額外貸款（top up finance），讓司機用較低的首期，也可以買的士牌。最後，有差不多七至八成司機成為車主司機。司機有收入，當還掉供款，退休時也可以把車租出，維持收入，安享退休生活。

「駕者有其車」的安排讓司機有很大動力工作，賺錢供車。早期的士車輛數目不多，只要司機勤力工作，辛苦些，一定可賺到足夠的收入養家活兒及供車。向這些個體戶借貸，財務公司的風險不大，不會有大手炒買的情況。就算有車行認為是好的生意，想買有更多車牌，他們都要有能力加大資本投資。何發全憶述當年黃兆麟說：「生意興隆，四季侵本」（意即有生意，但不賺錢。還要加大投資，應付生意）。

七十至八十年代，資金成本四厘，但借貸收成可達到十厘，由於利潤高，除了花旗，還有道亨、滙豐、恒生、渣打、美銀、太平洋財務、芝加哥財務等都是競爭對手。隨着政府對財務公司和銀行加強規管，加上有許多大的競爭對手，如ICBC、大眾銀行等加入，令利潤下降，許多財務公司都退出的士市場。不過，到何發全重回銀行界，加入道亨，仍有四厘的差額利潤，不失為好生意。

助業界面對金融危機

做銀行借貸生意，分析能力十分重要。九七時，何發全經營的借貸額很大，卻遇上金融危機，由九七年前超過三百萬，至二〇〇〇年跌至一百八十萬左右。許多車主司機都成為負資產，收入也不足償還利息。何發全不得不減慢借貸，分析如何拆解危機。銀監也呼籲銀行為客戶進行債務重組，不要逼得他們走投無路。何發全為客戶推出債務重組方案，因應客戶的還款能力，讓客戶減少供款，不逼

死客，讓客戶有翻身機會，銀行也把損失減至很少。何發全亦為轉手的客戶，提供財務方案；賣價不抵債的，繼續提供借貸；又為新客戶提供最低息貸款，讓舊客戶鬆綁，新客戶有能力分期付款。當柴油換石油氣的士時，燃料費用大減，許多客戶亦有機會提升利潤，有能力還債，得以重生。九七金融危機，絕大部分的士業界中人都陷入財務困境，只有極少數負債少的行家能倖免。何發全認為當時他的決定既幫了許多人，因而許多人稱他為「救世主」，也幫了自己。危機從一九九七開始，至二〇〇二年左右結束，不過，二〇〇三年又有另一個危機。當時大部分的銀行又都拒絕放貸，導致斷崖式財務災難。

何發全經營這麼多年借貸業務，感到市場好的時候必須抓緊機會放貸，保持自己的市場佔有率。如稍一鬆懈，不進則退，很容易被競爭對手侵蝕，客戶只看利益，是不會忠心的。

抓緊借貸原則

危機過後，二〇〇八年底至二〇〇九年左右，全球減息，進入減息期，同業拆息加一厘。雖說也不過是一厘多息，借幾百萬元卻由原本每月一萬多元利息跌至每年幾萬元利息。若每月一萬多元還款，而租金收入都是一萬六千元，是難以生存的。二〇〇九年，息口跌至很低，即一厘多，即使的士租金不加，但利息成本大減，減至每月三千元，借款人的還款能力就強很多，的士牌價應聲不斷攀升，許多人有能力的話就在低位入貨，水漲船高，確是賺得愈多。

何發全認為現在的士牌價有少許回落，至五百多萬元，但息口仍低，銀行應該有信心繼續放貸，是做生意的好時機，而不是收縮放貸。個別銀行大做生意，是看準了時機；不願放貸的銀行，則是丟失了時機。可能有些銀行害怕的士牌價會跌至和小巴一樣，只得百多萬。銀行要明白，收縮會導致全線崩潰，自己損失最大。事實上，只要客戶能持續還款，牌價回落一點是沒大問題的。何發全慨歎現時銀行放貸過於保守，缺少了有分析能力的人。

小巴和的士有類似的地方，它們的收入在於租金，若果沒有司機開車，就沒有收入，流動資金就

會出問題。

何發全至今還很欣賞黃兆麟，從他口中得知，黃兆麟讀書不多，但很懂得計數，分析能力強，做生意十分成功，知所進退。伍焜也懂得欣賞黃兆麟，經常跟隨黃兆麟的決定，生意也愈做愈好。黃兆麟真的是行內的指路明燈，他有一錘定音的權威。何發全感受到以前的創業者很勤奮，他記得在伍焜處與他們的人坐在簡陋的小店，加雙筷子就一起吃飯，和現在的行家，到名餐廳吃佳餚，不可同日而語。

何發全透露許多銀行會對一些有信譽的車行提供借貸信用額，這些車行會利用這信用額，協助自己的客戶向銀行借貸，或自己安排提高借貸額，協助客戶「上會」「贖會」或「換車」等，從而吸納客戶。為客戶做的這些的士買賣，要資金能準時到位，要有銀行借貸的支持，許多時候，車行的現金流要充裕。何發全當年十分熟悉這些運作，大車行可以協助小客戶的工作，他也可以提供協助。何發全當年就是這樣，生意滔滔，「做到手軟」，把星展由細小的份額，提升至市場最大份額。

行業的問題

車行客戶也間中有些欺詐的情況。車行換車時要向銀行借牌簿辦理手續，有個別車行會在過程中丟失牌簿，補領牌簿後，原來的牌簿就是假的，因此買賣的士牌，一定要到運輸署核實牌簿。

何發全認為現時部分揀客的租車司機，只顧賺錢而不理乘客的感受，是殺雞取卵。何發全認為這固然是個別司機問題，但也是車主問題，是車主對的士車輛的管理問題。他們不善待司機，令司機流失，去開輕型貨車Gogovan，甚至「優步」Uber車。他認為業界應自我改善，不是老是罵人家。業界要提升自己服務，要做好車隊，要宣傳，要人家來找自己，而不是埋怨他人，尤其競爭對手。市面上有的是需要好服務的客人，公司不想養車，如果的士能提供適合他們的服務，他們不介意多給一些錢，生意是有的。

如果何發全仍在業界，他會提意見。政府有資源，首先用政府資源。而業界可以集資做點工作，例如吸引年輕人入行，搞大車隊，起碼一千部車，

才有聲勢。何發全對這行業有心結，希望它向好。行內的思維始終未能有突破，改革的力量和規模太小，要有一班有心有力的人，才能改變。這個行業要改革，實在太難。

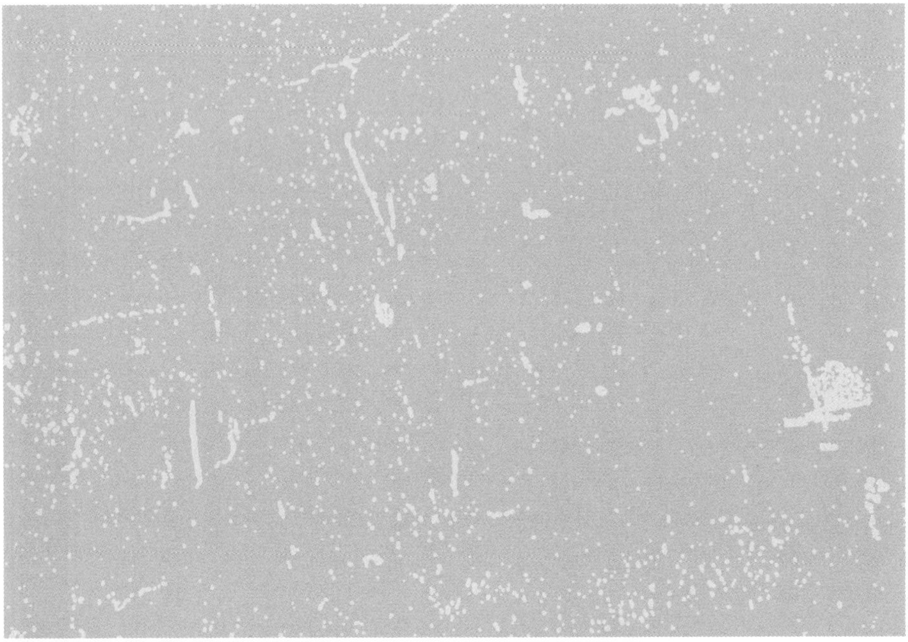

羅雪芬
的士電召台的大姐大

羅雪芬是的士電召台的大姐大，她是港九電召的士台老闆，她的電召台服務超過二千千部車，行走港、九、新界，每天二十四小時。台姐是三更制提供服務，全年無休。羅雪芬的電召台座落於佐敦道渡船角一個地舖，面積不大，潔淨舒適。開門是辦公室，台姐們在後端隔音房工作，另有天地。接乘客和司機電話，呼喚車輛接載和解答司機疑難，無一秒鐘間斷。羅雪芬說話堅定，有說服力。

八十年代入行做電召台

羅雪芬入行於微時，大約在一九八三或一九八四年，入職的士同業聯會的電召台當文書工作。進入電召台之前，她任職保險公司，聯會領導是公司的客戶。當保險公司結業時，她就被聯會領導邀請過來，坐寫字樓，朝十晚六，她認為很寫意。的士司機上台和交台費，都只集中在早上繁忙時段之後，其他時間她就可鬆口氣，比做保險時好。

的士同業聯會在當時算是行內龍頭組織，受行家敬重。當時的士同業聯會的運作古板，家庭式管理，和原職有規模的保險公司有差距，羅雪芬初時不習慣。聯會的電召台規模大，分四組台，每組由一個台姐提供服務，又分三更，起碼十二人。當時的電話是攪盆電話，司機無手提電話，有傳呼機。司機和家人或朋友聯繫都經電召台，台姐就是他們的秘書。那時的士司機的收入的確不錯，可以養家。司機的太太們不用工作，就經常打電話給台姐約先生飲茶。司機交更、車輛維修安排以至通知太太是否回家吃飯都靠台姐。台姐以服務司機、司機家人及車主為主，乘客叫車為次。那時，街上生意好，不用靠電召台的生意。一個台姐服務五百司機就爆滿，所以司機上台多，就要開新台，請新台姐。

羅雪芬自言很幸運，她為人「八卦」，但遇上很多好人，都願意教她。好像她初時不懂得做台姐的工作，閒談時，同事就教她，讓她試，就這樣，學曉了。就這樣，羅雪芬就和電召台結下不解緣。

由打工到做老闆

一年多後，聯會有些理事就自立門戶，開了港九電召的士台。羅雪芬在港九台做了短時間就離開，直至十六年前才又回到這港九台，做老闆。自己做老闆的好處是決策快。以前在聯會工作，任何決定都要經理事會同意，慢很多。

羅雪芬發揮新思維，不單做台，還招收廣告，開新財源。一九九七年和二〇〇三年「沙士」期間，的士行業轉變很大，一方面許多原有的車主退場，另一方面行業出現革新，的士車輛由柴油車轉為石油氣車。而電召台客戶群除了車行，還多了司機車

主。羅雪芬是二〇〇二年接手港九電召的士台，二〇〇三年「沙士」爆發，當時街上很冷清，她首先要做的是提升自己的服務，穩住自己的客戶。

營運電召台的奧秘

的士電召台最重要的開支是租用頻譜，租用發射和接收信息的地點，和傳輸費。發射和傳送信息的地點要充足，覆蓋範圍廣，服務才可有保證。現在港九台可覆蓋有約八成的市區面積。

有一次，羅雪芬向通訊事務管理局多申請了一個頻譜的使用，發生了一件趣事。她記憶中通訊事務管理局兩次打電話給她，要求她暫時關閉其中一部發射機，因為它干擾飛機的通訊。後來她理解可能是自己的機件出錯，令發出的頻譜移位，造成干擾。

早年的士車上安裝了對講機，司機要用手拿着對講機和台姐對話，現在法例不容許司機手拿對講機，車上改用免提裝置。對講機十分有用，外國乘客可能需要台姐做翻譯，乘客要用對講機和台姐對話，台姐不單熟悉兩文三語，還要熟悉人客的口音。台姐真的不可不讚，有時司機和乘客溝通有問題，都由台姐解決。

二〇〇二年出現很多打理人。當時很多車主或車行不想管理的士，故將的士交給打理人管理，打理人便從車主或車行承租汽車，再租予司機。當時車行兼做打理人，也有車主和車房成為打理人，協助其他車主出租車，從中獲利。羅雪芬自言對保險和其他車輛業務熟悉，許多時這些打理人都打電話給她，尤其是新入行的打理人；也有行家問她，請教她。她樂意和人分享，因此她就和許多打理人成為朋友，也有打理人成為她的客戶。她還靠司機派單張，宣傳她的電召台，積累了許多客人。就這樣，她的電召台能在艱難時期，站穩陣腳。

可謂成功非僥倖，羅雪芬努力不懈，不斷學習，廣交朋友，是她成功的秘訣。

時勢對生意影響難預料

二〇〇二至二〇〇三年街上冷清，司機需要電

召台關照生意。但司機亦自行組織小圈子，接生意，有的給乘客折扣，「八折黨」應運而生，對羅雪芬的電召台也構成競爭。

柳暗花明又一村，到二〇〇五年左右，香港多了許多酒店和大型屋邨落成，利用電召台叫車的人多了，尤其是內地客人用電召台也多，去機場的客人也不少。二〇〇五年迪士尼樂園開幕以後，很多人用羅雪芬的台叫車，這是喜出望外。酒店柯打利潤高，對司機很有吸引力，若電召台有很多這類柯打，可吸引司機上台。

為求有好柯打，羅雪芬發揮她的智慧，和一些可靠的機構合作，機構可以代客叫車，每月結數。羅雪芬安排司機接送，但錢就由羅雪芬先付給司機，這種模式的生意可觀，是三贏的安排，機構客人開心，而機構提供好的服務，吸引更多客人，司機又有好柯打。

能穩住生意必先做好自己，羅雪芬要求司機要老實，接了柯打，一定要準時接客人。不過，接柯打最大麻煩是乘客有時不等司機到來，就自行乘坐其他車輛離去，讓司機撲空。羅雪芬要經常請代客叫車的人士幫忙，要求乘客理解契約精神。

萬能的台姐

港九台的台姐與羅雪芬共事數十年，很忠心，羅雪芬很有成功感。

現在司機除了要柯打，就是問路。司機有甚麼問題都會問台姐，台姐要對道路酒店、旅遊點、大廈名稱和地點等有豐富知識，才可幫到司機。台姐也要知道些法律知識，例如司機和乘客有糾紛報警，咪錶是否繼續？台姐要清楚提醒司機可繼續收費。有些搗蛋的司機會向台姐提供假資訊，考台姐，因此，台姐真的要做到像一本活字典。羅雪芬對新入行的台姐要花最少半年時間培訓，才可讓她們有信心單獨工作。

問及台姐會否對個別司機有所偏好，讓一些相熟司機有好柯打？羅雪芬解釋，原來台姐不一定有所偏好，但台姐是否在瞬間能確認某司機，才是影響派柯打的重要因素。日常之中，台姐聽多了某司機報讀車牌，自然會容易確認，最快給柯打。因此，

司機多和台姐交談會有更大機會被確認。

時代的衝擊

電召台的設備隨着時代進步也有改變。二〇〇〇年以前，司機問交通，台姐就要報交通，那時真的要重複讀稿。二〇〇〇年後，有數碼錄音，按一個鍵就可重播，方便多了。以往的廣播儀器很臃腫，佔很多空間，每用一個頻道都要一個儀器。現在器材體積小多了，一個儀器適用於多個頻譜，省回許多空間。

現時市面有智能手機叫車程式（APPs），表面上與電召台爭生意。這些叫車程式對電召台的最大挑戰是提供折扣，搶奪了部分客源，尤其是晚間的柯打。不過，電召台有台姐直接對話，這一點叫車程式不能取代。司機要求幫忙，叫車程式也幫不到忙。電召台仍有生存空間。早更司機都會開電召台聽交通消息，晚間就不一定。電召台會收集司機報回來的交通、路面情況和其他信息，然後發放給其他司機，這也是叫車程式不能取代的。

智能手機叫車程式能否和電召台合作，令乘客和司機得益？相信要有新思維去解答這問題。一如以往，羅雪芬正在不斷探索。

袁偉彪

的士保險業的翹楚

二〇一八年七月十二日，人稱彪哥的袁偉彪欣然接受訪問。彪哥年屆七十，在的士業界白手興家，做過司機、車行車主、車輛的打理人，是的士行業的老行尊。他承辦的士車輛保險在業界有舉足輕重的角色。一萬八千多輛的士中，由他經手的有六成以上。

訪問在泰加保險中環辦公室進行。彪哥的辦公室潔淨整齊，可能反映他做事果斷、乾淨俐落，不會拖泥帶水。彪哥坐下來就不徐不疾，侃侃而談，他還準備了一些關於欺騙保險個案的剪報，他說警方都是根據他提供的資料檢控不法之徒。為了搜尋證據，他自己成為偵探，跟蹤嫌疑人。他慨歎這行不易為，因此，敢為的士提供保險的不出幾家。

起家

彪哥年輕時家境並不富裕，中學畢業就考駕駛執照，當時一考就考上，幾年間，為求一技傍身，所有駕駛執照，包括的士、貨車和駕駛師傅牌照都考上，當時年僅二十一歲。他馬上入職，上午做教車師傅，晚上開的士，有時開大貨車。那時香港島的士起錶是一元五角，九龍則是一元起錶。全部的士由幾大公司擁有和管理，有大行、明星、中央、黃的士、風行等等。彪哥在大行駕駛平治賓士180的士，那時大部分的士都是這款車。

早期當的士司機日薪十三元，若司機每天接載乘客收入超過五十元，可以分帳，公司和司機對分。但那個年代，一更車不容易做到五十元生意。要達到這生意額，要靠英軍和美軍軍艦停靠香港。士兵多是豪客，許多軍人會乘坐的士，由中國船會（China Fleet Club）會所去赤柱，或去酒吧。彪哥清楚記得當時的士咪錶要上鍊，才可繼續做生意，他說「上鍊上到手軟」，可見彪哥的生意很不錯。

當時的士是豪華交通工具，不是一般市民能夠負擔，街上很少生意。的士車輛都停到車房接電話預約，大行車房在英皇道，東主是余仁生家族。彪哥回憶當時人浮於事，不易找工作，考到的士牌有公司願意聘用，已相當幸運。當時彪哥的孩子年幼，要養妻活兒，還有父母和太太的父母，負擔很重。他每天工作十五、十六小時。彪哥當時十分勤奮，在街邊兜客，又去文華酒店、天星碼頭、希爾頓酒店等接客。當時夜生活多，酒吧多。當夜更司機，客源不少，他曾接過還未成名時的歌星鄧麗君，那時鄧麗君在銅鑼灣歌廳唱歌。

憑着個人努力工作，養家之外，彪哥還有一點積蓄。當時的士公司經營出現困難，把的士車輛賣給個人司機，車牌連車輛十多萬。當司機一年多，彪哥就和朋友夾錢買了第一輛的士，每人開一更車，自己做老闆。

後來，彪哥就和朋友繼續努力，賺錢買的士，由一輛到兩輛，即每人各自一輛。當時許多的士司機都把握機會，自己成為車主。彪哥愈做愈大，七三年開始經營車行，若無人開車就自己開。他說那時司機好專業，早更夜更司機交更時會主動清理

車輛，驗偈油（即機油），把車打理得乾淨。

七十年代出現紅牌車，紅牌車無頂燈，只有出租營運證，要有車房停泊才可出牌。那時，紅牌車提供點對點服務，不能沿街兜客，司機自行計算收費，但多半和的士收費相約，司機都老實，不會濫收車資。

彪哥看準機會，收購了一間紅牌車行「英偉電召客車」，七十年代後期紅牌車比的士生意還要好，因為它們都加裝了冷氣，大受歡迎。當時主要是日產車，不單裝冷氣，還裝了電子錶，計算收費，和的士一樣。後來，政府無法監管紅牌車在街上兜客，就在八十年代初，推出政策，讓紅牌車補七萬五千元轉為的士。彪哥當年打理百多輛紅牌車，還在跑馬地自設油站和電召台，可說是一條龍生意。

成功在創意

彪哥提起從汽車維修出道的文國柱，最深刻的印象是文博士把的士車輛由手動波箱改為自動波箱，讓司機操作車輛更舒適。彪哥中學畢業也做汽車。他在八十年代和廣州汽車集團（廣汽）合作經營汽車保養和維修，代理本田（Honda）及豐田汽車。廣汽很有背景，在內地做得很好，但他們來到香港，不知道如何開展業務。彪哥當他們的智囊，協助廣汽在鰂魚涌開了一個地舖車房，承包汽車一條龍的翻新維修服務，一萬五千呎舖面面積做高價車維修，包括寶馬、積架和賓士等歐洲名車，為這些車焗油、翻新和維修。當時，所有由大昌代理的日產的士車都由彪哥這家車房包辦噴油和維修。「上午嚟八架，下午嚟八架」，彪哥把原本入口紅色的車輛噴成綠色新界的士。深藍美代理的歐洲車和環宇代理的三菱車都送到他的車房焗油。

這門生意很成功。廣汽的經驗讓彪哥在汽車業界打響名堂。

彪哥也代理過泥頭車銷售，他的方法也是一條龍包裝。他投得沙田馬場和大埔填海工程，承擔填料運輸。司機向他買泥頭車，他自己可以教開車，有駕駛執照，即時可以開工。他的銷售直線上升，又能完成兩大填海工程。

彪哥也經營過傳呼台。當時賣傳呼機成本很高，

開舖交租不划算。彪哥找來7-11合作，由7-11當銷售點，彪哥將傳呼機價的百分之十分成予7-11。這樣很划算，既不用專門開舖，而人客又可得到二十四小時服務。要買傳呼機，到任何一間7-11，十分鐘能開台。彪哥的傳呼機銷售業務直線上升，增長很快。他推出的賣機連月費銷售方法，後來各間電訊公司都學習。彪哥很自豪：「我做過好多行，行行我都做領導。」

打造的士小巴保險王國

彪哥不單做的士，還曾經做專線小巴。不過，今天他已沒有經營小巴生意。但在的士及小巴行業的經歷令他逐步轉向經營的士和小巴的保險業務。事緣的士和小巴都屬高風險車輛，保險公司若遇上高昂賠償，一虧本就停單，車主無法找到保險公司落單。彪哥打從八十年代中就開始涉足保險，由做代理，做統籌，做到自己親自下場合伙經營。由於他對行業十分熟悉，人脈關係多，行家都信他，於是生意愈做愈大。為行家做保險也可算是業界的自救運動。

公共交通時時刻刻在路面行走，發生交通事故的風險一定比其他車輛高。巴士雖無人受保，但巴士公司規模大，能一力承擔。但的士和小巴沒有巴士公司的規模，只得求人。保費高，則難承擔。若無人承保，連車都不能開。彪哥可說是開行業自救的先河。還好，當時開辦保險公司並不如今天般困難，起動費用也不高。曾經發生過有保險公司不願承保，令行家的許多車無保單不能行走，彪哥都一一接下，解決了燃眉之急；於是行家都轉到彪哥處投保。彪哥的保險公司向銀監多次申請提高承保額，應付行家的需求。

他憶起當年有專線小巴在沙田撞死三個人，涉及一名三十多歲已成名的會計師，賠償金額相當大，導致那一年公司虧本。有些股東埋怨：「輸錢輸得好多，不做了。」彪哥堅持做生意要有誠信，繼續承保。隨後彪哥跟小巴線主了解詳情，建議他限令司機在事發地點收慢車，小心騎單車的人過路。每日站長要警惕司機，並且減少一轉車，不要追趕班次。後來就沒有再發生事故了。他慨歎做保險不是

只做買賣，還要設法防止事故發生。他是抱着協助行家的心態來做，不是只為賺錢。

司機藥駕、醉駕、跟車太貼、疲累和因要兼顧太多手機而分神都是導致意外的原因。有些情況則是路面問題，例如維修道路工程的承建商，沒有按規例放置「雪糕桶」，沒有足夠警示，導致意外，這些是政府監管問題，保險公司是不能控制的。

近年經營保險最大的風險是有人蓄意欺騙賠償。彪哥要花許多時間和精神揭發這些無良司機。有一次有位乘客在落小巴時，給的士輕微撞傷，他去了醫院驗傷，取了病假，然後索償四十多萬。彪哥親自見他，他步履蹣跚，好像真的受傷。彪哥找人跟蹤他，他走了不遠，就收起手杖，放入手提包，健步如飛追巴士。他去看醫生，聲稱身體許多部位痛楚。醫生開了止痛藥給他，他離開醫院就把藥丟入垃圾桶。彪哥把這一幕拍下了照片，並在垃圾桶取回藥物，將所有證據交由報館刊登，又交警方處理。

彪哥埋怨：「我們和醫管局開會，向他們展示大量騙取醫生病假和藥物的證據，要求他們警惕醫生。但醫管局說束手無策，因為不想病人指罵醫生，投訴醫管局。」

又有一次，有司機詐騙，訛稱受傷，現在法例規定只要受傷，不論過失亦可以有病假，司機騙假又騙保險，還繼續找不同的車行租車開工。彪哥和車行稔熟，找到司機和不同車行的租車合約，才能揭發這些詐騙案。彪哥說諸如這些騙案，只有他們才有能力搜集到證據，加以揭發。

彪哥就是從行業自救開始，為行業承保，讓行家可持續經營，憑着自己對行業的熟悉，不單承保，更為行家避免交通事故提意見；再加上他在行業的交際網，能有效阻止和揭發不良的索償行為，奠定了泰加保險在行內龍頭大哥的地位。

前景

他認為現時法例容許司機不論過失、只因交通意外便可獲最多一百八十天病假很有問題。當事人還可向保險索償，又可以到其他車行租車開工，導致這些個案特別多。彪哥埋怨要花許多精神和時間

去揭發這些詐騙個案，他認為政府應檢討這條不合理的法例。

彪哥同意政府有責任為公交提供保險，讓它們可以維持運作。現在政府不協助，要求行內自行解決，是推卸責任。現在的士的保費特別高，租車司機要交按金才可租車經營，而按金是入行一大障礙，亦是嚇怕年輕人入行的主因。如何能降低保險按金，吸引新人入行，是的士行業的一大難題。

彪哥為行家做保險是一條龍服務，解決問題為主，追求利潤為次。公司傾向雙方達成協議解決賠償，儘量避免上法庭。其實，若果的士車廂內可以安裝監控系統，了解司機的駕駛行為，會是好的安排，可減少不必要的索償。他認為有監督，保證司機行為優良，保費也可減少。

馬漢明

日產的士全盛時期的推手

二〇一八年十一月二十八日，在九龍塘大吉利咪錶公司的總部走訪馬漢明。人稱「煙斗馬」的馬漢明瓜子面口，溫文爾雅，談吐從容，有說服力，說話令人聽着舒適，不愧是推銷高手。馬漢明以往經常煙斗不離手，珍藏有過百設計精美的煙斗，因而得名。不過，由於健康原因，現時已不再吞雲吐霧。他交遊廣闊，訪談進行時在座的，還有大吉利老總何先生和的士車行老行尊陳子祥。

打造日產的士全盛時期

馬漢明一九七〇年加入的士行業，之前從事過建築，又當過汽車維修技工。入行時，馬漢明考慮過其他大車行，最終入職合誠車行。馬漢明自嘲說，當時合誠車行沒那麼高級，對沒有賣車經驗的馬漢明，感到壓力少些。馬漢明記得入行時，東方車行和合誠車行都代理日產車輛的銷售，後來東方車行由於某些原因退出，合誠車行就跟日產車廠協商當了總代理，連同柴油的士都接過來，隨即決定要強攻的士市場。起動時，可謂全民皆兵，推銷員走到每個的士站和的士公司叩門找客，公司採取不斷加高佣金政策，即每銷售多一部車，就以倍計加高佣金，銷售一輛一百五十元，銷售五輛加五百元，即七百五十元加五百元，令推銷員積極賣車，政策很成功，成功把平治、五十鈴和標致原有的市場搶過來。從七十年初「合誠車行」攻打的士市場，七一年底平治就撤走。平治當時有限量供給市場，而的士市場並不獲利，遂決定放棄的士市場，集中精力主攻有利可圖的私家車市場，可謂順理成章。

當時的日產新的士有四個油泵，控制四個油缸，很省油。馬漢明的團隊派人去日本學習這部車的維修技巧，在香港培訓本地修理技工，為日產的士提供快捷維修服務，小修半天，大修一天。這服務，冠絕全行，把對手比下去。日產新的士的賣價比平治稍低，平治的士賣價超過一萬元，日產新的士九千多元，比其他的士品牌貴。雖然貴，的士車行和車主都排隊訂購，理由是這車耐用，很少出問題，而維修服務好，其他品牌根本就沒有服務，要維修最少要等兩至三天時間，的士行業受不了。日產的出現，其他品牌很快就投降，撤出市場。

當時日產也只設兩個維修點，即香港島一個，九龍半島一個，但當時的士只有約八千輛。由於日產的士在初期只佔市場小份額，可以放膽推銷快捷維修服務承諾；後來車多了，也不再提這承諾了。事實上，市面亦多了許多修車場，可以維修日產的士。從一九七五年到一九八九年，日產的士雄霸市場，做獨市生意，可謂風光一時，那時買日產的士要排很長隊。銷售部的總經理趙先生「好惡」，他住在山頂，買車就得到山頂排隊，但要做生意的司

機車主也無可奈何，到山頂叩門。幸好，當年日產供應也快，專船從日本運過來，每次二百至三百輛，從訂車到交貨，最多幾個月時間。當時亦由於大昌行作為合誠車行的母公司，財力雄厚，可以一次過支付二三百輛車進口。

一九七五年，馬漢明就任銷售部經理，每天早上公司有例會，檢討有關各類車款的優缺點，加深同事對銷售汽車的了解，加強銷售的技術支援，推高銷售額。馬漢明也接觸許多的士司機，他們很多都成為車主司機。馬漢明的印象是的士司機大都是自覺無奈、孤獨和被欺凌的一群。他們這一行上班就要冒虧本的風險，一要交按金，二要交租，其實「好唔順氣」，但又不能不做。他們感到孤獨，因為只有自己一個人，沒有同事可交談，又經常被欺凌。警察不在話下，車主和乘客的氣都得受，的士司機便養成一種對抗的態度。當車輛有問題時，司機找到修理部，會追得很緊，坐在修理部等他的車輛完成維修，令人難受。馬漢明的團隊都小心應對，避免衝撞。可幸早期的日產車問題不多，免除了許多麻煩。

不願革新，走向衰落

日產的士後來走下坡，原因是不願意因應顧客的要求作任何改動。例如司機座位，三個月就凹陷下去，司機不舒服，有些甚至胃痛，要自己買一個座墊，帶着開工。又例如司機座位空間不夠高，個子高的司機容易「頂頭」。其他車種如五十鈴、三菱、陽光、藍鳥、豐田Corona、大發仔等都趁機攻入市場，在八十年代，可謂百花齊放。但許多車種都不太耐用，兩、三年就出現許多毛病。而且有些只有四座位，司機都回頭租用毛病少的車及五座位車，即日產和豐田車；尤其是豐田車，最終一統天下。

一九八九年以後，豐田的銷售已經主導市場。司機喜歡豐田車的座位，用了四、五年，都一樣舒適。馬漢明把豐田車的座位寄給日產車廠，要求跟豐田的樣式去改，但日產就是不聽，不願改。日產的士從一九七四年起都未有大規模改動，只作過輕微調整，車款的設計已經與時代脫節。石油氣車時代，馬漢明敦促日產車廠與時並進，更改設計，但日產只改石油氣機，其他甚麼都不改，令人氣餒。

豐田的士有兩大成功要素，能在八九年以後攻佔香港的士市場。第一、他們和代理商英之傑組聯營公司，即皇冠車行，共同承擔責任推銷的士車輛。豐田派駐兩個代表在香港，有問題，馬上改進。第二、他們不斷接觸的士業界，願意改，例如車廂冷氣，日產和豐田都曾經採用同一品牌冷氣機，開始時大家都是在車出廠後加上去，後來，豐田就更改設計，乾脆把冷氣在出廠前就安裝好。日產依然不改，到了香港，把冷氣機掛上車，還用「掛機」。因此，司機和乘客都感到豐田的冷氣特別好。豐田在十年間，把日產百分之九十四點七的市場佔有率全部搶過去。還有一個因素是原職日產的士銷售部的一位梁先生在七九年轉職到皇冠車行，任公共車輛部經理。此人深知日產的士的弱點，亦在的士業界有廣闊的人脈關係，認識他的人都稱他「叻仔」。

老行尊陳子祥（祥哥）作為馬漢明的顧客，也只能跟大隊，由日產車轉到豐田車，別無選擇。不過，馬漢明認為當時也有經銷商希望引入其他車款。但香港市場太小，只有約一萬八千輛，平均每年更換車輛約一千八百台，對車廠沒有吸引力，不值得投資，許多經銷商都無功而還。

奮力一搏，並無遺憾

馬漢明在二〇〇〇年業界大規模更換石油氣的士時也想力挽狂瀾，做了大量工作，可惜日產車廠並無支援，以致獨力難支。馬漢明向政府提供十五輛日產的士做測試，數量和豐田一樣。日產根據政府指示，新舊石油氣的士都有，分配給車行和司機測試。豐田則不願聽政府指示，全部運新車來測試。馬漢明回想當時是「笨」了，全部車輛都免費提供，車輛運到香港，要安裝的士咪錶和噴油，亦免費提供維修，為此，公司虧了一筆錢。為搶佔市場，馬漢明組織了維修技工培訓講座，提供聚餐，吸引他們參與，讓石油氣工程師講解維修日產石油氣的士的技巧，每次講座邀請二十至三十人，差不多舉辦了一百場這些講座。還請司機吃自助餐，讓他們熟習日產的士，當時日產還能保持市佔率百分之四十一。

馬漢明深明售後服務是銷售車輛重要的一環，

他也精心部署。馬漢明為日產石油氣的士設立了五個專門維修中心，完全符合香港法例要求，增強售後服務，吸引買家和用家。日產車輛的零件和豐田一樣，很便宜。原因是日本的士車輛四、五年就要淘汰，許多零件都可從退役車輛拆下來運到香港，作為備用零件。但日產的設計沒有改，有些零件沒有拆細，尾燈、倒後燈和尾板不分開，損壞一部分就全都要換，要幾千元。但豐田的設計就分拆了，換尾燈只花數十元。換這些細小部件是由司機負擔，因此，司機一定首選租用豐田車輛。日產五十年不變，導致衰敗，馬漢明慨歎不已！

雖然如此，經過馬漢明的多番努力，當的士在二〇〇〇年轉為石油氣車時，日產的士的銷售是回升了。回升了，公司卻心雄了！合誠車行管理層決定加價一萬五千元，即百分之十，企圖增加盈利，這對銷售是致命一擊。當時豐田車比日產車貴，但加價對扭轉敗局，絕無幫助。日產加價後，豐田也隨即加價一萬元，不過，豐田把這一萬元，回佣給經銷商，加上原本的五千元，豐田每部車回佣一萬五千元，而部分回佣給了香港的士小巴商會和的士車行車主協會。當時日產只回佣五千元，豐田這一銷售策略，把日產的市場全部搶奪過去。二〇〇三年，馬漢明把日產餘下的二十多部的士車輛以每部七萬元賣掉，基本結束了日產的士的生意，自己亦退休了。

馬漢明見證了日產的士車輛的成敗興衰，而自己也努力過，曾經輝煌，對自己，對公司，只有自豪，並無遺憾。

李啓祥

豐田的士的推手

二〇一九年二月二十六日，在尖沙咀帝樂文娜公館一樓餐廳走訪皇冠車行的李啓祥。李啓祥是皇冠車行的士部門的領頭人，皇冠的士自八十年代打入香港市場以來，市場佔有率節節領先，在二〇〇〇年轉石油氣的士的一役，更把整個市場拿下，現時超過九成九在路面行走的的士都是皇冠車行的豐田石油氣車。李啓祥是創造豐田的士王國的主要推手之一。

豐田的士勝在質素

李啓祥交遊廣闊，這餐廳的老闆是他的老朋友，安排了一個靠窗較靜的位置，可以坐下來詳談。豐田車能雄霸市場三十年，李啓祥認為主要是車的質素好，耐用；二〇〇〇年出廠的車還在走，粗略估計，目前市面上超過五千部豐田的士車齡在十三年以上，這是它過人之處。柴油車年代，汽車引擎每四至五年就要大修，大修兩次以後就不再花錢維修。石油氣車的部件多而且便宜，連引擎都可以換，最貴是波箱維修，因此車齡可以很長。豐田車部件便宜的原因是，日本本土有約二十八萬部石油氣的士，政府規定每約五至六年要驗石油氣缸，車主不想花錢，就讓車退役，把拆下來的零件都賣到香港，所以香港的士的部件很便宜。

回顧二〇〇〇年柴油轉換為石油氣車

李啓祥憶述二〇〇〇年由柴油換石油氣的士的情景。那時政府驗車中心還在土瓜灣（市區的士）和梨木樹（新界的士），出新車要通過政府驗車驗咪錶。他早上就到驗車中心，確保每天能有最大數量的車通過檢測，交車給焦急等候的客戶。但政府每天最多只能檢測四十部車左右。李啓祥說：「驗車場早上八時已有長長的車龍排出街，那些日子真的墟冚。」當時每公升石油氣只是港幣一點八九元，比柴油便宜很多，再加上政府補貼四萬元換車，車主認為換車遲了都蝕底，那時一年出了九千多部車！可算是戰績輝煌。

柴油轉石油氣車當然是翻天覆地的變化，而由手動波箱轉為自動波箱也是劃時代的轉變。二〇〇〇年出的第一批石油氣的士大部分是手動波箱，但有客戶強烈要求要自動波箱，而本地也有維修工場能把手動波箱改為自動波箱。後來，豐田車廠全線出產自動波的士。轉了自動波，司機就不想返回頭，手動波箱的士從此成為歷史。

豐田的士車輛能普及，其中重要的因素是維修容易，培訓充足的維修人員是必不可少的。豐田在全港設有維修部門，但的士車輛除了在首五千和一萬公里回豐田檢測外，都是在車主車行自行安排的

維修車場做保養。李啓祥透露皇冠車行為推廣的士維修，為所有石油氣的士維修從業員提供免費的培圳課程，找了生產力促進局協助，在方便維修從業員的時段，開了四個培訓班。每班都有過百人。皇冠車行還會定期開辦這些培訓班，亦會向他們派發指引，確保從業員的維修水平。

當年豐田石油氣車售價不到港幣二十萬元，銀行借貸是車牌連着車輛的，若借貸期未完結前更換車輛，需要向銀行重新安排借貸，會跟原本銀行按揭年期（一般二十五年）翻按。一般而言，車價只是牌價的百分之六，買車的貸款安排比較容易，而且有銀行採用同業拆息的低息貸款，即大約百分之一，讓買賣的士牌連車輛的交易充滿生機。

換車規律

這些年來，業界平均每年換上千部的士車輛。李啓祥在二三十年前初入行，那時許多單頭車主司機，他們換車的意慾較高。可能因為是自己開的，較緊張。但現時差不多九成車主都是投資者，連車都未見過，只要收到租就行，不會緊張車的狀態。不過，在現時不夠司機的情況下，司機會選擇比較新和設備好的車，舊車相對難於出租，這會令車主有壓力換車。牌價升和經濟好，都可能會驅使車主換車。買新牌，銀行都會要求新牌主最好買新車。經濟環境不理想，車主換車的意慾會下降，車能出租就繼續。現役車隊平均車齡十年以上，政府規定每五年驗石油氣缸，每次驗缸要花七千至八千元，如果車的狀態已不理想，車主會在這時候考慮換車，因此，許多時候，車主都考慮在車齡十四年或十九年換車。

香港市場有一個特點和外國不一樣，香港的士大公司數量少，主要是零散的車主投資人士。只要能收租，這些車主不會太理會車的狀況。大公司會管控車輛的更替，但個體戶的車主就沒有規劃，因此，車輛更新和銷售難於控制，亦很難預測。過往租車司機只要求租車價錢便宜，但現時司機不足，司機會要求舒適和安全的車輛，車主不得不考慮車的狀況，換新車的動力大了。另一方面，司機年紀大了也有影響，年長司機會堅持自己的駕駛習慣，

不易轉車，他們寧願開舊車。

的士的銷量當然有起有落，要視乎競爭、經濟環境等因素。新車進場，就要視乎客人對新車質素的信心。現時豐田的金豐的士十分耐用，零部件便宜，普通街邊車房都懂得維修。新車能否有這麼多優點？顧客都會觀望。要建立市場對新款車的信心，需要時間。現在豐田的新款石油氣和電動的混能車證實舒適省燃料，正是經歷這個建立信心的階段。業界對新款豐田混能的士的反應比想像中好，口碑不錯，李啓祥說今年銷售的目標會過千輛。

日本車廠重視香港市場

事實上，豐田車廠十分重視香港市場，會定期派工程師來香港了解情況。香港是日本以外使用豐田的士車輛最多的地方，市場雖小，但日本車廠對豐田佔據香港的士市場百分之九十九感到很自豪，他們每星期都和香港有視像會議，了解情況，對車輛的種種問題，研究改良方案。香港的士從出廠至退役，可行走超過二百萬公里，比普通私家車高十多倍，對車輛的質素要求很高，不認真設計是不行的。李啓祥記起有一次路上的減速帶蹚到車底，日本工程師專程來港，仔細量度凸出部分，把車輛負重最大的情況，再演一次，又在車底塗上一些泥質的物料，研究車底碰撞的狀態，得出改良的方法，最後修改車輛設計，把車底升高五厘米。由此可見，日本豐田車廠對香港市場的認真程度。

新的士車輛從五座逐漸改為四座是因應市場的變化。事實上，只有少於百分之三的乘客是一車五個人，而且前座中間的乘客會干擾司機，同時，也不能安裝三點式較安全的安全帶。因此，新款的士車輛都只有四座位，由於前座只有一座位，亦可把波箱放在車的地台位置，方便了司機。兩年以後，生產的的士全部轉為四座位。

二〇一八年，在香港推出的豐田混能的士按原來設計應是汽油和電動的，經過香港向日本車廠反映和日本人親自來香港考察香港市場的情況，車廠把車輛改成石油氣和電動混能，這是全球獨特的混能車。這款混能車大大減低燃油成本，比現時的石油氣車還要省錢，大受司機歡迎。李啓祥對車廠能

夠從善如流，感到高興。政府近年希望的士可載輪椅，豐田廠都十分重視。新的混能車亦經過多番改進，令上落輪椅車更方便快捷。

前景

李啓祥認為的士行業近幾年受到的衝擊很大，尤其是網約車的出現，而乘客的要求又提升了，的確令的士業有改革的壓力。但李啓祥並不悲觀，他認為市場還是會回復平穩的。

事實上，車主或車行買車，要向銀行安排按揭貸款。銀行借款八成，是最大的持份者。銀行有自己的風險評估，如果銀行願意貸款給的士行業，李啓祥認為的士行業應是穩健的。

至於政府最近限制商用車車齡，李啓祥預測的士車輛可能亦會受同樣限制，這對於改善服務形象有好處。至於車齡上限，要視乎使用車的強度了。而將來是否採用電動車，要視乎政府能否提供足夠的充電設施。香港的兩更租車制有相當大的掣肘，充電的時間不能過長。事實上，在今天租務市場主導的情況下，燃料費用低的車款一定是最受司機歡迎的。香港在的士車款上的選擇局限性大，有環保要求，不能採用柴油車，汽油又太貴，只有石油氣、混能或者電動可以符合各種規模和要求。從現時的充電基建情況看，混能仍是最佳的選擇，但皇冠車行會密切監察市場的變化而作出應對。

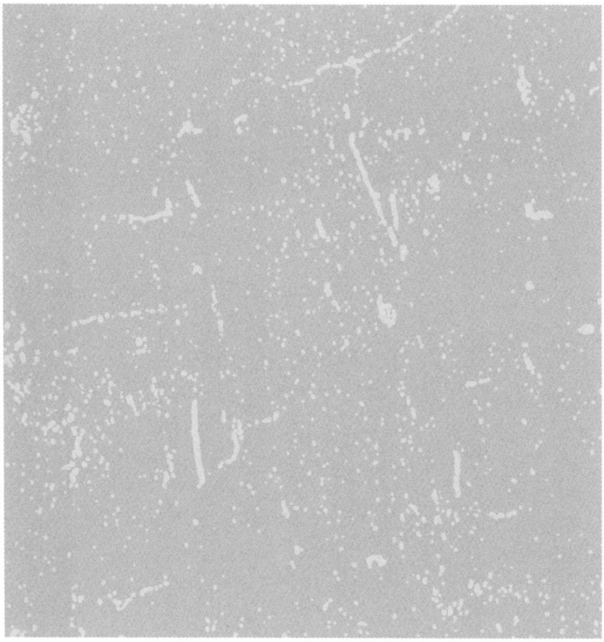

何柏泉／大吉利的士咪錶老總

二〇一八年十一月二十八日走訪的士咪錶的主要供應商大吉利有限公司的總經理何柏泉。大吉利位於九龍塘的一幢房子，公司與住宅同一地點，可見何總對工作的投入。事實上，全港一萬八千多輛的士，不論車款，咪錶大都經他安裝。大吉利的市場佔有率最大，行內所有車主，無論大小，都是他的客戶，在行內無人不識。何柏泉談笑風生，從不挑戰他人，對答無比客氣，盡顯過門是客的精神，令人有賓至如歸的舒適感。

成功之道，以客為主

大吉利經營的士咪錶三十三年，何柏泉入行時就從機械咪錶進入電子咪錶年代。大吉利咪錶能雄霸市場的要訣是以客為主，user friendly，每天服務客人的時間最長，公司全年只有農曆年初一至三休息。早期電子咪錶容易被改動，不良司機用鐵線，都可以增加跳錶速度，令咪錶「行快些」，多收乘客車費，這已是二十多年前的事了。之後，應運輸署要求加以改良，又加了防作弊功能，即「加密」，防止干擾和改動咪錶。

大吉利是起源自何總的另一間公司（Motorola對講機香港總代理），專門經營手提及的士車內電召台用的對講機。當時是八十年代中期，公司有六十多名員工，公司決定不如自己生產電子咪錶，就是這樣開始了的士咪錶生意。大吉利咪錶能佔據大部分市場，主要是它準確、可靠耐用。維修保養平台方便快捷及妥善，深得司機、車主及車行捧場。

咪錶數據提供加價依據

咪錶除了計價收費外，還會儲藏收費（落旗）和不收費（不落旗）的行車里程和時間記錄。只有有運輸署的授權，才可以「開鎖」，抽取這些記錄資料。事實上，運輸署會定期找承辦商，把咪錶內的數據卡取去分析，計算每部的士車輛有落旗和沒有落旗所行走的路程，從而推算司機的平均收入。這些數據會是署方考慮容許的士加價的依據。

保證準確就是生意

法例要求的士按錶收費，運輸署對咪錶準確度的要求十分嚴格。為了保證的士車輛安全和咪錶準確，運輸署要求全部一萬八千一百六十三部的士車輛每半年作一次簡單檢驗（小驗），每年作一次詳細檢驗（大驗）。小驗和大驗都包括檢驗的士咪錶。大吉利的生意幾乎全年無休，每月有近百部的士到他公司進行小驗（驗錶）。當然，當的士車輛換新車時，大吉利亦會為這些新車安裝最新款的咪錶。

咪錶總有壞的一天，最老的大咭利咪錶已有十九年，有些可能老化，要更換。

安排的士安裝、定期檢驗以至更換咪錶是車主車行的責任。不過，駕駛車輛到何柏泉公司的都是司機，無論是租車司機或者是車主司機。對何柏泉來說，司機就是他的客人，他一定要為司機提供方便和快捷的服務。雖然安裝或維修咪錶由車主車行付錢，但司機損失經營時間，往往會有爭端，何柏泉希望能盡力減少爭端。為提升服務，大吉利從母公司樓上舖搬到地下舖，從高山道地下舖搬到九龍塘現址，現時又多增加了一個停車場的服務點。何柏泉的服務宗旨是：「司機萬歲」，要讓司機滿意，才可向車主及車行有所交代。

每次的士調整收費都是挑戰

每次運輸署容許的士調整收費，都是大吉利最忙碌的時候，要聘用額外人手，應付咪錶的調整。但改錶的程序是開封條、開錶、調校程式、裝回及由運輸署官員重新上封條，這種確保咪錶不被干擾的方法叫鎖錶制。大吉利團隊要在運輸署指定時間提供加價調錶服務，運輸署要求加班就加班。為一萬八千多輛的士改錶，要花半年時間，主要原因是車輛要按小驗大驗的排隊次序，進行改錶。在這段時間，未改錶的車輛要掛一個對價表（業內叫口水肩），讓乘客根據舊錶收費換轉新收費。何柏泉認為香港作為一個國際城市，要的士掛着「口水肩」半年，「好丟架」！大吉利曾在幾年前的兩三次的士加價調錶時，配合運輸署提出開夜班鎖錶，兩個月左右就完工。

有人以為改錶十分簡單，但有時並不簡單，尤其是的士收費的改動涉及更改起錶收費、等候時間及行車距離收費的情況。咪錶運作靠一部簡單電腦，把行車距離和時間數據，運算成收費，顯示在錶面。這簡單電腦必須根據距離和時間的組合，運算收費，啟動「跳錶」，例如每二百米「跳錶」和每六十秒「跳錶」。當車輛行走了一百米，停在交通燈前三十秒，那就會「跳錶」。若果的士加價只涉及「起錶」收費，那改錶就比較簡單，若果連「跳錶」的距離和時間都改，那就比較複雜，因為行車距離和停車時

間的換算要轉，有可能要連咪錶裏的硬件也要更換，才可以達到運輸署的要求，所需的時間也較長。

何柏泉經營咪錶幾十年，他認為雖然有些城市用智能手機程式計價，取代的士咪錶，但按現時運輸署對咪錶的要求，在可見的未來，都難以用其他工具取代香港的士咪錶。新一代的咪錶和電腦一樣，改收費只需改電腦程式。咪錶還要有一個足夠大的顯示屏，讓司機和乘客看清楚收費。在技術上，咪錶接駁到車輛內置的顯示屏，如果顯示屏壞了，那就責任不清，容易產生混亂。而咪錶要很可靠，雖然現在的全球定位系統可以計算里程和停車的時間，但它有盲點（隧道及摩天大樓群），影響計算收費的準確性。「我希望科技可以取代咪錶，我可以退休了！」何柏泉哈哈大笑。

趣事

何柏泉的第一個客戶是當時在合誠車行銷售日產的士的馬漢明。馬漢明清楚記得，在大吉利咪錶面世前，是用捷得機械咪錶。訂咪錶需向承包商落單，三天後送貨，由合誠車行自行安裝。當時只有幾條線，接了電，咪錶就會運作，但司機要自行「上鍊」，咪錶才可以按時間計價收費，很簡單。

後來換了電子錶，亦可以由車主車行自行安裝，而且每個錶都沒有車牌標記，即是某一咪錶可安裝上任何一部的士。車行為了加快賣車和使新車落地，會儘速為新車安裝咪錶，而不會按正常程序待車輛取得車輛登記證和行車證才安裝已配了車牌的咪錶。車行首先取得報廢舊車的「劏車紙」，便會向運輸署申請排期為新車安裝新咪錶。幾家大車行的老闆收集了「劏車紙」，每每一次過要求為幾十部車安裝咪錶。等新車文件齊備，即可交車給運輸署驗錶房，讓他們驗錶，流程快很多。運輸署官員要由每部車拆下咪錶入驗錶房過脈衝機，然後裝回車上，再經他們的跑步機，確實二百米跳錶。驗妥錶，套上車牌，車才可以開走。這種如同打仗的情景，何柏泉仍然歷歷在目。

何柏泉對大吉利咪錶的品質及公司團隊信心滿滿，他笑說經常有新車主或打理人開車到來要求換錶。因那些車主知道司機鍾愛大吉利咪錶，如用其

他牌子，較難租出車輛給司機。曾有父親（車隊管理人）要求兒子打理多一部新買的二手的士，兒子帶同父親開車到大吉利把車匙放在車頭蓋，要求父親首先答應把車上咪錶換成大吉利咪錶，才答應父親的要求。何柏泉說這些就是他繼續開心經營的最大原動力。

附錄

附錄一 香港的士業大事紀

1923 年 4 月 8 日	香港九龍的士有限公司成立。
1923 年 9 月 17 日	香港九龍的士有限公司首天派出的士服務，是香港歷史上首天正式有的士投入服務的日子。
1926 年 1 月	維多利亞的士公司成立，7 月 1 日起有的士投入服務。
1927 年	香港九龍的士有限公司結業。
1928 年 6 月 6 日	新的士公司投入服務。
1928 年 9 月 8 日	香港上海的士有限公司投入服務，車房在跑馬地。
1928 年 11 月 10 日	金邊的士有限公司投入服務，的士停靠尖沙咀碼頭。
1930 年 6 月 1 日	明星的士公司在港島半山投入服務。
1932 年 4 月	黃的士公司投入服務。
1934 年	中央的士公司收購維多利亞的士公司，為建立的士王國走出第一步。
1941 年 6 月	有的士司機工會向勞工司提出改善薪酬及待遇，勞資雙方談判了兩個多月，仍未見進展。最終交仲裁委員會處理，裁決後復工，但後來的士公司解僱工會領袖，工會又發起罷工。工潮最終因政府在 11 月 10 日限令司機復工而告終。
1941 年 12 月至 1945 年 8 月	日軍侵佔香港，的士大多被政府徵用作運輸工具，戰後大部分的士被毀。
1946 年 5 月	黃的士復業。
1946 年 7 月 9 日	金邊的士復業。
1946 年 9 月 1 日	明星的士和中央的士復業。陸續引入柴油的士，降低成本。
1948 年 12 月 23 日	九龍新的士復業。

1947年	大來的士、大行的士、風行的士相繼成立。
1947年6月	港九的士公司的司機（香港方面：中央、明星、上海、大行；九龍方面：九龍、金邊、新的士、大來）向資方提出改善待遇之需求，經雙方大約兩個月的會談後，就薪酬、病假、保險等項目訂了一年合約。
1948年7月	摩托車業職工總會代表的士司機向資方要求訂立新約，經歷數次談判不果，司機遂於9月下旬發動罷工或怠工。雙方態度強硬，資方見情況膠着，遂聘請新司機繼續營業。工潮擾攘多時，勞資雙方在勞工處處長的調停下於1949年1月22日達成協議，結束歷時半年、史上最長的罷工，但部分司機因資方已聘請新司機關係，無法復業。
1955年7月	不法之徒械劫的士司機時有所聞，警方遂制定一套緊急召警辦法，讓司機遇劫時能盡快讓警方知曉，辦法如下： 1）日間：開車頭燈； 2）夜間：讓車頭燈不停開關。
1958年11月	九龍區的士載客限額放寬，由三人增至四人。有見及此，金邊的士購入一批新型大車，應付需求。
1959年10月	金邊的士在旗下的士引入無線電機，創業界先河。
1960年5月	港九的士司機向資方提出加薪要求，雙方經數度談判後，接受每日加薪七毫五分的決定。
1960年8月	為方便的士乘客，九龍天星碼頭的士站轉到設有上蓋的行人路位置。
1960年10月	10月27日，第一批共六輛柯士甸152型九座位「格仔車」新界的士開始行走，當時由警務處發牌。
1961年9月13日	全部約190部新界的士停駛，抗議警方嚴厲執法，打擊的士以「釣泥鯭」方式營運。最終警方同意乘客可在登車前集資乘車。
1962年2月	上海、中央、飛行的士新裝塑膠透明車頂燈式標誌，顯示的士是否載有乘客，至今仍沿用。
1962年4月	警方批准發出五人的士牌照，陸續有五人的士在港九出現。
1963年1月	1月5日，700部的士罷駛，原因是抗議警方頻頻檢控。新界的士商會從中斡旋，1月8日開始局部復工，但當日即有兩名司機被檢控，司機再度罷駛。經公共交通顧問委員會（即現時的交通諮詢委員會）安排警方與商會再度會面，雙方達成協議，警方答允檢控由扣留改用為票控，罷駛遂平息。
1963年6月	新界出現首名女的士司機，駕駛九人的士。
1963年9月9日	香港第一部冷氣的士正式營業。
1964年2月	因政府將山頂纜車總站之的士停車場收回，專營山頂區的明星的士停辦。

1964 年 11 月 4 日	政府接納公共交通顧問委員會建議，向立法局提交並通過一九六四年道路交通（修訂）第二號條例草案，規定的士發牌模式改為公開投標制度。從此的士牌照不再由幾間大的士公司所壟斷。
1965 年 7、8 月	新的士、大來的士、九龍的士、金邊的士司機均向資方要求加薪，最後勞資雙方達成協議。
1965 年 9 月	世界的士公司司機於 9 月 15 日向資方提出加薪要求，雙方談判期間，司機曾以不「跑數」行動以示抗議。至 10 月 9 日，勞資雙方達成協議。
1967 年 4 月	香港島出現首名女的士司機。她的公司擁有四輛的士，在港島區營業。
1967 年 4 月	香港中央、上海的士公司的左派工人指責資方無理解僱司機及剝削員工福利，工友遂向資方提出抗議，勞資雙方經過多番談判後，未能達成共識，勞方堅持怠工行動抗爭。最後香港中央、上海的士公司決定結束營業，將旗下約 150 部的士賣出。九龍中央的士公司之後亦結束營業以止蝕及將旗下約 77 部的士賣給司機，工潮以公司結業告終。
1970 年 5 月 6 日	港九的士電召中心正式成立，為乘客提供電召的士服務。
1972 年 4 月	政府規定每部的士需懸掛的士司機名字及相片。
1973 年 10 月	警方因應市民投訴的士司機改裝的士咪錶，多收車資，於 10 月 22 日在九龍進行大規模執法行動，行動當日共截查 81 部的士，部分的士咪錶被即場拆下接合線送檢，無法營業，小部分更連人連車被帶返警署檢驗。警方此舉令的士司機非常不滿，當天下午有約百分之六十九龍的士停駛。 的士同業聯會即日向兩局議員辦事處投訴又和警方商討，警方答允容許拆了咪錶接合線的車輛繼續營業。司機得知消息後，晚上恢復行駛。
1974 年 3 月	隨着紅磡海底隧道通車，3 月 10 日零時一分開始，港九的士收費統一。香港島的士和九龍的士統一為市區的士，可在港九新界範圍行駛。
1974 年 9 月	政府規定市區的士 1975 年 9 月前，車身上半部塗上銀色、下半部必須塗上紅色。
1976 年 6 月	重新發出新界的士牌照，明確規定新界的士營運範圍和車輛規格，是次發牌由運輸署執行。
1977 年 9 月	運輸署宣佈，11 月 1 日起，出租汽車（稱紅牌車）可以補償 75,000 元，轉為市區的士。
1978 年 8 月	8 月 16 日傍晚，70 多輛的士在港島空車巡遊，抗議交通當局和警方對的士司機拒載問題採取嚴厲執法。翌日，又有數十名司機駕駛空車到港島灣仔碼頭集合罷駛。不過，是次罷駛相信是由原本駕駛紅牌車而轉為的士司機的人士發起，因他們未能適應按錶收費。是次罷駛得不到主流工會及市民支持而告終，警方對涉事司機提出檢控。

1979 年 1 月	大行的士公司於 1 月 19 日向旗下的士司機發出通告，改變分帳比率，司機不滿並以罷駛作抗議。1 月 26 日，勞資雙方談判，大行的士維持原有分帳比率，工潮逐結束。
1981 年 1 月	9 月 18 日，佳寧集團主席陳松青先生從盈力（Gainforce Ltd.）的的士公司購入七成股份，控制該公司旗下的 300 部的士，作價九千萬港元，震撼業界。佳寧相當注重的士司機儀容禮貌，車廂整潔，安全駕駛等。
1982 年 3 月	3 月 31 日，風行汽車有限公司向旗下的士司機終止僱傭合約，經營方式轉為租車制，多名司機不滿。兩天後，勞資雙方就遣散條件達成協議。
1983 年 3 月	大嶼山的士投入服務，車頂為白色，車身為淺藍色。
1983 年 4 月	佳寧受財務困擾，結束的士業務，出售全部 454 部市區的士。
1983 年 4 月	為爭取豁免燃油稅（或收燃油附加費）和地鐵通車後仍未取消禁區的問題，4 月 26 日四大的士商會發起兩小時罷駛行動，時間由上午 10 時至 12 時止，四個商會於 4 月 26 日早上向港督請願及在 4 月 28 日向行政立法兩局議員辦事處與議員會面，反映業界苦況。政府決定暫緩增發的士牌，緩解業界苦況 。
1983 年 9 月	為配合十進制政策，的士咪錶改以公里計算。
1984 年 1 月	1 月 11 日凌晨，政府宣佈大幅提高的士首次登記稅及牌費，車主及司機均感到震驚，因為這些稅項令營運成本大增。港九四個的士商會立刻召開會議商討對策。當天晚上，已有數百輛新界的士慢駛「巡遊」抗議。1 月 12 日，更多的士加入罷駛行列，以示抗議，但政府不為所動。而 16 個的士商會代表到行政立法非官守議員辦事處，與三位非官守議員商討，爭取撤回是項政策。1 月 13 日，政府及的士商會代表均努力做游説工作，希望可解決危機。是日晚上 11 點半，兩局非官守議員宣佈保證在 1 月 18 日立法局會議上，對政府加稅建議投反對票。商會亦立即結束罷駛行動。 正當的士商會代表晚上跟兩局非官守議員開會期間，一批市民在油尖旺一帶騷亂，有人焚燒垃圾桶，以石頭破壞商店櫥窗及搶掠，警方防暴隊出動驅散生事人群。當晚凌晨兩點半，情況才受控。此次不法分子利用的士罷駛事件，發起騷亂之事件中，共有 32 人受傷，包括 3 名警務人員及 29 名市民，最後共有 172 名市民被捕，損失財物達 370 萬元。 1 月 18 日，立法局會議討論 1984 年汽車（首次登記稅）（修訂）法案及 1984 年道路交通（車輛登記及領牌）規例（修訂）法案，在全體立法局非官守議員投反對票下，上述兩項法案不獲通過。
1987 年 1 月	復康的士投入服務。
1989 年 2 月	交通諮詢委員會批准新界的士行走馬鞍山。
1990 年 5 月	一批的士司機，因不滿政府建議調整的士收費幅度太低，凌晨由九龍列隊慢駛往港島再折返。

1990 年 9 月	三名的士司機在尖沙咀中間道被警員抄牌，原因是停泊太久。的士司機不滿警員只針對他們，遂引發百輛的士在尖沙咀慢駛抗議，警方與的士代表商討後，警方願意暫緩處理，慢駛結束，事件擾攘近六小時。
1990 年 10 月	10 月 15 日起，運輸署批准的士頂裝廣告牌。
1991 年 4 月	4 月 15 日，兩百市區的士慢駛，抗議運輸署有意批准新界的士行走城門隧道。
1991 年 6 月	政府取消的士燃油附加費，的士司機大表不滿，逾一萬輛的士在 6 月 14 日下午停駛以示抗議。
1993 年 12 月	運輸署、警務處及香港社會服務聯會推出「殘疾乘客在限制區上落車證明書」，以方便殘疾乘客往來各處及鼓勵的士司機接載殘疾乘客。警方會行使酌情權，准許的士司機在不嚴重阻礙或危及其他道路使用者的情況下，於限制區（快速公路及全日 24 小時限制區除外）上落殘疾乘客。
1995 年	設立過海的士站，乘客在這些車站乘的士過海，只需付單程隧道費。
1996 年 9 月	政府成立一個跨部門的工作小組，研究以氣體車輛代替柴油車輛的可行性。
1997 年 11 月 29 日	政府展開為期一年的「石油氣的士試驗計劃」，搜集有關石油氣的士的成本和維修保養資料，同時取得在本地經營石油氣的士的經驗，以消除業內人士疑慮。汽車公司共提供 30 部石油氣市區的士參與計劃，當中包括 20 部新的士和 10 部舊的士，另有 5 部柴油的士作為參照對象。
1998 年 6 月	由 6 月 20 日開始，全港的士必須安裝打印機，以供乘客拿取收費收據。
1998 年 11 月	「石油氣的士試驗計劃」結束，計劃結果證實石油氣的士低污染又實際可行，可代替柴油的士。政府同時展開就引入石油氣的士的建議諮詢公眾，諮詢期為期四個月，最終收到 72 份意見書，當中大部分原則上贊成引進石油氣的士。就着試驗計劃結果與公眾意見，政府有意從 2000 年年末起規定新登記的士均使用石油氣。
1999 年 5 月	運輸署成立「優質的士服務督導委員會」，舉辦各計劃以促進優質的士服務，如的士司機嘉許計劃、優質的士服務研討會等。
1999 年 11 月	行政長官在 1999 年《施政報告》宣佈政府將提供資助，協助柴油的士轉換為石油氣的士，資助金額為每部的士四萬元，是項資助在 2000 年 8 月開始推出。
2000 年 8 月 4 日	為照顧視障人士，皇冠汽車有限公司與合誠汽車有限公司陸續於現時已經行駛及新的石油氣的士車廂內左面後門安裝點字摸讀車輛登記號碼牌。皇冠汽車有限公司在 8 月 4 日舉行的士點字摸讀車牌啟用儀式，同場更示範正在試驗中的發聲咪錶，咪錶能以粵語、普通話及英語讀出的士車輛登記號碼和收費資料等，方便視障人士了解相關資訊。

2001 年 1 月 1 日	政府引入的士後座安全帶的新規定：如乘客所乘坐的的士後座座位設有安全帶，必須佩戴。日後登記的的士，亦必須配備後座安全帶。
2001 年 5 月 23 日	運輸署展開香港的士服務標準計劃，為的士司機制定一套服務標準，包括保持個人儀容整潔、保持的士車廂環境清潔舒適、按照計程錶向乘客收取費用等，以提升的士服務。計劃開展當日運輸署亦在愛丁堡廣場的士站啟動全新設計的電子屏幕顯示系統，向的士乘客提供有用資訊，包括熱門目的地的約數車資和乘客的行為守則等。
2002 年 4 月 4 日	運輸署宣佈新的士刊登廣告安排，准許的士在車頂安裝電子顯示屏、整段的士車身兩側及部分車尾擋風玻璃上刊登廣告。
2002 年 10 月	運輸署推行「的士司機證更換計劃」，為所有的士司機更換新的的士司機證。新的的士司機證面積較舊的士司機證（於 1994 年推出）面積大一倍，同時印上了運輸署徽號和簽發日期，如曾獲頒優質的士服務獎的的士司機，其新證將印有代表優質的士服務的「Q」嘜標記，藉新證各項新特色提升優質的士服務。
2002 年 11 月	一名的士司機涉嫌在機場毆打白牌車司機被捕，引起的士司機不滿。500 輛的士在機場罷駛約兩小時，抗議執法不公及打擊白牌車不力。的士代表與機管局及警方開會後，罷駛才結束。
2003 年 4 月	的士業因非典型肺炎爆發而受到嚴重打擊，政府推出措施為業界提供即時援助，包括放寬的士一般停車限制、免收的士牌費一年等。
2005 年 12 月 1 日	運輸署、皇冠汽車有限公司與香港的士及小巴商會推出「愛心的士」（CareCab）試驗計劃。「愛心的士」在車門上貼有一個粉紅色的「愛心的士」標誌，車身外觀與一般的士無異，但左後座自動門加闊了 2 吋而且可開啟至 90 度、左後座座位加設了活動式手枕和腳踏等，以不同設備方便傷殘人士和長者乘搭。首批「愛心的士」共有 10 部（5 部市區的士與 5 部新界的士）投入服務。
2006 年 3 月 1 日	的士業界反對部分客貨車非法載客取酬運作而在花園道進行慢駛行動阻塞交通，約 100 多部的士參與慢駛，要求政府加強執法。
2007 年	豐田金豐的士作出改款，車頂的的士招牌改為新圓拱型設計，並換上白光燈照明。
2008 年	的士業界引入 I-TAXI 創新的士資訊系統，乘客乘坐的士期間可透過觀看系統所提供的頻道了解不同資訊。
2008 年 8 月	皇冠汽車有限公司為配合最新的廢氣排放標準，其出售的豐田的士乘客座位數目由五減至四，的士外觀不變，而車頭的綠色牌會顯示只載四名乘客。因豐田的士佔總的士數量 90% 以上，故本港的士將逐漸全部變成四座位。

2008年12月3日	政府於2008年11月30日實施市區的士「短加長減」收費機制，而新界的士就此的申請仍在處理中，令市區的士長途車費比新界的士更便宜，惹來新界的士業界不滿。機場管理局於機場派發宣傳單張比較市區和新界的士前往不同目的地收費，觸發新界的士圍堵機場事件。另外，同晚亦有市區的士阻塞跑馬地黃泥涌道反對實施「短加長減」收費。
2009年10月23日	運輸署推出新的士司機證，並規定於2010年3月1日起的士司機必須在的士車廂內展示新的士司機證。
2010年12月	首次有30部的士試行引入八達通以電子方式收取車費。
2011年3月	香港社會創投基金與的士及私營安老院業界組成「鑽的」（香港）有限公司，「鑽的」為無障礙的士，可讓輪椅使用者直接上落，方便殘障人士出行。
2011年7月	一個國際性酒店服務網站選出全球十大最佳的士服務，訪問了23個國家，近5000名旅客，就安全程度、服務態度等評分。香港的士排名第三，首次擠入十大。
2014年6月1日	的士業界透過環境保護署「綠色運輸試驗基金」引入兩部比亞迪電動的士，試驗兩年。
2014年6月	最後一部市區柴油的士退役。
2014年7月	7月21日，優步（Uber）宣佈在香港營運，由於絕大部分跟優步合作的車輛都沒有載客出租車證，即跟非法白牌車無異。的士團體向運房局要求政府嚴厲執法，打擊非法白牌車。
2015年	忠誠車行有限公司推出「星群的士」，為首批多用途的士，設有無線網路、USB 充電插座、輪椅與行李上落斜板、特大行李空間及輪椅使用者的獨立乘坐空間等。
2015年2月4日	汽車製造商福特汽車正式推出專為香港市場而設的全新全順（Transit）Connect的士，車款外型與一般七人車相似，並設容積逾1600公升的特大行李尾箱。
2015年7月6日	的士業界不滿其他汽車透過手機應用程式「Uber」提供載客取酬服務發起慢駛遊行，大約80部的士參與，要求政府加強執法。
2015年11月	政府就推出專營的士的建議首次諮詢立法會交通事務委員會。
2015年12月18日	自政府於1997年為10個大嶼山的士牌照進行招標以來，首次增發大嶼山的士牌照，是次共增發25個牌照，以應付大嶼山的未來發展和對的士服務的需求。
2016年5月17日	由17個的士業團體所組成的香港的士業議會成立。香港的士業議會計劃推出一個可供全港的士使用的召喚的士服務手機應用程式，當中設有以服務質素為基礎的賞罰制度，以鼓勵司機改善服務態度及提升整體的士服務水平。

2016年5月31日	兩部比亞迪電動的士試驗結束，結果不能滿足業界營運要求，未能被接納廣泛使用。
2016年6月21日	的士業界發起遊行，抗議政府以專營權模式推出優質的士，影響業界生計，要求政府擱置專營權諮詢。數十部的士慢駛至政府總部。
2016年7月	最後一部新界柴油的士退役，意味全港所有柴油的士退役。
2017年	佔總的士數量90%以上的豐田於年底前停產四座位石油氣的士，皇冠汽車有限公司遂引入採用石油氣為燃料，並輔以電力推動的豐田新款混能的士作取代。
2017年3月17日	的士業界不滿政府擬推出專營的士試驗計劃，約500部的士霸佔馬路的慢線並包圍政府總部和立法會抗議，要求撤回專營方案。
2018年3月15日	的士業界再次不滿其他汽車透過手機應用程式「Uber」提供載客取酬服務，24個的士業界團體組成的「反對白牌車大聯盟」，發起「全港的士大遊行」，約100部的士響應罷駛或慢駛，要求政府加強執法。
2018年10月6日	運輸署推出新的的士司機證，有效期會由一年改為十年。
2018年12月28日	政府落實永久放寬的士上落客限制措施。永久放寬的士在部分時段於車速限制為時速70公里或以下道路實施的所有指定限制區（的士限制區除外）上落乘客的限制，讓的士業界無須每年續領限制區許可證。
2019年2月	Uber宣佈推出「Uber Flash」平台，可為乘客配對UberX及的士。
2019年4月	政府建議推出專營的士，並在憲報刊登《專營的士服務條例草案》以建立新的規管制度，賦權行政長官會同行政會議批出和管理專營的士服務的專營權，以及施加專營權條款。《專營的士服務條例草案》於5月8日提交立法會進行首讀和二讀。
2020年2月17日	一批的士司機在西九龍政府合署請願，希望政府打擊白牌車，並補助的士業界，共度時艱。
2020年2月24日	運輸署修改的士筆試內容，包括適當更新及簡化考核內容、調整試題數目和及格標準，以吸引更多有意投身的士服務的新人入行。

附錄二／的士資料圖表

市區的士牌價（以萬為單位）

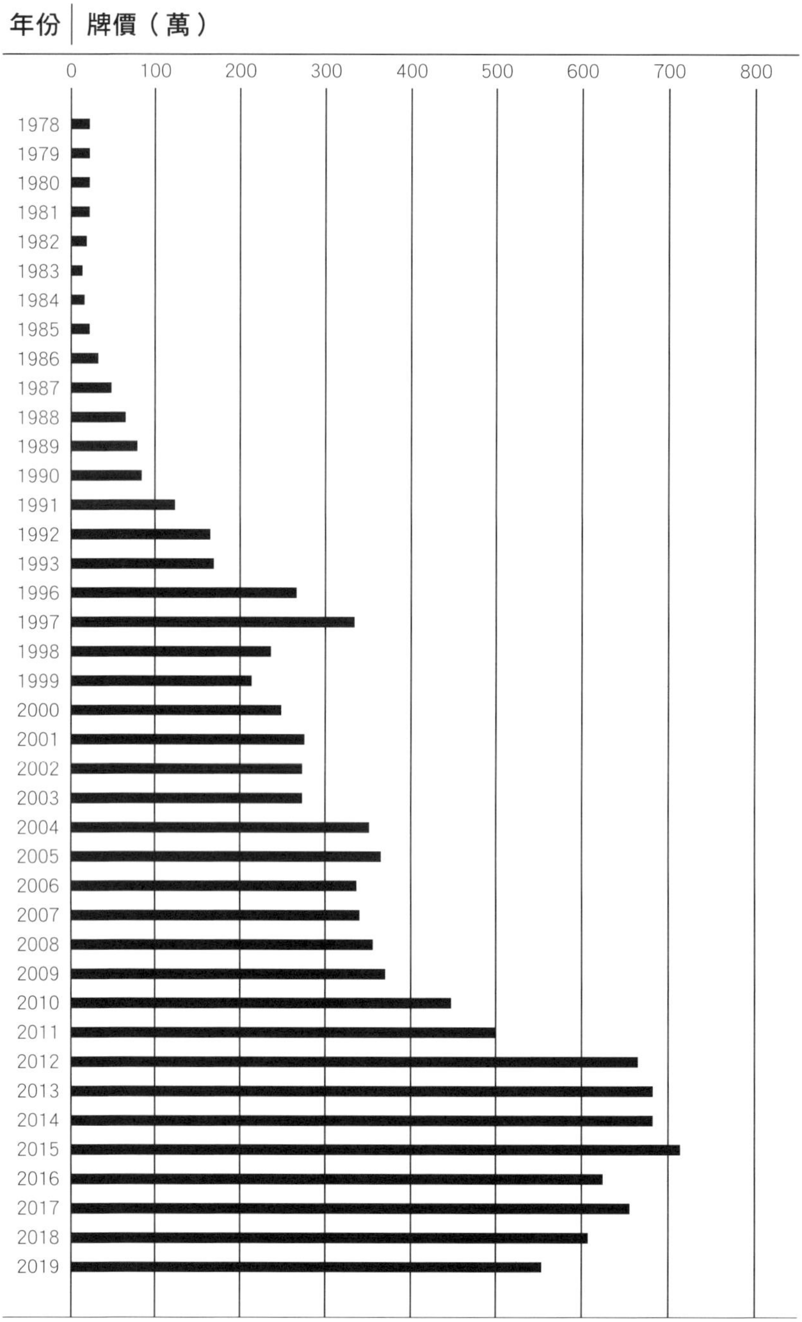

資料來源：
交通諮詢委員會，《的士政策檢討報告書》，（香港：香港政府印務局 1994）
香港的士交易所 http://www.hktex.com.hk/?gclid=EAIaIQobChMI18S56OCc6gIVBFRgCh0t-Qu9EAAYASAAEgJQE_D_BwE
金威汽車公司 http://www.gwtaxi.com/ 的士牌價走勢圖

1966 - 2018 年的士每日乘客人次（以千為單位）

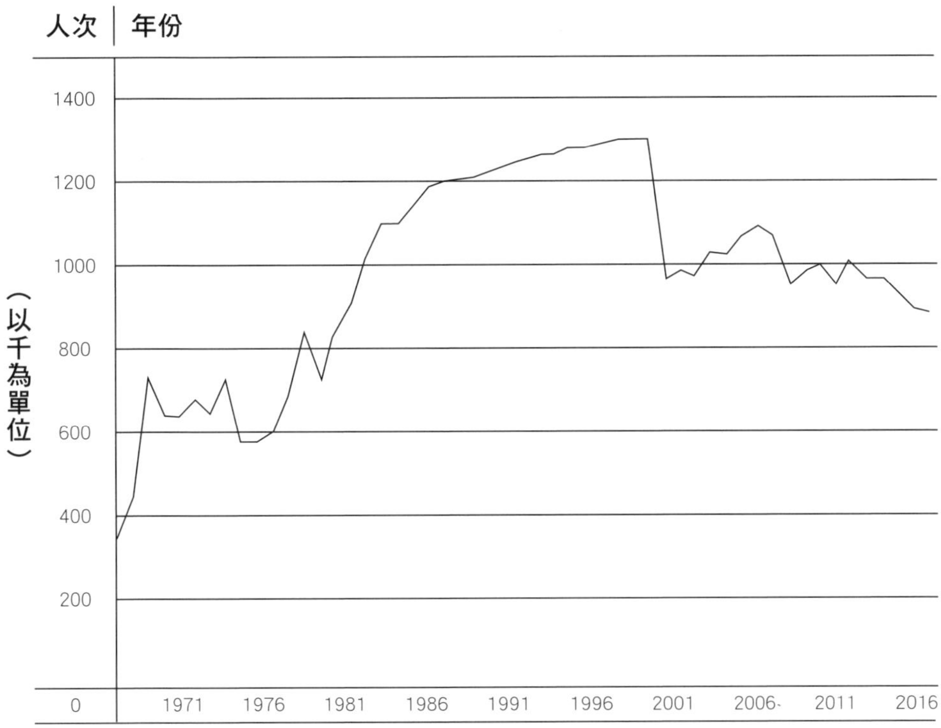

資料來源：
Hong Kong annual departmental report by the Commissioner for Transport , Transport Department (1975-87)
Annual Transport Digest. Transport Department (1989-2019)
Annual Traffic Census. Transport Department (2003-2019)

1977 - 2018 年已領牌的士數字

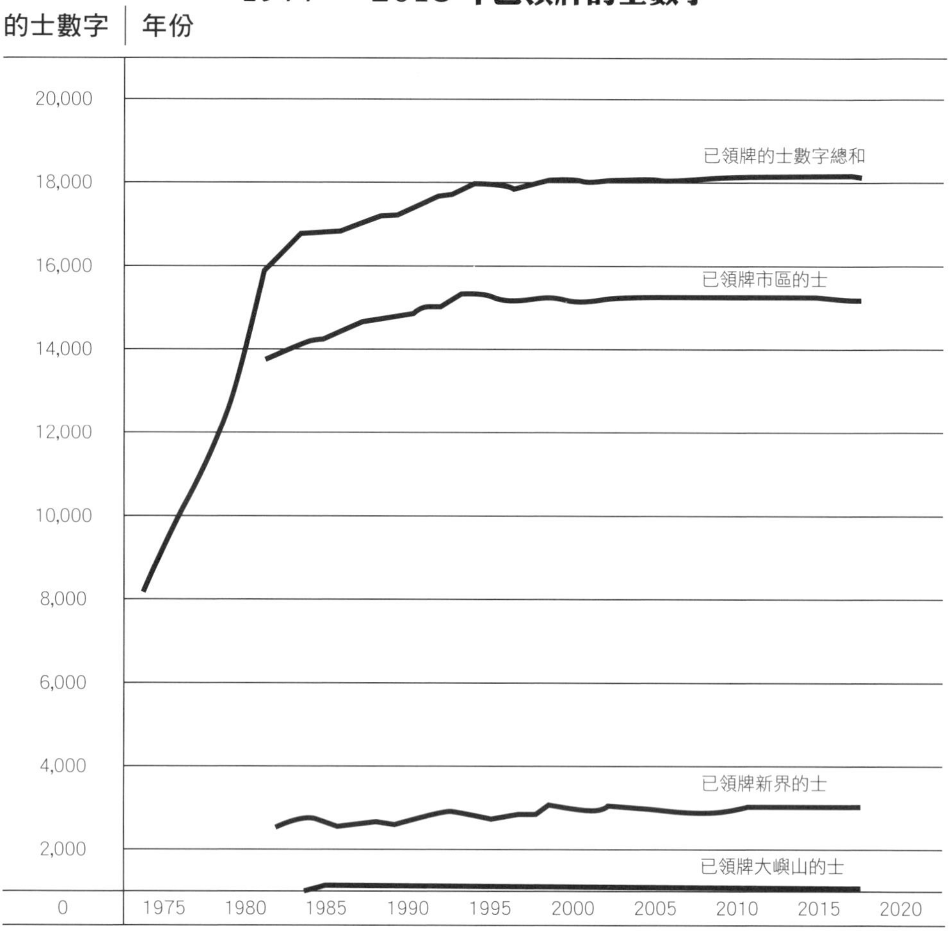

資料來源：
Hong Kong annual departmental report by the Commissioner for Transport , Transport Department (1975-87)
Annual Transport Digest. Transport Department (1989-2019)
Annual Traffic Census. Transport Department (2003-2019)

1947 - 2019 年已登記的士數字

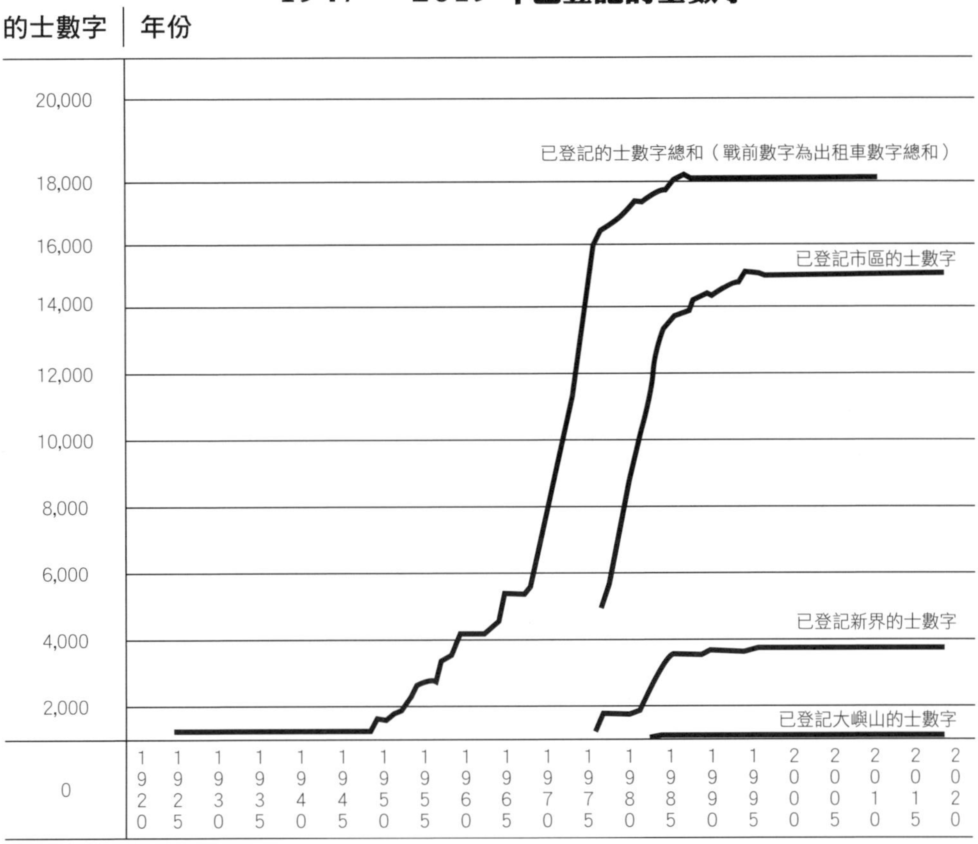

資料來源：

Hong Kong annual departmental report by the Commissioner for Transport , Transport Department (1975-87)

Annual Transport Digest. Transport Department (1989-2019)

Annual Traffic Census. Transport Department (2003-2019)

Leeds, P.F., Development of public transport in Hong Kong -An historical review 1841-1974, Hong Kong: Hong Kong Government Printer, 1984

1983 - 2019 年領有的士駕駛執照人數

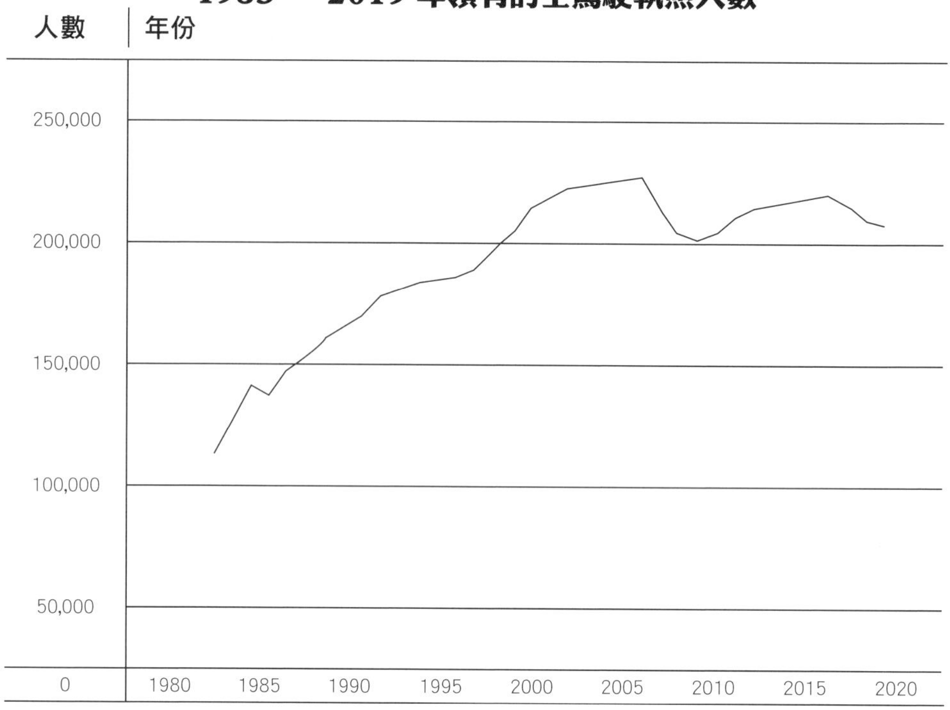

資料來源：
Hong Kong annual departmental report by the Commissioner for Transport , Transport Department (1975-87)
Annual Transport Digest. Transport Department (1989-2019)
Annual Traffic Census. Transport Department (2003-2019)

獵夢香港

的士業的傳承

熊永達　劉國偉　著

責任編輯　郭子晴
裝幀設計　黃希欣
排　　版　時　潔
印　　務　劉漢舉

出版
中華書局（香港）有限公司
香港北角英皇道四九九號北角工業大廈一樓 B
電話：（852）2137 2338
傳真：（852）2713 8202
電子郵件：info@chunghwabook.com.hk
網址：http://www.chunghwabook.com.hk

發行
香港聯合書刊物流有限公司
香港新界大埔汀麗路三十六號
中華商務印刷大廈三字樓
電話：（852）2150 2100
傳真：（852）2407 3062
電子郵件：info@suplogistics.com.hk

印刷
美雅印刷製本有限公司
香港觀塘榮業街六號海濱工業大廈四樓 A 室

版次
2020 年 7 月初版

規格
16 開（230mm×170mm）

ISBN
978-988-8675-76-0